上海市人民政府决策咨询研究基地余南平工作室
2019年度课题成果

前进中的上海

"十四五"期间全球价值链重构与
新技术革命变动中的上海发展机遇

主编　余南平　副主编　黄郑亮

华东师范大学出版社

面对全球新一轮科技革命和产业变革浪潮,上海如何从"外生性增长"转向"内生性发展",以便全力实施科技创新引领发展的重大战略,勇敢肩负起我国创新型强国建设的首位责任?其实,上海可以充分利用好全球价值链重构的契机,在科技创新中加速产业迭代、动力重塑和城市功能的提升,成为我国科技创新的强大引擎、创新型产业的标杆高地。本书主要从国际政治经济学的角度入手,在分析新时期上海建设国际科创中心的目标内涵的基础上,围绕国际科创中心建设的若干重点问题进行分析,包括关于"十四五"期间国际格局与新技术革命变化对上海的影响、全球价值链重构对上海发展的影响、"十四五"期间上海现代化产业体系构建的阶段性特征与发展思路、"十四五"期间上海科创动力机制的发展情况及提升思路。

本书为上海市人民政府决策咨询基地集体劳动和团队合作的最终成果,各章节的分工如下:第一章由余南平撰写,第二章由黄郑亮、夏菁撰写,第三章由戬仕铭撰写,第四章由戬仕铭、王玉柱撰写。余南平设计了整体研究框架,并做了最后修改。戬仕铭完成初步统稿工作。

前　言

随着全球竞争格局的变化和区域一体化深入发展，经济中心城市作为经济社会[活]动集中地和影响源，在带动增长、产业管控、资源配置、创新引领、开放改革等领域发[挥]重要作用。2019年，国际形势波谲云诡，中美贸易摩擦进一步上升到产业体系、产[业]链与产业的竞争，甚至是科学技术与创新的竞争以及高端人才的竞争。全球范围内[新]一轮竞争已经箭在弦上。

在这样的背景下，上海作为我国产业的领先者、长三角区域一体化的龙头以及[卓]越全球城市和具有全球有影响力科创中心的建设者，如何调整现有的产业发展战[略]，实现自身产业体系与产业结构的转型升级，从而建立起能够引领全国并在全球范[围内]具有竞争力的现代产业体系，既是上海自身发展的需要，也是国家赋予上海的历[史重]任，意义十分重大。

全球价值链体系重构已经成为世界政治经济发展的历史必然，国家之间的竞[争博]弈也成为全球价值链重构的主要推动力量。拥有完整产业链体系的制造业大国[在]全球价值链体系中占据重要地位，并推动全球价值链体系的国家结构及地理空间[上]的重构。产业链体系的完整性和供应链体系的安全性是大国在博弈中赢得竞争[胜利]的关键。在价值创造能力最强的高端产品制造业的跨国转移方面的竞争中，以中[国]代表的新兴大国在全球高端产品制造业领域的地位不断上升，逐渐向高端价值[链攀]升，最典型的例子是以华为公司为代表的中国跨国公司在5G技术及相关通讯产[业的]研究开发与制造业领域开始成为全球的引领者。以美国为代表的西方发达经济[体在]全球高端制造领域虽然具有相对比较优势，但这种优势已出现流失迹象。大国之[间对]核心技术与关键零部件生产的竞争推动着全球价值链的重构。核心技术和关键[零部]件生产在全球价值链体系中的地位和影响力持续上升，国家之间，尤其是大国之[间在]全球价值创造与价值分配领域的竞争越来越集中于核心技术和关键零部件生产[领域]的竞争，大数据、超级计算、高速互联网、人工智能、区块链技术、高端芯片、先进的[材料]与生物技术等已成为全球价值创造的新兴领域。

目　录

- **第一章　"十四五"期间国际格局与新技术革命变化对上海的影响与对策** / 1

  - 一、"十四五"期间国际格局的变化 / 3
    - （一）全球经济格局变化 / 5
    - （二）全球政治格局变化 / 7
  - 二、"十四五"期间国际新技术革命变化趋势 / 10
    - （一）技术奇点给全球经济结构带来的影响 / 10
    - （二）国际 5G 技术发展与国家战略规划 / 11
    - （三）国际人工智能发展的现状与展望 / 13
  - 三、"十四五"期间上海面临宏观环境变化的影响对策 / 25
    - （一）上海如何抓住新技术革命机遇，进行产业结构和贸易结构的转型 / 25
    - （二）以 5G 技术战略布局助力上海数字经济发展 / 27
    - （三）"一带一路"建设中发挥上海"技术桥头堡"的作用 / 30

- **第二章　全球价值链结构性调整对国际权力变化与转移的影响** / 33

  - 一、以德国全球价值链的研究为视角 / 35
    - （一）引言 / 35
    - （二）命题的提出与基本概念 / 36
    - （三）德国在欧盟区域价值链中的位置 / 40
    - （四）德国区域主导权的崛起 / 49
    - （五）区域价值链与区域主导权的关系 / 56
    - （六）结论 / 58
  - 二、以越南制造业为例 / 61

（一）关于全球价值链与越南制造业的文献评述 / 62
　　（二）越南制造业的贸易和生产 / 66
　　（三）越南制造业在全球价值链中的位置、特征与所受影响分析 / 73
　　（四）贸易摩擦背景下中越经贸关系与越南制造业升级 / 80
　　（五）结论 / 82
三、以印度参与"印太战略"为分析对象 / 84
　　（一）印度与其他三国产业关联的表现 / 84
　　（二）印度参与四国区域价值链的分析 / 93
　　（三）全球价值链变迁中的"莫迪经济改革" / 103
　　（四）结论 / 112
四、以中东欧区域价值链为分析对象 / 114
　　（一）国内外对于中东欧转型的相关研究简述 / 114
　　（二）区域价值链（RVC）的相关研究简述 / 117
　　（三）中东欧在全球价值链与欧洲区域价值链中的位置和角色 / 120
　　（四）中东欧四国进出口的产业结构特点分析 / 125
　　（五）中东欧四国的工业制造与行业价值链特点 / 128
　　（六）中东欧四国劳动力市场与研发创新潜力 / 131
　　（七）结论 / 141

第三章　全球价值链结构性调整与上海对策研究 / 143

一、全球价值链与全球贸易变革 / 145
二、变化中的全球生产活动模式和全球价值链参与 / 149
三、全球价值链结构性调整下上海未来的发展对策 / 158
四、总结 / 164

第四章　新技术革命与大国科技竞争下的上海科创动力机制研究 / 165

一、技术民族主义与国际政治经济发展 / 167
　　（一）对于民族主义经济学和世界主义经济学的再认识 / 168

（二）国家间政治与技术民族主义问题 / 171
　　（三）新技术革命与大国权力转移 / 176

二、新技术革命背景下大国科技竞争 / 182
　　（一）中美科技竞争产生的战略背景 / 183
　　（二）"科技竞争"与"美国优先"的战略叠加 / 184
　　（三）美国对于"中美科技竞争"的战略举措 / 185
　　（四）中美科技竞争的典型特征 / 187

三、上海科创动力机制的内涵与实现路径 / 190
　　（一）高质量科技供给的提出与内涵 / 191
　　（二）高质量科技供给的影响因素和驱动机制 / 192
　　（三）提高上海科创动力的机制建设与途径 / 195
　　（四）上海临港新片区科创资本开放和长三角科创一体化新路径 / 197

四、总结 / 200

第一章 "十四五"期间国际格局与新技术革命变化对上海的影响与对策

全球化背景下，国际经济格局的变动主要体现为全球价值链的动态调整乃至深度结构性重塑。价值链活动更多地由全球范围的企业间网络来完成，主要表现为以国际分工和贸易为主的生产全球化和贸易自由化。本课题借助全球价值链的分析工具，分析了新技术革命背景下的国际政治格局与经济格局可能出现的变化，并根据全球价值链的结构框架，研究上海经济如何维持高水平发展、如何提升自身在世界经济中的前沿地位与角色、如何进行结构性调整，从而引领长三角区域乃至中国经济的发展与结构优化。当今世界的复杂性决定了任何单一学科的发展趋势均不能得到客观的描述；世界的多元化发展不仅对学科交叉研究提出了新要求，同时也提供了新的可应用的理论工具。在这个背景下，本课题结合自然科学与人文社会科学的研究范式，着眼于全球技术变迁与上层建筑制度变革的互动关系，分析国内外政治、经济的环境和发展趋势，并对上海在"十四五"期间面临的挑战与机遇进行对策性分析。

一、"十四五"期间国际格局的变化

　　进入2018年以来，我国的内外经济环境发生了深刻的变化。习近平总书记在首届中国国际进口博览会的开幕演讲以及之后在上海调研时发表的讲话中都明确了这一新的形势变化。就国内而言，我国经济发展从高速增长向中高速与高质量发展转变；而国际环境则在逆全球化和中美贸易战的潜在风险预期下出现了一些明显的结构性变动。结合过往几年的全球价值链变化趋势可以看到，在全球服务业增加值明显增长的过程中，全球制造业价值链却呈现出固化和区域化扩散的明显趋势，全球产业价值链将在可预见的几年内发生较为深刻的区域转移与产业结构变动。因此，从上海本地发展、国家战略以及国际竞争三个层面来讲，上海谋求在全球价值链中地位的升级是在当前形势背景下的核心任务与必然要求。

　　对于目前影响全球价值链变动的全球化逆转的原因，在理论层面存在三种主要解释范式：第一，卡尔·波兰尼从结构性视角看待全球资本主义经济的长期运动，认为资本主义经济始终在释放市场力量和社会保护这两极之间做钟摆式运动，以此形成不同的经济社会运行周期[1]。而这个宏大视野的判断不仅适合20世纪初期的资本全球化扩张，可能也适合21世纪以技术快速进步和资本迅速流动为背景的全球资本运动。如果从社会保护的逻辑出发，在某一特定阶段，由于某些特殊事件或特殊政治力量的主导，在社会保护下凝聚的本土民族主义和民粹主义力量就会上升和膨胀，可能会阻碍全球市场力量的释放。第二，乔瓦尼·阿瑞吉以资本的结构性问题为分析视角，强调了财政与金融扩张的不稳定性在全球化逆转背后的推动作用。这种分析框架着眼于全球金融规模扩大中的货币政策失灵，包括财政的不可持续性引发的周期性和债务性收缩风险[2]。目前，全球有近16万美元的负利率资产，欧元区国家、日本、瑞士长期实行的负利率政策不仅没有起到挽救经济的作用，欧元区国家甚至不能有效削减本国的公共债务（如意大利等国），呈现出"福利刚性"现象，已经使传统的金融政策出现了"工具失效"。这种现象或许不是阿瑞吉所描述的"不稳定性"的全部，但是其危害性导致的"货币财政陷阱"可能更甚于全球财政与金融扩张的不稳定性。第三，哈罗德·詹姆斯则坚信制度变迁是导致全球化逆转的主因[3]。这种看法更多的是基于制度的差异性和不可融合性的分析框架。应该看到的是，就国际关系本质的博弈关键点"国际权力"而言，其每次大的结构性变动都伴随着不同制度之间的国家角力。而我们目前讨论的"百年未有之大变局"，其一方面是以中国为代表的新兴国家力量的增长，另一方面是西方大国为了维护自身利益和既有的国际权力而进行的全力博弈。中国的全球影响力上升得越快，国际间博弈的力度就越大，这在相当的领域内会体现在削弱中国的"全球化红利"层面，并呈现制度先进性和对比性的各种博弈。

对于国际生产价值链在近二三十年的全球化进程中的持续扩张趋势，经济合作与发展组织（OECD）、世界银行、世界贸易组织（WTO）等权威国际机构对全球价值链的演变与布局给予了持续、实时的跟踪关注。既有的研究已经充分显示，从2008年全球金融危机到当前这个阶段，全球制造业价值链出现了区域化和结构固化的现象，而服

---

[1] 波兰尼.巨变：当代政治与经济的起源[M].北京：社会科学文献出版社，2016.
[2] 阿瑞吉.现代世界体系的混沌与治理[M].北京：生活·读书·新知三联书店，2006.
[3] JAMES H. The End of Globalization: Lessons from the Great Depression[J]. The International history review，2001，24(4).

务性价值链一直在有效扩张,特别是数字经济服务价值链,由于传统的统计方法限制,虽然无法精确进行全口径统计,但其规模和影响力已经达到相当的水平。现在直接断言与全球价值链相关的深度生产性全球化已经进入停滞期,甚至开始逆转,可能还为时尚早,但是,对全球价值链实时演变产生深层影响的因素是值得给予前瞻性关注的。例如:服务贸易在全球价值链布局中的比重增加究竟对全球产业链结构产生什么影响?技术升级,特别是新技术革命对传统制造业的数字化改造,能够提供哪些机遇?又会带来什么样的挑战?其中,每个民族国家把握新技术革命的结果会有什么不同?

目前,全球价值链已经在全球范围内形成了以美国、中国、德国为三大驱动中心的格局,并以这三国为核心进行"链式连接与扩张",向区域乃至全球辐射。虽然这三大全球价值链中心在以往的全球化过程中已经形成了复杂和嵌套的产业链联系,但是美国以新的"美加墨"自由贸易协定强行进行了区域价值链的结构性重塑,欧洲也从2020年起强化了"经济主权和技术主权"概念,这两个方向的变化究竟能在何种程度上以制度安排的方式重新组合全球价值链,包括影响其他区域价值链?目前值得认真关注与评估。可以预见的是,如果出现大规模的国际公共事件且其负面影响被过分渲染,如2020年爆发的新冠疫情对全球政治产生的影响被"本土化"政治进程所主导,那么全球价值链三大中心既有的有机联系及其驱动下的全球价值链扩张是否依然保持原有的轨迹和模式?因政治和制度架构变化而引发的全球价值链和技术链的重组如何展开?这些都值得给予高度关注。

(一) 全球经济格局变化

冷战结束后,全球经济格局依托全球价值链的框架,逐渐在全球范围内形成了多边贸易结构、产业链分工体系与国际金融体系。在这个格局下,全球主要经济体积极参与经济全球化,形成了"你中有我、我中有你"的相互依存状态,并产生了复杂的以产业为主导的结构性链接。然而,近年来,全球原有的经济格局却遭到了贸易保护主义、技术"脱钩"趋势的颠覆性影响,国际政治和社会情绪上也持续酝酿全球化逆转的动力,同时,中国作为全球经济的支柱性力量也在显著增强。这就预示着,目前既有的国际经济格局已经不能满足变动的经济力量对比变化要求,全球经济格局的变革可能将出现大的结构性、体系性变动。

1. 多边贸易结构框架的变化

国际贸易的本质是在市场经济的驱动下,全球各经济体之间实现互通有无,在全球范围内进行资源的优化配置。近年来,多边贸易结构的变化主要体现在以下几个方面:首先,以 WTO 为核心的传统多边贸易秩序并没有实现全球经济利益结果的合理分配,不仅造成了国际上的贫富差距,发达经济体与不发达经济体之间的差距愈来愈明显,而且导致多数西方发达国家内部的"产业空心化"现象,中产阶层、产业工人的利益遭到侵蚀。因此,2016 年以后,传统的多边贸易秩序逐渐遭到了贸易保护、双边贸易等形式的挑战,以经济民族主义、经济现实主义为核心的国家利益贸易思想逐渐替代了过去的自由主义经济思想。其次,在贸易内容上,在全球价值链的框架下,随着产业分工的精细化,产业内零部件和中间品贸易逐渐成为国际贸易的中流砥柱。近年来,全球性的中间品贸易已经占据全球贸易总额的 80%以上。因此,国际贸易的驱动力不再是过去的国家全产业链的终极产品消费,而是以中间品为代表的生产制成品。生产的扩大化和精细化推动着全球贸易的发展,并导致国家间全球化红利分配差异结果的出现。最后,多边贸易结构受到以美国为首的强权政治的干预。特朗普政府领导下的美国,认为现行的多边贸易结构损害了美国的国家利益,并为新兴经济体的崛起创造了便利。因此,美国政府多次通过政治力量干预国际贸易的运行,不仅插手 WTO 等国际组织的人事安排和规则制定,还单方面开启以加征关税为核心的贸易战,甚至退出多边国际合作组织,企图以政治力量代替市场的作用,把维护世界经济发展的多边贸易结构转化为为美国霸权服务的单一行为框架。而全球多边贸易结构框架的有效性下降,包括其既有的框架内容无法解决当下的数字经济和服务经济的扩展这一难题,不仅影响未来全球经济的稳定性和全球贸易生态,在更大程度上还将威胁战后形成的全球多边贸易体制的权威性和有效性。全球多边贸易机制缺乏全球政治力量的协同,在很大程度上将严重影响全球贸易的继续扩张。

2. 初见端倪的"技术新冷战"对全球供应链产生影响

随着 5G 技术、云计算、大数据、人工智能、生物工程、工业互联网等一批新技术的出现,各国对新技术的投入和竞争也逐渐进入白热化阶段,这种竞争主要体现在研发和应用这两个不同领域。在研发阶段,政府、研究机构、企业相互合作,通过政策、资金、组织结构调整等多个层面推动新技术的研发。目前,国际社会已呈现"个别国家领先、少数国家追赶、多数国家暂时落后"的新技术研发格局,如果在生产端和消费端能够看到新技术带来的"技术红利"扩张效应,那么研发的竞争力度还会进一步加大。在应用领域,虽然目前新技术革命尚未全面普及,但是,新技术在生产、通信、军事、数据处理、无人驾驶等应用领域所体现的效应已经使国际社会再次看到了新技术进步可能带来的根本性改变,包括从根本上变革人类社会既有的生产力和生产关系的结构性关系。因此,作为人类社会未来的领导力量之一,新兴技术也成为国际权力的一个组成部分,而这在过去旧有的国际关系结构中是不存在的,这将可能改变既有的国际政治经济格局,出现全新的国际力量对比。

目前,在新技术从研发向应用转化的关键节点上,国际上已经明显出现了"技术新冷战"的苗头,这种新冷战主要表现为个别发达国家视新兴经济体为技术上的"挑战国",于是在维护自身技术优势的同时打压其他国家对新技术的研发与应用。在现实中,中国在新兴技术领域的高速发展引起了美国、德国等传统发达国家的不安,这些国家一方面在政府战略层面上出台一系列官方指导文件,例如,美国的《先进制造业美国的领导战略》和德国的《产业政策2030》均把中国列为未来技术竞争的"假想敌",试图加强对中国的技术封锁,乃至断绝与中国的技术联系;另一方面,在技术控制层面上,美国多次对中国的科技公司发出制裁令,并针对中国的高技术研发人员进行出入境限制等行为。在这种形势下,未来国家间对技术的竞争将会超出正常的经济和市场竞争的范畴,从而延伸到以"脱钩"为主要表现形式的"新技术冷战"。这将对全球既有的技术合作和产业链构成重大影响。同时,如果将新技术竞争视为战略工具和战略武器,那么发展中国家与发达国家之间业已存在的"数字鸿沟"将进一步扩大。新技术被主动保护、拒绝分享,不但将引发全球政治对抗与国际关系紧张,更可能在国际技术供应链端出现政治因素导致的供应链扭曲,甚至"断供"。

(二) 全球政治格局变化

"多极化"是冷战以后国际政治格局的主要特征。在"多极化"的背后,是各国国内的政治和经济体制改革——世界各国摆脱和降低了传统的政治意识形态对抗和分裂,逐步建立了符合自身特色的市场经济制度形态。国际政治呈现政治对抗度下降,经济合作增加,追求社会福祉的合作共赢氛围。但是,近几年来,全球政治格局却遭到了众多不确定性因素的影响,这种不确定性不仅使全球政治共识下降,还使全球政治格局走向发生一定程度的逆转。

1. 大国权力结构的变迁和博弈加剧

国际政治格局本质上是权力的国际性分配,以及在此基础上对应的国家间力量对比的结构性变化。在全球化进程中,中国等新兴经济体充分发挥自身的比较优势,在融入全球价值链的过程中实现了经济的发展和国家实力的逐步提升。而以美国为首的传统西方发达国家,其支配世界进程的国际权力正在不断地分散,国家实力也因为新兴经济体的崛起而出现了相对衰落。在这个此消彼长的过程中,新兴经济体与传统发达国家间的实力差距正在逐渐缩小,导致冷战后"一超多强"的国际格局发生了改变,旧式的美国霸权遭到了更多"挑战者"的威胁。在这一情势下,美国自然会选择新兴国家中国家力量上升最快、国际影响力日益强大的中国作为主要博弈对象。在这场典型的大国博弈中,虽然美国国内的政治力量可能会因为博弈的手段和方法有差别,而出现对华政策的缓和派与强硬派,但视中国为美国全球权力最主要挑战者和威胁者的共识是一致的,所以,由美国大选而带来的政府组阁并不会产生本质上的战略转向。因此,当下全球最重要大国间"守成者"向"进步者"主动发起全方位的博弈,而不是多领域的合作,奠定了当下国际政治的主基调。

2. 极端主义和民粹主义的崛起

在过去近三十年的全球化进程中,精英阶层主导的政治民主化和文化多样化逐渐成为国际社会一种约定俗成的"政治正确",也是西方社会推动全球化的主要政治标签。然而,在 2008 年全球金融危机和 2011 年欧洲债务危机后,西方社会长期积压的政治与社会矛盾激化,特别是全球化导致的分配结果差异,使部分西方国家出现了极端主义和民粹主义两种思潮的回流和底层政治力量聚集。前者使种族歧视、宗教冲突和社会暴力等问题愈演愈烈,各种族与各宗教之间的兼容性越来越差,以致西方社会的内部分歧和冲突加剧。后者使国家权力从精英主导逐渐转变为由代表本土民众阶层的政治驱动,草根阶层对国家政策的制定有着越来越大的影响力,不断挤压各国政治精英阶层的治理空间:西方传统的精英治国模式正在遭受民粹力量的严重挑战。这两种政治潮流都瓦解了民族国家的既有权力结构。政治精英无论是让位于民粹主义代言人,还是主动迎合国内保守政治思潮,都会使既有的全球化范式下的国家间关系受到内部因素的影响和扰动,而这些政治发展趋势均有悖于冷战后的经济全球化和文化多样性的全球政治认同,使全球政治包容度出现明显的下降,进而使全球政治逐渐向"碎片化"的特征进行演进。

3. "一带一路"的地缘影响力扩大与全球政治

加入 WTO 以来的持续稳定发展使中国得以拥有更多的全球新经济与政治力量来为世界发展做出贡献。"一带一路"建设就是中国为世界发展提供"中国方案"的代表之一。"一带一路"倡议着眼于欧亚非地区发展中国家的经济现状，紧扣沿线国家经济发展的首要任务，开创了新的合作模式，即通过加强"五通"建设，即政策沟通、道路联通、贸易畅通、货币流通、民心相通，通过以点带面，从线到片，逐步形成区域大合作的新格局。在经历过几年的"一带一路"合作实践后，可以看到，全球范围内对于"中国方案"的认同者逐步增加，中国不仅扩大了地缘影响力，还开始影响全球政治结构。可以预见的是，在未来高质量的"一带一路"建设中，在以中国产业链和价值链区域化的形成和扩大中，中国与参与"一带一路"建设的国家之间的经济互补性会进一步增强，这必然在以经济基础为支撑的互动过程中加强中国与全球国家的政治互信，进而有效地影响全球政治格局。

综上所述，从未来的全球政治经济格局变化而言，可以预见的是：首先，全球政治的不稳定因素不是某一国家和某一特定政治人物带来的，而是经济全球化在经历三十年高速扩张后各种负面效应叠加后的极端式条件反射，并表现在全球政治层面，使全球政治合作共识下降，而本土主义、保守主义、民粹主义、极端主义的思潮混织，可能使全球政治在相当长的一段时间内无法厘清政治基本主线，进而影响全球既有的经济合作框架；其次，全球经济在全球贸易持续萎靡的基础上出现了区域化和内部化的典型特征，这不仅表现在全球价值链扩张的压力上，还威胁着发展中国家的传统经济红利释放所得，并会进一步造成全球经济割裂，甚至会强化产业链的本土化；再次，要避免大国博弈，不在于新兴国家自身如何调整，美国为维护既有的全球霸权和国家利益，会持续加大同中国的博弈力度，从单纯的贸易领域向技术控制、地缘博弈、政治博弈等诸多领域延伸，进而造成对全球经济一体化的损害；最后，新技术革命的进步一方面会在本质上影响全球的生产力结构，自发地对全球产业链和全球价值链调整产生深刻的内在影响，另一方面，其效果也会被大国视为战略工具，例如，美国主动实行技术控制和技术封锁，特别是以各种手段限制中国的新技术发展能力，会引发"技术切割"，从而导致全球产业链和技术链重组。以上诸多因素"共振"，将在未来相当长的一段时间内影响和主导全球政治经济格局的变化。

二、"十四五"期间国际新技术革命变化趋势

(一) 技术奇点给全球经济结构带来的影响

当今世界,以 5G 技术、人工智能为代表的智能化技术是数字技术发展的更高阶段,将推动数字技术走向更高的应用水平阶段。人工智能系统通过结合大数据、云计算、机对机通信和物联网技术,可能会实现无人操作和机器自动学习。美国学者库兹韦尔针对目前全球技术集成是否会出现奇点性突破提出了自己的观点。他在自己的著作《奇点临近》(*The Singularity Is Near*)中明确指出,人工智能的发展会让人类科技发展到达奇点,人类社会也会因此发生根本性的大变革,就像宇宙大爆炸一样。因此,技术奇点应用在全球经济结构上产生的效应就是科技本身的变革触发了世界经济突破临界点并改造既有的经济模式,从而导致前智能化社会与智能化社会出现极大的生产、消费、生活方式的差异。

1. 5G 推动新的产业空间进而影响社会生产管理方式

5G 通信技术的出现产生了一个技术上的可能性,即其作为新一代通信技术平台本身能够将当下的新技术集成提升到一个新的水平,使智能连接的愿景能够实现,同时还能触发既有技术应用的生产性行业变革。5G 技术带来的超高速、超低时延的网络连接、物联网收集到的海量数据,以及由 AI 技术提供的语境化和决策能力,能够为几乎所有行业和领域带来新的转型动力,这将在本质上改变社会生产方式以及社会工作与生活的方式。

预计 5G 技术应用将会在以下四大关键领域中发挥重要作用:运输与物流、工业和制造业、医疗、公共安全。在交通运输领域,5G 技术和设施的普及能够提高道路安全水平和车辆流传的效率,从而使交通更加顺畅无阻,在物流领域,5G 技术具有提高商品递送效率和灵活性的巨大潜力。在工业和制造业领域,5G 技术的高速度、超低时延和高可靠性将会提高生产过程的自动化和无人化,增强对设备和机器的远程控制,从而提高生产效率、降低生产成本、确保工人的人身安全。在医疗领域,5G 技术有助

于以更经济的成本提供更有效的预防保健护理,同时帮助医疗健康的管理者优化资源的使用。此外,5G智能连接还能进一步促进远程诊断和远程手术的发展,甚至彻底改变目前医学专家们受制于地理位置的局面。在公共安全领域,5G技术能够通过在降低视频监控、安全系统和应急服务的使用成本的同时提高其使用效率,帮助管理部门打击犯罪,使我们生活的城市变得更加安全。

2. 技术带动的生产方式和生产力进步要求治理模式与体系进行变革

在技术发展日新月异的时代中,人类与机器之间的关系所引发的各种法律、政策和伦理问题亟待政策制定者去解决。如何调整促进与规制人工智能发展的法律价值目标?如何应对人工智能技术带来的社会风险?如何设计人工智能时代的调控规范体系?这些问题对当下的伦理标准、法律规则、社会秩序及公共管理体制来说都是前所未有的危机和挑战。技术发展提出的许多问题不仅与已有的法律秩序、社会制度形成冲突,还凸显出了现存的治理体系在公共物品供给方面的不足与缺陷。

因此,当以技术驱动的生产方式发生变革,社会生产力本身出现颠覆式革命时,不仅生产关系所对应的国际层面的既有制度与规范需要做出变革以适应全球技术的进步,各国国内的治理模式也会进行体系性的调整。如在2020年爆发的新冠疫情中,中国的人员管控方式就从初期的人工制表和单位主导申报登记向技术管理进行了全面的精准化转变。以杭州"健康码"、上海"随申码"为代表的社会治理技术的应用改变了传统部门间、行业间相互割裂的社会治理模式。技术本身的发展为人员识别、疫情防控、药物筛查提供了新的技术手段,这些技术手段的出现又促进了社会治理模式的体系性变革。

(二) 国际5G技术发展与国家战略规划

进入2018年后,全球各大经济体在5G网络领域展开了充分而全面的竞争。早在2016年7月,美国联邦通信委员会(FCC)就通过了将24 GHz以上频谱用于无限宽带业务的规则法令。2016年11月10日,欧盟委员会无线频谱政策发布了欧洲5G频谱战略,确定了5G初期部署频谱。中国在5G网络建设方面更是领先全球。中国在《"十三五"规划纲要》中指出:"要加快构建高速、移动、安全、泛在的新一代信息基础设施,积极推进5G发展,于2020年启动5G商用。"

目前,以5G技术为代表的数字技术正在加速与经济社会各领域的深度融合,已经成为引领经济社会发展的先导力量,也成为各国在后金融危机时代推动经济社会转型、培育经济新动能、构筑竞争新优势的重要抓手。在推进举措方面,近几年,很多国家已经采取了系列行动,全力推进以5G技术为基础的数字经济发展。

目前,数字经济对美国狭义GDP的占比估计在6%,而对广义GDP的占比则达到33%。自2007年以来,美国数字服务的出口额每年都超过进口额。数字经济的发展及其与传统产业的深度融合成了美国经济增长的有效路径和缩减美国贸易逆差的有效保障。美国商务部是各国政府中数字经济的最早倡导者之一。2015年11月,美国商务部发布《数字经济议程》,把发展数字经济作为实现美国繁荣和保持美国竞争力的关键。该议程主要聚焦四个方面:自由开放的互联网、互联网信任和安全、互联网接入和技能、创新和新兴技术。美国总统特朗普在2019年4月13日发表了关于美国部署5G的讲话,描述了政府推动5G网络发展的国家战略,希望美国成为5G部署领域的领导者,并同时要求成立频谱战略工作组,加强政策协调,推动美国5G网络快速发展。从战略上看,美国的政策是不仅要利用5G技术来实现美国的经济发展目标,同时还要通过5G技术来推动各部门创新,从而进一步提高美国的全球竞争力。此外,美国运营商在发展5G技术方面始终不遗余力:Verizon和AT&T表示将在2019年推出5G试点服务,而T-Mobile和Sprint则计划在2020年全面启动5G商用。因此,5G在美国的发展其实是嵌套在国家发展战略安排之中的。

2016年3月14日,德国发布了"数字战略2025",是继《德国数字议程(2014—2017)》后,德国政府首次在国家战略层面就数字化发展做出系统化安排,并明确了制造业转型和构建未来数字社会的思路。德国的数字战略提出了10个行动步骤:构建千兆光纤网络,开拓新的创业时代,支持初创企业发展,建立投资及创新领域的监管框架,在基础设施领域推进智能互联以加速经济发展,加强数据安全,保障数据主权,促进中小企业、手工业和服务业商业模式的数字化转型,实现数字化教育培训,帮助德国企业继续深化推进工业4.0。该战略注重科研创新、数字技术发展新空间,并希望通过联邦政府的数字机构改造来推动全社会的转型。2017年,德国发布5G国家战略,定义了三大应用场景:增强型移动宽带(EMBB)、大规模机器连接(MMTC)、超高可靠与低延迟连接(URLLC)。这为"德国制造"水平的进一步提升做出了基础技术推动。

韩国政府在2014年1月敲定了以5G发展总体规划为主要内容的"未来移动通信产业发展战略"。总体规划的目标是让韩国成为引领世界的5G通信强国。2018年4月，韩国三大电信运营商达成了关于5G共建共享的协议。2018年6月，韩国完成了5G频谱拍卖，成为全球首个同时完成3.5 GHz、28 GHz频谱拍卖的国家。2019年4月8日，韩国总统文在寅表示，目前韩国三大电信运营商已经全面启动了5G商用服务，韩国已成功在全球范围内率先实现5G商用化，并承诺争取至2026年占据15%的全球5G市场份额，创造60万个相关的优质就业岗位，实现730亿美元的出口目标。韩国还将成立由政府和民间携手合作的"5G+战略委员会"，积极推动5G技术的活跃应用，争取在2022年之前尽快建成覆盖韩国全国的5G网络，培育包括新一代智能手机、无人机、自动驾驶汽车、智能工厂、智能城市等基于5G技术的新产业和新服务。

世界其他主要国家的5G发展同样也在追随世界发展潮流。英国移动通信巨头沃达丰计划将曼彻斯特机场打造成英国首个5G机场，并将在接下来的时间内在更多的英国机场部署5G服务，使数据传输速率较目前提升4倍。而另一家欧洲移动通信运营商O2也表示，要在2019年年底前在伦敦、爱丁堡、加地夫和贝尔法斯特四座城市推出5G服务，并在2020年初在更多的英国城市推出这一服务。法国和日本的两大龙头企业Orange和NTT达成了合作协议，未来三年将共同在5G技术、人工智能、物联网、网络安全、云服务、智慧城市、运动、体育和文化等领域开展研发合作。

从世界主要国家的5G网络部署来看，美国、德国、韩国不仅将5G技术视为新一代通信的基础设施，还将其视为国家竞争战略的必要组成部分。这些国家通过战略规划，将5G网络发展对应的制造技术、社会管理、新产业作为下一轮全球竞争的重点，并在强调数字主权的基调下展开全球竞争。这意味着5G技术所提供的技术运用空间将超越基础设施价值，使全球产业在新技术范式下展开新一轮的竞争。

(三) 国际人工智能发展的现状与展望

1. 美国的人工智能发展战略及其特点

美国一直是全球高新尖技术领域的领先国家，且其对于先进科技领域的战略规划与产业政策推动从未间断。虽然美国在2019年才公布严格意义上的关于人工智能的总统行政令,但并不能由此就认为特朗普政府对人工智能的发展不予重视。实际上,美国现有的人工智能政策框架已经广泛地涉及国家宏观战略、机器自动化技术研发、经济发展与国家安全等各领域(见表1-1)。其中,美国研发的《国家人工智能研究与发展战略规划》和涉及国家安全的《人工智能与国家安全》均处于持续更新的状态。这反映了美国人工智能政策体系全面且具有重点方向的鲜明特点。而美国每年的"美国工业人工智能白宫峰会"使白宫科学与技术政策委员会(NSTC)及其下属的各分支机构(科技企业委员会、科学委员会、技术委员会、人工智能特别委员会)成为负责美国人工智能发展战略的主管与协调部门(见表1-2)。美国以政府机构合作、以市场力量驱动人工智能发展的路径不仅非常清晰,而且其政府协作体系架构也非常完整。

表1-1 美国现有的与人工智能相关的政策文件

时 间	文 件	机构（责任者）	文 件 来 源
2016-05-03	《为人工智能未来做好准备》(Preparing for the future of artificial intelligence)	美国国家科技委员会(NSTC)	https：//obamawhitehouse.archives.gov/blog/2016/05/03/preparing-futur-artificial-intelligence
2016-10	《国家人工智能研究与发展战略规划》(目前更新至2019年6月版)(The National Artificial Intelligence Research and Development Strategic Plan)	美国国家科技委员会(NSTC)	https：//www.whitehouse.gov/wp-content/uploads/2019/06/National-AI-Research-and-Development-Strategic-Plan-2019-Update-June-2019.pdf
2016-12-20	《人工智能,自动化和经济》(Artificial Intelligence, Automation, and the Economy)	白宫	https：//obamawhitehouse.archives.gov/blog/2016/12/20/artificial-intelligence-automation-and-economy
2018-09	《机器崛起：人工智能及对美国政策不断增长的影响》(Rise of the Machines — Artificial Intelligence and Its Growing Impact on U.S. Policy)	美国众议院监督和政府改革组委会	https：//oversight.house.gov/news/press-releases/chairman-hurd-and-ranking-member-kelly-release-new-report-on-artificial
2019-02-11	《维持美国在人工智能领域领导地位的行政命令》(Executive Order on Maintaining American Leadership in Artificial Intelligence)	美国总统特朗普	https：//www.whitehouse.gov/presidential-actions/executive-order-maintaining-american-leadership-artificial-intelligence/
2019-02-11	《美国人工智能倡议》(American AI Initiative)	美国国家科技委员会(NSTC)	

(续表)

时间	文件	机构 (责任者)	文件来源
2019-02-12	《人工智能战略概要》 (Summary of the 2018 Department of Defense Artificial Intelligence Strategy)	国防部 (DOD)	https://media.defense.gov/2019/Feb/12/2002088963/-1/-1/1/SUMMARY-OF-DOD-AI-STRATEGY.PDF
2019-11-21	《人工智能与国家安全》(持续更新) (Artificial Intelligence and National Security)	美国国会研究服务部	https://crsreports.congress.gov/product/pdf/R/R45178

表1-2 美国与人工智能相关的官方事件

时间	事件	机构(责任者)
2016-05-25	"人工智能的未来"公开演讲	时任美国总统奥巴马
2018-05-10	《2018年美国工业人工智能白宫峰会摘要》 (Summary of the 2018 White House Summit on Artificial Intelligence for American Industry)	美国国家科技委员会(NSTC)
2018-06	新型人工智能高性能计算(HPC)系统峰会	美国能源部(DOE)
2018-09-08	人工智能下一轮行动(AI Next Campaign)	美国国防部高级研究计划局(DARPA)
2018-10	自动驾驶指导文件《自动驾驶3.0：为未来交通蓄力》 (Automated Vehicles 3.0: Preparing for the Future of Transportation)	美国交通运输部
2019-09-09	《2019年白宫人工智能峰会摘要》 (Summary of the 2019 White House Summit on Artificial Intelligence in Government)	美国国家科技委员会(NSTC)

　　特朗普的人工智能行政令发布后获得了国会参众两院的普遍支持。其中，参议院军事委员会和情报委员会成员马丁·海因里希(Martin Heinrich)对立即启动美国人工智能计划表示欢迎，支持特朗普政府宣布加大对人工智能的研发投入，并对建立一支准备好应对这项技术带来的巨大变化的劳动力队伍表示赞赏。他认为人工智能是一种变革性的技术，将对交通、医疗、农业、制造业和国家安全等诸多领域产生深刻的影响①。众议院人工智能核心小组联合主席、德克萨斯州共和党众议员皮特·奥尔森

---

① Martin HeinRich. Some views on Artificial Intelligence[EB/OL]. [2019-10-1]. https://www.heinrich.senate.gov/press-releases/heinrich-statement-on-theamerican-artificial-intelligence-initiative.

(Pete Olson)则发表声明,称:"人工智能在我们世界的未来继续扮演着重要的角色。特朗普总统通过美国人工智能计划认识到了人工智能的影响。美国的国家安全和全球竞争力取决于我们保持在未来技术进步前沿的能力。大量投资人工智能是对我们国家未来的投资。"①此外,共和党国会女议员艾丽斯·斯蒂芬尼克(Elise Stefanik)通过政府网站发布消息称,启动"美国人工智能计划"的目的是通过优先考虑人工智能产业和联邦政府之间的合作,以确保人工智能的发展是为了美国人民的利益。事实上,美国国会于2018年就成立了国家人工智能安全委员会,以加强政府与行业之间的关系,推动美国成为人工智能技术发展的全球领导者。作为美国国会的重量级议员,艾丽斯·斯蒂芬尼克曾在美国第115届国会上提出创建人工智能委员会的立法建议,以确定美国的人工智能优先事项,并就实现这些优先事项所需采取的方向提出可行的对策。而这一立法随后获得国会的通过,并根据《约翰·麦凯恩的2019财年国防授权法案》创建了美国人工智能委员会②。

美国作为全球老牌的科技强国,凭借自身深厚的科研与产业基础,目前取得了人工智能技术领域发展与国际竞争的绝对优势和相对优势。根据美国信息技术与创新基金会(ITIF)下属的数据创新中心2019年发布的一份关于全球人工智能竞争力情况研究的报告③,美国在人工智能领域的领先优势主要体现在以下四个方面。

第一,美国拥有最多的人工智能初创企业。2016年,美国仅旧金山湾区的人工智能企业数量就达到了中国全国人工智能企业数量的60%以上。2018年,美国已拥有2 000多家人工智能企业,几乎相当于全球人工智能企业数量第二多至第六多的中国、英国、加拿大、印度、以色列的总和。其中,美国西部的硅谷占据了1/3至一半左右的份额,主要集中在旧金山市与圣克拉拉市及其下辖的帕罗奥多、山景城、森尼维尔及圣何塞以及西北部的西雅图;此外,东北部的纽约与波士顿也是人工智能企业集聚区,占

---

① Rep Olson Issues Statement on American Artificial intelligence Initiative[DB/OL].[2019-2-11]. https://search.proquest.com/docview/2178588199? accountid = 10659.
② Stefanik Recognizes. The aim of the AI is to secure the interests of American people through cooperation between the AI industry and the federal government.[EB/OL].[2019-3-7]. https://stefanik. house. gov/media-center/press-releases/stefanik-releasesstatement-american-artificial-intelligence-initiative.
③ Who Is Winning the AI Race: China, the EU or the United States?[R/OL].[2019-08-19]. https://www.datainnovation.org/2019/08/who-is-winning-the-ai-race-china-the-eu-or-the-united-states/.

据另外1/3的份额,而南部中心则以美国"硅丘"奥斯汀为核心,形成了奥斯汀、达拉斯、休斯顿三角创新带。

第二,美国人工智能初创企业生态系统获得了全球最多的私人股本和风投资金。2012年,美国人工智能产业融资总量仅为5.6亿美元,融资项目仅150个;至2017年,美国人工智能产业融资总量已达到60亿美元,融资项目达到660个,融资额增长10.7倍,项目数增长4.4倍①。其中,基于企业早期运营模式构想评估的种子轮和天使轮融资占比达到50%,而基于企业初期实际应用表现获得估值的A轮融资占比为20%,二者共占据70%的份额,可见美国人工智能的发展优势相当依赖对初创企业给予的前期扶持。并且,市场预期对人工智能的发展方向给予了及时的把握与足够的认可。如果进一步仔细观察美国的人工智能产业的融资情况,则可以看到各应用领域的差别非常明显。以机器学习与深度学习领域来看,其融资情况均以早期A轮和成熟期上市前的C轮为主,前者规模在1 000万美元左右,后者规模为5 000万美元;计算机视觉行业则发展得较为成熟,融资情况以中后期的B轮、C轮为主,前者规模为1 500万—3 000万美元,后者规模为3 500万—5 000万美元;语音/语言识别与处理行业,融资情况以中前期的种子轮、A轮、B轮为主,规模分别为200万美元、900万美元和1 000万—1 200万美元。从融资情况可以看出,美国的人工智能公司是根据产业成熟度来进行不同领域的探索和发展的,这也体现出美国技术产业融资体系的完善性和先导性。

第三,美国引领着全球半导体和驱动人工智能系统的计算芯片的发展。对核心技术与关键设备的源头把控直接赋予了美国人工智能领域产业价值链顶层的地位。这可以从美国以大型跨国公司为主导的发展格局和美国人工智能专利申请情况中得到清晰的体现。世界知识产权组织(WIPO)统计了全球排名前30位的人工智能专利申请机构,入围的美国大型企业全部是活跃在消费电子、电信和/或软件行业的企业集团。其中,IBM位居榜首,专利申请量达到8 920件;微软位居第二,专利申请量为5 930件;谷歌的母公司Alphabet位居第十,专利申请量约为3 900件;纽昂斯通信(Nuance Communications)作为智能语音识别领域的独角兽公司,位列第二十三位,其

---

① UpHonest Capital. 美国人工智能投资分析报告[R/OL]. [2019-12-01]. http://www.199it.com/archives/662867.html.

专利申请数达到1700件左右;另外两家入围的美国企业是英特尔和惠普,分别位于第二十七、二十八位,各有专利申请1500件左右。除了专利总量方面的领先优势外,美国企业的专利申请年增长率也维持高位。2013—2016年,IBM的专利申请年均增速在30%以上,微软维持在10%左右的增速①,唯独Alphabet较为特殊,由于其转为以在全球范围内并购人工智能企业为主,不再进行自主研发,所以过去几年里减少了专利申请活动,近年来的新增专利申请一度跌至负增长。美国人工智能专利申请量最多的高校与公共科研机构是加利福尼亚大学、美国海军、麻省理工大学和哥伦比亚大学。至于人工智能领域专利的特点,由于存在着技术专利与应用领域的紧密伴生关系,机器学习类专利技术最常产生于电信领域、生命和医学应用领域,而计算机视觉专利技术则通常产生于电信和交通应用领域。这些特点进而构成了产业发展的丰富性和融通性。

第四,美国人工智能人才总量是除欧盟外的单个国家中最多的,且顶级专家团队优势仍然由美国占据。美国人工智能从企业量级、市场融资再到核心技术专利,保有着诸多全球竞争优势,均离不开强大的科研队伍建设的存量优势,更不用说美国凭借其成熟完整的科技业态,对全球的人工智能人才有虹吸效应的流量优势。如前所述,美国人工智能技术专利申请量最多的科研机构为加利福尼亚大学、麻省理工大学和哥伦比亚大学,除此之外,美国顶级人工智能技术的重要诞生地与核心研发重镇还包括卡内基·梅隆大学、斯坦福大学等,其中麻省理工大学、斯坦福大学和卡内基·梅隆大学是直接由美国国防部高级研究计划局(DARPA)提供资金与项目管理等方面的支持的,它们的研究多涉及敏感的国防安全领域且并不为外界了解。在人工智能专家团队数量方面,美国的人工智能顶级专家的总体规模在1万人以上,而人工智能研究人员的总量在4万人以上。美国在几大人工智能算法的细分技术领域中均拥有700—1200人规模的顶级专家,在全球范围内保持绝对的领先地位。这些专家主要来自加利福尼亚大学、加州理工大学、斯坦福大学、卡内基·梅隆大学、麻省理工大学、美国企业研究所、康奈尔大学、德克萨斯州农工大学Parasol实验室、威斯康辛大学密尔沃基分校、普渡大学、犹他大学、克莱姆森大学、LIGO-Hanford天文台(研究观测引力波数

---

① WIPO. Technology Trends 2019:Artificial Intelligence[R/OL]. [2019-03-03]. https://www.wipo.int/edocs/pubdocs/en/wipo_pub_1055.pdf.

据,主要专家团队来自加州理工大学和麻省理工大学)、伊利诺伊大学香槟分校等机构,以及IBM、微软、Facebook、谷歌等大型企业。顶级人工智能人才的保障构成了美国在该领域研发领先的坚实基础。

2. 欧盟的人工智能发展战略及其特点

从2010年起,欧盟便开始着手布局人工智能发展战略,并把"智能型增长"与"可持续增长""包容性增长"一起列为欧盟未来发展的三大目标。作为国际上经济最发达、科学基础最雄厚的地区之一,今天的欧盟在技术研发、市场应用、政策规划三个方面正在进行有机协调,推动欧盟在人工智能的发展浪潮中走在世界前列。近年来,有赖于大量数据的增加,人工智能在算法领域实现了更大的突破,机器的深度学习能力和强化学习能力得到了质的提升。欧盟在这一发展过程中基本保持了世界领先地位,并在人工智能领域大致形成了美国、中国、欧盟三足鼎立的态势。欧盟人工智能的发展概况如下。

首先,在欧盟人工智能发展规模方面,2009—2018年,欧盟人工智能从业者约占世界人工智能从业者总数的25%左右,这一比例仅次于美国的28%,高于中国的23%。庞大的从业者基数为欧盟人工智能产业的发展提供了必要的支持。但是,受限于产业结构和人口规模,如果将人工智能作为社会经济价值的创造技术手段,那么从GDP创造的角度来看,欧盟在人工智能领域的从业者优势将被自身的人口数量和产业部门的多样化所稀释,因为平均在每10亿欧元的GDP创造中,欧盟人工智能参与者仅为0.59人,这一数值远低于以色列(2.45人)和新加坡(1.63人)等小型国家,但依然略高于美国(0.57人)和中国(0.43人)这两大竞争对手。而从人工智能参与者类型的角度来看,欧盟是研发人员和应用型人员比例最为平衡的经济体,两者在世界所占比例均为25%左右。作为对比,美国研发人员与应用型人员的比例大致为13%与41%,中国则是42%与7%。这就说明,美国在人工智能领域重在应用,中国在人工智能领域重在开发和设计,而欧盟则能实现两者的平衡发展。从人工智能方面的发展潜力来看,欧盟在人工智能的前沿研发、顶级期刊发表论文数、风险投资、初创企业四个方面均仅次于美国,位于世界第二位,在世界范围内的同类活动中分别占比30%、30%、27%、27%。在人工智能专利申请方面,欧盟的专利申请占全球人工智能专利申请的7%,低于中国的57%和美国的13%,位于世界第三位。但综合来看,欧盟在人工智能领域依然有着充足的人才储备,这不仅体现在人才的规模和体量方面,还在质量方面也具有优势。依托于人才基础和庞大的内部市场，欧盟还是能够抢占人工智能开发的高地并实现成果的应用转化。

其次，从宏观政策层面来看，欧盟正在积极布局人工智能开发的组织领导体系。人工智能的开发与应用离不开统一的组织框架，欧盟委员会作为欧盟的执行管理机构，在发展人工智能的政策设计框架中处于核心领导地位，统筹欧盟整体的人工智能产业的发展，并为欧洲各国在人工智能领域的交流合作提供平台与协调机制。在实践操作层面，支持欧盟人工智能开发的组织主要是"欧洲人工智能联盟"(The European AI Alliance)。该组织囊括了学界、政界、企业界以及个别社会组织，就欧盟人工智能的发展途径和政策决策进行广泛的讨论。在欧盟人工智能联盟内部，其核心是由欧盟委员会甄选出的由52名人工智能专家组成的"人工智能高级专家小组"(High-Level Expert Group on AI, AI HLEG)。该专家小组的任务主要有三个：为欧盟人工智能的相关政策制定提供咨询和建议、草拟欧盟人工智能道德准则、指导欧洲人工智能联盟。总体来看，欧盟在人工智能领域已经完成了从顶层设计到现实操作的完整框架体系，涉及内容包括投资、咨询、协调、指导等，涵盖了从研发到应用，再到标准制定的完整过程。但是，从组织机制的协调层面看，欧盟的人工智能发展有两个非常突出的特点——松散、非集中，这将严重制约欧盟在人工智能产业应用领域的发展。

最后，在欧盟人工智能的未来发展方面，《欧洲人工智能》(*Artificial Intelligence for Europe*)战略明确了未来的两大方向：提升欧洲人工智能的技术和产业发展水平，使人工智能更好地融入经济发展中，同时也为欧盟社会就业的变化做准备。人工智能作为技术变革的动力，其首要任务是推动经济发展。为实现这一目标，欧盟的操作方法是增加对人工智能技术的投资，于是把"地平线2020"项目作为欧盟"创新联盟"(Innovation Union)的主要融资渠道。2018—2020年，该项目平台已为欧盟人工智能的研发投入了26亿欧元；未来十年，该平台还将联合欧洲各国政府和私营企业，实现每年投入200亿欧元的目标。除了为研发投资，欧盟还重点关注人工智能的成果应用阶段。通过成立"人工智能卓越研究中心"(AI Research Excellence Centers)，欧盟把健康医疗、无人驾驶、自动生产、新一代互联网和公共管理等领域作为人工智能的重点应用对象。同时，欧盟也意识到，只有当技术应用于实践时，才能真正产生经济效益。为此，欧盟委员会成立了"人工智能需求平台"(AI-on-demand Platform)，在欧洲境内实现企业、工厂等应用单位与人工智能的研发机构的对接，以获取相关的人工智能资源，包括知识、数据存储库、计算能力和算法，为用户提供服务和支持，促进人工智能技术的普及与产业应用。人工智能对传统生产方式的颠覆势必会对社会就业结构产生广泛的影响，这种影响不仅表现在对一些劳动密集型产业的自动化代替，还可对一些生产和服务进行必要的信息咨询和数据处理。为此，欧盟一方面开始注重社会保障体系的改革，以应对可能出现的规模性失业问题，另一方面则重点对社会教育和培训组织进行能力升级，以适应人工智能对人才的需求。其中包括：欧盟对内强调 STEAM 教育模式，建立了从初级教育到高等教育、再到职业培训的一整套人工智能人才培养体系，对外则通过"数字技能与就业联盟"（Digital Skills and Jobs Coalition），从世界范围内吸引更多的人工智能人才，更好地为欧洲人工智能产业发展服务。可以说，欧盟对人工智能的规划不仅着眼于经济的变革式发展，而且更关注社会层面的保障体系和就业体系，从而实现了经济—社会的人工智能"联动规划模式"。

除了欧盟的努力之外，欧洲各国根据自身的国情，在实践层面上把人工智能发展更多地付诸实践，从而构筑了"欧盟委员会—欧盟成员国"双轨并行的欧洲人工智能发展特征。在人工智能的政策领域，以欧盟委员会为核心，逐渐形成了"中心—外围—边缘"的政策指导体系。该体系不仅确立了欧盟人工智能的发展规划，还对人工智能的应用领域予以规范。

目前，处于欧盟人工智能政策中心的指导文件是《欧洲人工智能》（Artificial Intelligence for Europe）。该文件于 2018 年 4 月由欧盟委员会下辖的"通信委员会"和"经济和社会发展委员会"联合发布，是一部具有宏观指导性的文件，其内容包括欧盟人工智能在世界上所处的位置、战略规划、发展方向、社会治理等。在中心文件以外，欧盟还形成了以《人工智能：欧洲的视角》《人工智能协调计划》《人工智能时代：确立以人为本的欧洲战略》为主体的"外围"指导框架。这三个文件主要涉及人工智能的发展方向和领域，包括建立法律和道德框架，协调欧盟成员国有关人工智能方面的行动，构建资本、人才、政策等方面的发展环境。而处于"边缘"位置的则是一些针对具体问题和操作层面的规范性文件，与中心文件和外围文件相比，这些边缘性文件的指向更为具体，对欧盟落实人工智能发展与应用具有直接的领导作用。例如：《欧盟通用数据保护条例》（GPDR）规定了欧盟对数据使用的权限和个人隐私的保护；《欧盟机器人研发计划》（SPARC），旨在完善机器人行业的供应链环节，将 AI 技术的应用范围拓展到海陆空、农业、医疗、救援、社会福利等诸多领域；《单一数字市场战略》旨在推动欧盟产业的数字化转型，可以利用其在先进数字技术上的优势以及在传统领域的强大实力抓住物联网、大数据、先进制造、机器人技术、3D打印、区块链技术和人工智能等方面的一系列机遇，创建新的业务模式和工作流程。（见表1-3）

表1-3 欧盟委员会发布的人工智能政策报告（部分）

发布时间	报告名称	主要内容
2018年4月	欧盟人工智能	宣布迎接"人工智能时代"的到来，为人工智能的研发和应用提供支持，确立未来欧洲人工智能的发展方向。
2018年	人工智能：欧洲的视角	介绍了欧盟在全球人工智能发展中的地位，并从道德、法律、经济、安全、教育等多个角度阐释欧盟对人工智能的看法。
2018年7月	人工智能协调计划	提出人工智能"Made in Europe"的口号，要求欧洲各国在数据共享、研发投资、应用场景、人才培养等领域进行广泛合作。
2019年8月	人工智能时代：确立以人为本的欧洲战略	起草《值得信赖的人工智能指南》，增强对人工智能的应用监督，提升技术的稳定性，构建可信赖的人工智能开发环境。
2014年6月	欧盟机器人研发计划	对欧洲机器人行业的扶植将扩展到新兴的智能制造部门，使欧洲在2020年占到世界机器人技术市场的42%以上。
2016年4月	欧盟单一数字市场战略	推动欧盟产业数字化方向发展，保障"数字议程"的实施，促进欧洲构建"单一数字市场"，为智能工业、智能服务奠定基础。
2018年5月	欧盟通用数据保护条例	旨在保护民众的个人隐私，对任何收集、传输、保留或处理欧盟成员国民众的个人信息的机构组织进行约束。

总体来看，随着人工智能进入高速发展期，欧盟委员会出台的相关政策文件也逐渐增多，内容涵盖了人工智能所需的资本、应用环境以及标准的制定和监管的实施。这一系列文件在宏观上形成了欧盟政策指导体系，驱动欧洲积极参与人工智能的技术发展，并体现出欧盟惯有的规范制度先行、政策框架透明、社会经济协同的发展指导理念。

3. 日本的人工智能战略发展及其特点

日本政府对于AI战略的顶层设计始于2016年4月。日本首相安倍晋三在日本政府举办的第五届"面向未来投资的官民对话"中宣布，在日本内阁成立专门的AI技术战略会议，以正式启动AI国家战略应对下一代科学技术竞争。会议成立3年至今，从产学官相结合的战略高度出发，日本基本构建起以AI技术战略会议为核心的政策运作体系（见图1-1）。

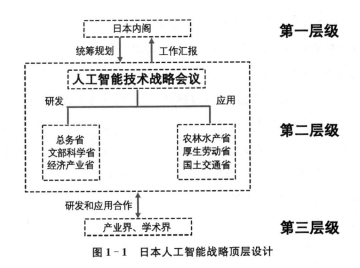

图 1-1 日本人工智能战略顶层设计

根据日本官方的论述,日本 AI 战略的政策运作体系可以分为如下三个层级。

第一层级是日本内阁,其作为日本政府的最高决策机构,接受 AI 技术战略会议及其他相关政府部门的相关汇报,进行政策调整、政令发布等决策工作。

第二层级是政府顶层设计的核心环节。其中,AI 技术战略会议作为日本 AI 战略的司令塔,主要承担两项工作。第一项工作是与日本总务省、文部科学省、经济产业省及该三省旗下的研发机构进行合作,推动 AI 技术研发。正式参与的研发机构除了成立之初的国立研究开发法人情报通信研究机构、国立研究开发法人理化学研究所、国立研究开发法人产业技术综合研究所、国立研究开发法人科学技术振兴机构、国立研究开发法人新能源·产业技术综合开发机构这 5 家国家研究机构外,又增加了国立研究开发法人农业·食品产业技术综合研究机构、国立研究开发法人国立癌症研究中心、国立研究开发法人土木研究所、国立研究开发法人海上·港湾·航空技术研究所、国立研究开发法人医药基础·健康·营养研究所 5 家机构。目前共有 10 家研究机构正式参与该会议,研究领域涉及信息通信、理化、能源、海洋、航空、医疗、土木工程等广泛内容。AI 技术战略会议的第二项任务是在研发基础上与厚生劳动省、国土交通省、农林水产省合作,推动研发成果的转化,加速产品在社会的落地,也包括对外出口。其中,厚生劳动省在 2017 年公布,将在 6 个重点领域推动 AI 技术在医疗健康领域的实际运用,包括基因治疗、图像诊断辅助、问诊及治疗辅助、医药品开发、看护及认知症、手术辅助。农林水产省成立了"实现智慧农业的研究会",强调利用机器人技术、ICT

技术来实现未来型农业,其特征为超省力、超大规模生产,可将农作物产量最大化,避免危险、重体力的农作,使从事农业生产的门槛降低,产地信息直通消费者。国土交通省的AI战略于2017年通过《国土交通省技术基本计划》公布三项主要课题:第一个是以人为主体的IoT、AI、大数据运用,包括制度建设、人才培养、激发创造力等;第二个是应对社会经济问题,如防灾减灾、环境问题、基础情报(地理、气象等)体系建设、提升生产效率等;第三个是技术政策驱动经济发展,包括官民合作开发技术、开放型创新、研发评价体系改革、更新老旧设备等内容。总体来看,第二层级以AI技术战略会议为核心,在构建各个不同政府部门间共享研发目标、产业信息的联系平台以统筹各部门工作形成紧密合作体系的基础上,向第一层级提供决策建议,同时将第一层级的战略目标逐步推向第三层级并协助其落地和成果转化。

日本AI战略运作体系的第三层级即是更为广泛的以产业界为代表的实施AI战略的民间力量。第三层级既是日本AI战略落地的前沿阵地,亦是第一、第二层级形成和调整AI战略的最基本依据。有关第三层级的具体内容,将在后文进行更为详细的阐释。

从日本政府的顶层设计以及日本AI产业发展的总体情况来看,AI的发展对于日本参与全球价值链,进一步融入和影响全球生产体系,在国际科技竞争格局中占据一席之地而言,具有重要的战略意义。而从发展的角度看,日本人工智能技术和产业发展具有如下相当鲜明的特色。

首先,日本AI战略的根本目的与日本人口减少、少子老龄化问题严重直接关联。无论是日本政府将AI战略理念定义为"以人为中心",还是推行AI教育改革,抑或是强调人才的多样性,其共同逻辑都在于,希望通过发展AI来弥补人口不足可能引发的诸多社会经济问题。换言之,能够解决日本人口难题的AI产业才符合日本AI战略的要求。但也不可否认,"以人为中心"这一提法本身就值得借鉴。事实上,对于AI对人类社会究竟有何影响的争论仍在进行,但关注人与AI的关系,通过AI知识、技能来武装新时代人才的头脑,用更多了解AI知识的人才去运用AI,无疑是一条合乎逻辑的道路。特别是日本对于AI教育的重视程度对我们非常有启发,如果全民AI教育能够彻底实施,那么,从中长期看,日本可能率先进入人人懂AI、人人用AI的"AI社会"。

其次,尽管日本在人工智能领域进行了大量的投入,并在技术密集型制造产品和高端原材料、零部件上处于领先地位，但日本在人工智能的三大核心要素——数据(算料)、算力和算法方面皆不具备优势，尤其是落后于中美两国。因此，日本AI产业的竞争力特征可以用8个字总结："重点突破"，多边合作。所谓"重点突破"，即在日本自身要素禀赋有限的情况下，结合日本面临的社会问题，集中力量掌握AI产业中的某些领域，不当"全能王"，而选择拿"单项冠军"。这些领域可能包括医疗保健、机器人、基础设施等。而在日本自身难以攻克的领域，则采取多边合作的方式，做"团体冠军"的一员。特别就日本AI产业现状来看，多边合作将是日本AI产业发展的主流趋势。多边合作的重点内容可能包括大数据、云计算、量子计算机等。

最后，当前日本AI产业的对外合作中，对华合作的定位并不高。日本企业在基础研发方面显然偏向与欧美国家进行合作，而在应用及技术层面，如AI制造、零部件配给等方面，中日合作则较多。其表面原因不难推测，即欧美在AI研发方面确实具有优势，且双方拥有合作传统，而中国作为大市场，可满足"日本制造"需要的劳动力、出口市场以及大数据来源。这种"研发在日本，制造(出口)在中国"的形态就是一直以来中日两国合作的主要模式。这样的合作模式有利于日本提升其在全球价值链中的参与程度，释放其对国际生产体系的影响力。但在中国的AI产业能力显然要强于日本的情况下，日本甚至在数据流通领域，宁愿与印度合作，也没有提到与中国合作。造成这一现象的原因很容易推测，比如出于意识形态的安全因素考量、将中国视为其在亚洲的AI产业竞争对手的产业竞争考虑。但不论何种原因，就目前的情况来看，中日的AI产业合作还未全面展开，有待质的提升，否则将妨碍未来中日产业在亚洲的协同，以致无法共同提升全球价值链。

分析世界主要经济体和国家对于新技术革命的产业战略规划和研发取向，可以清楚地看到，在未来的国际竞争中，新技术革命本身可能不再是人类技术进步共享的方式之一，而是已经成为国家间的战略竞争工具之一。由于大数据、云计算、人工智能技术的组合运用可能产生超越第三次工业革命的生产力，并让领先国家持续保持竞争优势地位，而竞争的加剧、技术垄断、技术控制与封锁的战略导向可能会使工业时代和信息时代的全球化的合作方式发生逆转，包括技术本身对于产业链的改造也可能并不在原有路径上循环。因此，全球政治经济格局变化条件下的产业革命可能与冷战后的历史循环轨迹有所不同。国家间的竞争大于合作、独享大于共享的国家政治认同一旦被主要技术主导国确定，并由于各种公共事件而使其国际效应放大的话，那么新技术革命的战略价值的关注点就由经济效应和社会福祉转向了经济安全和国家安全,这将加大新技术革命自身的负面的效应。

三、"十四五"期间上海面临宏观环境变化的影响对策

(一) 上海如何抓住新技术革命机遇,进行产业结构和贸易结构的转型

2016年12月7日,工信部发布了《智能制造发展规划(2016—2020年)》,明确了"十三五"期间我国智能制造的"两步走"战略及十大重点任务。近年来,数字经济越来越成为驱动经济增长的强劲动力与新趋势,进入2018年后,全球各大经济体之间在5G网络领域展开的竞争风起云涌。在这一形势下,中国积极跟进、加强布局。《"十三五"规划纲要》指出:"要加快构建高速、移动、安全、泛在的新一代信息基础设施,积极推进5G发展,于2020年启动5G商用。"可预见的是,在"十四五"期间,随着全球范围内各种新技术实现应用,数字经济本身将作为新动力和新产业,对中国(上海)的经济转型和产业结构调整产生重大的影响。目前,上海具有一定规模的信息服务产业基地逾50个,规划用地面积47平方公里,建筑面积1 270万平方米,处于全国领先水平。就产业基础看,上海在5G发展背景下,具有一定的向工业互联网升级,构建智能制造体系的先发优势,但同时也面临着整体缺乏数字经济市场活力、研发端和应用端投入不足,以及没有持续融资需求的较大敞口三方面短板。因此,上海需要在三个发展方向上着力布局:第一,立足本地优势,打造自主产业;第二,主体间合作基础上的产业融合;第三,充分利用本地数据规模优势,引领国内产业立法,对接国际数字产业标准制定。上海应该充分认识到,过去上海通过改革开放获取发展积累,其中技术这个关键要素是通过吸收外资来取得的。而在目前新的国际政治经济格局的变化下,特别是在"新技术冷战"思潮的主导下,美国会继续加大对中国吸收新技术的控制,德国等欧洲国家也开始逐步强化"技术主权",这对于上海通过吸收外资来提升技术的发展路径是非常不利的。基于此,上海应该主动加强产业结构调整,通过新技术应用推动产出结构和贸易结构的转型,并在可能的国际竞争格局变化中主动把握先机。

(二) 以 5G 技术战略布局助力上海数字经济发展

国家与上海的定位均非常清楚地指出，上海建设科创中心时要结合国家战略要求、世界前沿科技、上海基础优势，强化主攻方向。因此，加快芯片设计研发布局和科技成果产业化，打造上海数字制造龙头企业，共同推进上海乃至长三角区域的产业和经济转型，应成为落实上海建设科创中心、发展数字经济顶层设计的重要突破方向。近年来，上海数字经济发展取得了长足进步和突出成效，但也遇到诸多阻力，一些短板日渐凸显。根据阿里巴巴集团发布的 2018 年《中国数字经济发展报告》和腾讯公司发布的《中国"互联网＋"指数报告(2018)》中国内 300 多个城市 2017 年的数字经济发展情况，北京、深圳、广州、杭州等城市构成中国数字产业发展的第一梯队，上海在数字经济的总体活跃度上落后于北京、深圳、广州三市。当前，上海应准确把握 5G 背景下数字经济发展存在的基础准备不足，结合上海"智慧政府"发展目标，找准立足于上海发展数字经济的重点方向和突破口，提出"数字经济"和"智慧政府"有机结合的发展思路，加快提升上海的城市核心竞争力，带动产业快速进行数字化转型。此外，上海作为"一带一路"建设的"桥头堡"，特别是承担着建设临港新片区的重要使命，在完成国内政治经济任务的同时，还要统筹国际市场，对接国际标准，这是上海在众多国内兄弟省市地区中所独有的身份特征，也决定了上海在发展 5G 技术的数字经济中的独特任务与战略定位。

1. 上海数字经济发展的现状与问题

首先，在数字经济发展的政策推动方面：(1) 2017 年 2 月 15 日，大数据流通与交易技术国家工程实验室落户上海。根据《上海市推进智慧城市建设"十三五"规划》，"十三五"期末，上海大数据发展水平计划率先迈入国际先进行列，成为中国国家战略数据储备中心、亚太地区重要的数据交易市场和全球数据经济枢纽城市。(2) 2018 年 6 月 1 日，长三角地区三省一市政府与中国电信、中国移动、中国联通、中国铁塔集团公司签署了《5G 先试先用推动长三角数字经济率先发展战略合作框架协议》。为助力长三角更高质量一体化发展，到 2021 年，中国电信、中国移动、中国联通、中国铁塔将在长三角累计投入资金超过 2 000 亿元，建设以 5G 为引领的新一代信息基础设施。(3) 2018 年 6 月 19 日，上海市经济和信息化委员会印发了《新型城域物联专网建设导则(2018版)》,对上海新型城域物联专网的物联感知、数据规范及算法、平台架构、综合应用、安全保护等方面进行了规范。(4) 2018年10月26日,上海5G创新发展联盟在沪成立,致力于打造5G生态链及创新应用模式,服务上海全力打响"四大品牌",坚持创新驱动,以集成优化创新资源配置为核心,以建立健全"产学研用"协同创新机制为手段,汇聚整合通信和相关行业资源及优势,打造贯穿创新链、应用链的新一代信息技术生态系统。(5) 2018年10月29日,上海市政府办公厅印发了《上海市推进新一代信息基础设施建设 助力提升城市能级和核心竞争力三年行动计划(2018—2020年)》。到2020年末,上海新一代信息基础设施将基本形成技术先进、模式创新、服务优质、生态完善的总体布局,对国民经济和社会发展的贡献度显著提升,有效支撑经济高质量发展、人民高品质生活、城市高标准管理。

其次,在数字经济发展的潜力和基础准备方面,上海已拥有一定规模的信息服务产业基地逾50个,信息服务产值规模接近万亿,已具有相当的信息产业基础。而从数字经济发展必要的数据基础的角度看,上海拥有世界上最大的医联数据共享系统、近4 000万的就诊人群健康档案、4 800万张交通卡和每天30 GB的交通流量数据,同时还拥有亚洲第二的证券交易额、世界第一的货物和集装箱吞吐量。这些基础数据使上海拥有丰富的应用场景和数据资源。上海计划到2020年基本建成融合连接数据、算法、平台等的"新型城域物联专网",为2 000多万市民、数十万家企业提供服务。另外,值得强调的是,上海在研发方面也具有相当的实力:世界500强企业中已有120多家将研发中心落户上海;上海还拥有众多国内顶尖的高校,覆盖了数字经济学科群,能够为数字经济发展提供基础理论研究和研发成果转化的有效帮助。

最后,在数字经济存在的问题与短板方面:(1)上海是缺乏数字经济市场活力的典型。上海一直是以管理型政府为主导来推动经济发展的模式,国企在经济发展中扮演主要角色,也发挥了巨大作用,广大科技型中小企业作为科技创新的生力军,面临隐性市场的准入壁垒。这在发展数字经济领域行业准入上隐形地限制了民营经济的进入,使科技创新"孤岛效应"突出,导致上海数字经济市场活力不足,未能形成本地有规模、有影响的数字制造的龙头示范企业。(2)研发端和应用端投入不足。上海历年来的科技总支出占财政支出的比重在3%左右,其中大部分集中在战略新兴产业发展专项资金,投入在研发与应用端口的经费太少,造成上海在发展数字经济时没能成为高端制造的重地。(3)缺乏持续的融资需求。当前阶段,由于上海本地尚缺乏大型互联网企业与ICT行业制造商,在5G网络建设进程中缺乏直接融资主体与相关经验,并且,上海不同于杭州与深圳,针对小型企业的PE融资平台与渠道相对缺乏。因此,如何充分利用上海科创板建设机遇,并将其作为5G网络建设中多层次市场主体融资平台,成为关键的挑战。

上海必须认识到的是,在过去十年间中国互联网经济发展的热潮中,由于上海一直坚持传统的六大"新兴产业",虽然信息产业也在产业规划布局中,但是其在产业总产出中的占比一直不高,整个城市还是习惯于通过传统的金融地产、商贸服务来创造附加值。随着互联网经济在中国的发展,国内互联网巨头BAT已经充分开发C端客户资源,上海已经错失了互联网C端客户开拓与发展的红利。现在,5G应用给了上海与其他国内城市同步竞争发展B端客户的机会,上海应该珍惜城市经济已经具有的企业存量资源,在5G网络开发与应用中加大产业与场景创造的融合开发,并在新一轮的技术发展与市场竞争中充分调动和发挥民营经济与中小创新企业的活力,为技术支撑下的产业结构调整做好充足的准备。

2. 5G背景下上海发展数字经济的主攻方向

首先,上海要在数字经济的竞争中进行充分的差异化定位分析,要立足本地优势,以打造自主产业集群为出发点。上海应该看到,吸收外资,包括外国研发机构落户上海,虽然能够为上海提供研发人员和科研产出,但是,目前的国际科技竞争态势表明,国际领先的产业巨头的核心研发愈来愈趋向本土化,在国外开展的研发一般是辅助研发和简单的数据搜集,并不涉及核心知识产权。而且,随着中美等大国在前沿技术端的竞争态势的加剧,涉及核心技术的研发越来越呈现被封锁和被控制的局面。在这个大背景下,上海应该利用既有的研发积累,围绕自主技术产业集群进行以产业为落脚点的研发攻关。上海应该注意和重视的是,上海高校云集,丰富的人才资源是上海持续有力的基础优势。既有的高校科研体制和封闭的环境不利于上海打造科创中心,这是体制和机制的问题,应该通过大力度的改革,创造有利条件,释放上海高校的科研生产力。在重视本土研发的同时,上海也要利用国际化大都市的有利条件,尽可能地继续吸收国内外的各类研发型企业和人才落户上海进行经营,充分盘活上海的科技存量资源。

其次,要促进各类主体间的充分合作,在合作的基础上推动产业融合。目前,上海已在多个领域实现了5G网络先行的案例,例如:在市政服务领域有虹口区的"双千兆宽带城市"规划；在企校合作领域有中国移动与上海工程技术大学共同打造的全国首个 5G 高校；在政企合作领域有上海市与中国电科的百亿规模的合作；在企校与公共服务合作领域有中国移动、华为、上海交大联合打造的虹桥 5G 车站以及中国移动与上海第一人民医院一起打造的 5G 医院。以上案例为 5G 技术在上海的布局和扩大应用提供了丰富的应用场景，十分有利于政、企、学、社会各主体之间合作共享技术以实现产业融合，从而进一步服务于前景更为广阔的工业互联网。上海应该采用引进和建设工业互联网平台企业的方式，以推动企业扩大 SaaS 服务和企业应用 APP 为核心，以软件多领域应用开发为抓手，服务于长三角一体化产业融合，确立上海工业互联网服务的高端地位，为更多的市场主体参与全球经济活动提供便利。

再次，要充分利用上海本地数据规模优势和政府服务能力强的独特优势。一方面要引领国内相关的大数据开放和规制立法，并参考欧盟对于数据开放与保护的立法经验，结合上海的实际发展，以立法为先，实行制度化管理，确立上海在全国大数据利用地方立法方面的示范效应。另一方面应该看到，上海在市政治理、公共服务等 G 端、B 端平台上已经产生了海量的大数据，利于 5G 引领下的软件研发企业获取丰富的数据资源。目前，上海缺乏的就是扩大场景应用，将数据资源转化为数据资本。我们应该看到，在以 5G 技术为驱动的大数据、云计算、人工智能等产业的应用中，最宝贵的就是数据资源，而数据资源要转化为数据资本，就必须在场景应用上进行不断的创新。2020 年新冠疫情爆发后所产生的应急管理需求，使政府在数据收集方面突然加速，打破了原有的行业割裂和部门隔离壁垒。上海应该抓住这个机会，以"随申办市民云"的数据集成和大数据应用为突破方向，充分发展"城市大脑"所涉及的产业集群，在全社会的各个领域推动开发和利用数据价值，使公共服务、政府管理、企业管理、社会研发在数据驱动、数据定义的基础上产生本质上的改变，以实现推动城市经济与政府管理数字化转型的目的。

(三) "一带一路"建设中发挥上海"技术桥头堡"的作用

上海作为"一带一路"建设的重要"桥头堡"，其核心功能在于联通与辐射国内外市场与产业链。当前，先进国家在产业升级和转型中大量开展了"飞地经济"技术驱动发展模式，产生了良好的效果。如，美国旧金山湾区以知名高校、科技创新园为载体，吸引全球高层次人才向硅谷集聚,形成"人才飞地",并利用全球尖端科技人才的创新成果,为湾区发展提供持续动力。同样地,波士顿这些年在机器人、生物研发等前沿领域也大量采用了内外联动的研发模式,成为全球科研与产业升级的重镇。这些新型"飞地经济"模式的最大特点不是在传统制造业价值链进行实体贸易的内外联动,而是通过融通国内外两个市场需求,以自身的强开发、强资本、强信息有效地组织区域内产业配套联动,产生了极强的带动效应和全球网络辐射效应。

对照上海的实际情况来看,一方面,临港新片区的建设定位就是高标准新开放下连接国内外两个市场,形成产业新高度。因此,其产业塑造除了通常意义上的高端制造外,在高端服务上也应该采取创新的思路,可以通过加大对数据服务产业的培育和加紧对"国际数据港"的建设,有效地连接国内外市场,服务于技术水平更弱的"一带一路"沿线国家,起到数据枢纽、数据中转、数据集成的关键节点作用。另一方面,上海可以利用青浦的区位优势和优质的环境资源,进行研发驱动型的"飞地经济"模式规划,以高端研发引领、联动与激活长三角先进产业集群的协同效应,并向内陆与"一带一路"沿线地区辐射放大。打造青浦发展示范区"飞地经济"模式的具体措施与实施方式在落实中应该注重包括三个方面的协同:首先,需要利用上海高校、科研院所多的优势,并联合长三角的大学与科研院所,采用共享研发的方式,搭建高端研发平台,打造青浦"科研中心";其次,要主动承接上海自贸区的功能延伸与虹桥商务区的功能拓展,规划大数据、云计算、人工智能产业集群落地,形成产业集中优势;最后,要以高科技龙头企业为核心,利用青浦的区位优势吸引龙头研发型企业落户,在加大公共服务配套资源的基础上,将青浦发展成上海高端研发型制造基地,在保护环境的基础上做到新一轮的"绿色建设"和"绿色开发"。

综上所述,"十四五"期间,就国际政治经济格局而言,我们肯定会面临与以往全球化习惯状态下不同的严重挑战,全球保护主义、民粹主义、本土主义主导下的逆全球化趋势不仅不会减弱,还可能进一步加强;同时,新技术革命的进步也并不会因为全球化逆转和倒退而停滞发展,其对产业产生的颠覆式影响极有可能推翻传统经济学教科书所定义的常识。而在技术加剧竞争和国际合作环境变差的环境下,如何谋求更大的发展,上海不仅应该客观地分析外部的机遇与挑战,同时更要倚重本地资源的优化整合,以新技术革命为发展抓手,立足自主产业,盘活上海基础资源,为产业转型和高质量发展做出有上海特色的特殊贡献。

第二章　全球价值链结构性调整对国际权力变化与转移的影响

一、以德国全球价值链的研究为视角

作为欧洲最大的经济体,德国的经济实力源于其身处欧盟区域价值链的核心位置,并同时在全球价值链中也占据重要位置。德国成功地将自身的经济力量转化为引领欧盟一体化的主导权,带领欧盟化解了以欧债危机、难民危机、乌克兰危机为主的各种危机。在这个过程中,德国基本承接了区域内的国际权力,并实际上代表欧盟在全球范围内行使国际权力。本章将经济学范畴下的"全球价值链"理论与国际关系理论下的"权力转移"概念相结合,来分析德国掌握欧盟区域主要权力的原因与表现方式,并借此来探索全球价值链与国际权力的内在关系。

(一) 引言

2014年是第一次世界大战爆发100周年,哈佛大学教授格雷厄姆·艾利森在美国《国家利益》(*The National Interest*)2014年首刊号上提出了"修昔底德陷阱"命题。之后,有关中美是否可能落入"修昔底德陷阱"的各种讨论,近些年在各种学术讨论和文献研究中屡见不鲜。格雷厄姆·艾利森本人在2017年在美国出版了专著,拓展了其宏大历史观的解释。这本专著以"注定一战"为书名,在2019年在中国出版发行。艾利森在专著中对历史上的16个崛起国和守成国的全球竞争案例和战争场景进行了全面分析,并将"修昔底德陷阱"视为一种结构性压力,认为中美若妥善处理关键领域的利益分歧,就可以避免灾难性战争发生。艾利森从历史学的视角出发,其解释无疑有相当的说服力,但是他没有注意到,在经济全球化的今天,中美通过全球价值链,已经形成复杂的全球产业链接。这种全球价值链是历史上不曾出现过的。历史上,任何守成国对崛起国发动"反击"或崛起国对守成国"主动出击",都不会对其国内经济产生中断性的影响。但今天,任何破坏(包括过度损害)全球价值链的行为都注定将引发全球性生产中断,以致全球性灾难。这是修昔底德时代,包括一战、二战时代都不曾出现过的问题,也是历史学视角无法解释的问题。因此,全球价值链作为一种现实存在,除了在今天的全球化时代具有生产、消费、资本、资源和技术配置的功能外,对国际权力有什么内在影响?同时,全球价值链是否能够作为范式,来解释和检验当下复杂的国际政治经济博弈中的各种约束条件与国家优势取得?

(二) 命题的提出与基本概念

国际权力转移是国际关系研究中最重要的概念之一,而全球价值链的形成与变化是经济全球化最主要的现象之一。两者之间是否构成有机的内在关系?一个国家在全球价值链或区域价值链中所处的位置及其变化是否能够对应该国家的国际权力变化,并从根本上解释传统抽象意义上的国际权力转移,从而能够建立起国际关系中符合实证和科学的分析路径?本文尝试对这些问题做出回答。

1. 全球价值链

全球价值链作为一种全球生产和交换领域的客观现象,现实地嵌入当下的全球化过程中。将价值链本身作为一种理论工具来对企业活动进行结构性分析,早在20世纪80年代就已出现。哈佛商学院教授迈克尔·E. 波特(Michael E. Porter)率先提出"价值链"概念。他立足于企业创造价值的行为,认为企业涉及增加值的活动相互联系、相互影响,从而构成了一条紧密的链条,即为企业间的"价值链"[注1]。如果说迈克尔·E. 波特是"价值链"理论的提出者,那么把"价值链"理论发展为"全球价值链"并形成固定的理论解释范式的则是美国杜克大学教授加里·杰里菲(Gary Gereffi)。他在2005年就提出了全球价值链的概念和理论框架,并在杜克大学建立了全球价值链研究中心①。杰里菲认为,全球价值链"描述的是企业和劳动者将一项产品从概念变成最终使用以及其他的所有活动,包括研发、设计、生产、营销、分销和最终消费者支持……在全球化背景下,价值链活动更多地由全球范围的企业间网络来完成"②。随

---

① GEREFFI G, HUMPHREY J, STURGEON T. The Governance of Global Value Chains [J]. Review of International Political Economy 2005, 12(1): 78 - 104.
② 杰里菲. 全球价值链和国际发展:理论框架、研究发现和政策分析[M]. 曹文,李可译. 上海:上海人民出版社,2018:3.
注1 管理学大师迈克尔·E. 波特的相关著作在中国有相当规模的发行,其关于价值链的论述可见《竞争战略》(华夏出版社,2005年);而其后期提出的国家竞争优势及"钻石国家"理论,已经涉及到国家竞争力的比较研究和分析,具体可见《国家竞争优势》(中信出版社,2007年)。

后,杰里菲又提出了"全球价值链"理论的两个分析路径,即从价值链主导企业角度的自上而下的分析路径和从地方经济角度的自下而上的分析路径。杰里菲教授的研究被广泛地应用于全球价值链分析中,成为该理论研究中能够实际地解释全球化生产体系构成和变化的有力工具之一[注1]。

对全球价值链的研究不仅具有学术理论价值,还对全球化过程研究具有指导作用。除了学术界外,一些国际组织、政府机构也涉足全球价值链研究,并对全球价值链做出了更为细致和实际的分析。2002年,联合国工业发展组织(UNIDO)对全球价值链就作出定义:"是一种在全球范围内的生产活动,该生产链涵盖商品生产与服务环节,这种接通区域的生产、加工、销售、回收等环节的跨国性生产网络,可被解读为一种全球性的价值链。"[①]2018年,世界银行、世界贸易组织、经济合作与发展组织等多个国际机构联合策划并出版了《全球价值链发展报告(2017)》一书。该书借助大量的统计数据和实证比较,旨在帮助公众和各国政策制定者理解全球价值链的发展和演进及其对全球经济发展的重要意义[②]。除此以外,美国杜克大学、中国对外经贸大学等一些学术机构也均建立了自己的全球价值链数据库,这些基于实际情况的数据分析对于理解当下全球化过程中的经济活动结果显然有重要的价值。

在经济全球化时代,世界各国对全球价值链的参与程度不仅取决于本国的工业化水平,还与其经济开放度有关,这是否将直接影响到主权国家的国际权力的来源?主权国家在全球价值链中的参与份额与所处位置的差异,导致各国国家权力的增长速度不同,这是否也是今天全球国际权力转移的主要驱动力?目前,学术界对于全球价值链的讨论仍然局限在经济学、管理学的领域,从未从国际关系的视角来研究全球价值链,对国际权力转移的观察也大多基于历史、政治、经济等传统视角。

2. 工业化时代的国际权力解释

在国际关系研究中,"权力"是一个基本的概念。无论是现实主义还是自由主义,抑或是建构主义,都无法回避权力在国际关系中的作用。可以说,权力伴随着人类社

---

① 张茉楠.大变革:全球价值链与下一代贸易治理[M].北京:中国经济出版社,2017:前言1.
② 杜大伟,若泽·吉勒尔梅·莱斯,王直.全球价值链发展报告(2017)[M].北京:社会科学文献出版社,2018:3.
注1 运用全球价值链并通过全球经济活动中的"分离"现象进行研究的还有鲍得温等人,具体可见 BALDWIN, R. Globalisation:The Great Unbundling(S)Helsinki:Economic Council of Finland[M]. 2006.

会的产生而产生,权力的存在始终嵌在现实的国际关系之中。

自威斯特伐利亚国际体系确立以来,国际关系史本身就是一个民族国家权力此消彼长的变换过程。国际关系史为什么会出现这种民族国家权力的梯次变化(包括权力的循环演进)?美国著名政治学者肯尼斯·奥根斯基(A. F. Kenneth Organski)在1958年提出了"权力转移"理论,试图回答这个问题。奥根斯基在著作《世界政治》中认为,世界体系中的国家,其权力对比在不同的发展时期将会发生转移,这种转移依托于各国的工业化水平[①]。为此,奥根斯基采用了"潜在大国""权力增长""权力成熟"三个时期来描述国际权力的转移,每个时期分别对应农业、初级工业化和深度工业化三个阶段,并以各国实力的增长率为视角来解释国家权力的此消彼长[注1]。

在理论界,对国家权力来源的探讨,不少学者与奥根斯基的看法基本一致。在英国学派中,代表人物苏珊·斯特兰奇(Susan Strange)主张从政治经济学的角度去分析权力,并由此创立了"结构性权力"这一概念。在著作《国家与市场》中,斯特兰奇提出了结构性权力的四大来源:安全、生产、金融和知识。生产作为结构性权力的来源之一,在国内控制生产可以巩固统治阶级的社会政治权力,建立相应的政治机构,完成对国内的统治。在世界范围内,随着经济全球化和世界市场的深入,与生产相关的结构性权力逐渐对文化、语言和意识形态产生影响[②]。无独有偶,新马克思主义学派代表人物罗伯特·W. 考克斯(Robert W. Cox)在著作《生产、权力和世界秩序——社会力量在缔造历史中的作用》中也推崇工业化对国家权力的积极作用。考克斯在分析19世纪欧洲均衡破灭和英国霸权告终的原因之时写道:"洋葱皮下的第一层是工业化的不断扩大,但这种扩大是不平均的……不同国家实现工业化的速度决定了他们的军事和政治潜力,只有工业化竞赛的前几名才维持得起强国的地位。"[③]

如果说既有的学术研究和认识是以工业化能力作为权力的主要来源,并以工业化的不同水平作为权力消长的关键因素,那么在传统的国际关系语境下,权力显然更多的是指"控制权",即权力优势国家凭借自身或者联盟强大的实力,通过军事征服、经济

---

① ORGANSKI. World Politics[M]. New York: Alfred A. Knopf, 1958.
② 斯特兰奇. 国家与市场:2版[M]. 杨宇光等,译. 上海:上海世纪出版社,2012.
③ 考克斯. 生产、权力和世界秩序:社会力量在缔造历史中的作用[M]. 林华译. 北京:世界知识出版社,2004:213.
注1 奥根斯基等人以 GDP 变化进行比较的实证论述和模型构造部分可见 https://www.acsu.buffalo.edu/~fczagare/PSC%20346/Kugler%20and%20Organski.pdf。

制裁、外交孤立等方法控制其他国家的行为。但问题是,在深化的全球化时代,特别是在全球价值链时代,随着世界范围内的资源共享、物流联通、市场整合进一步加强,企业间按产业链跨越国界整合在一起,因此,国家间的"相互依赖"显然是通过企业的全球性生产网络勾连完成的。所以,权力优势国家不仅没有必要付出巨大的成本去控制其他国家,而且产业链"脱钩"的风险更是巨大的[注1]。因此,当传统的"工业化"权力已经让渡于"全球价值链"权力的时候,我们又该如何解释全球价值链时代的权力呢?

3. 全球价值链时代背景下的权力解释

既然"意大利面条碗"效应[注2]下的国际经济活动是以网络化和产业链嵌入式存在的,每个民族国家都无须,甚至无法建立起完整的与外界不发生联系的自给自足的生产体系,那么,全球价值链时代的国际权力就会开始从"工业化时代控制权"向"全球价值链主导权"的模式而演进。这种国际主导权的表现形式可能更加体现为对发展能力和方向的带动作用、对制度规划的影响作用(包括在区域整合议程中的核心领导作用)。

对于国际主导权的研究,学界目前并无清晰的界定,更多的是将其等同于大国关系下的势力范围、区域合作中的领导地位,或者是国家对全球和区域发展提供公共产品的能力。如陈峰君、祁建华在《新地区主义与东亚合作》一书中给出了如下描述性的定义:"主导权问题说到底就是领导地位问题,也即权威性问题……表现为具有决定区域内规则的能力和指导一体化发展方向和进程的作用。"[1]也有学者认为主导权就是区域合作中一方或几方对合作进程的主导,其核心在于一种非中性的利益或制度取向[2]。在进行理论抽象性解释的同时,当然也有越来越多的国际学者开始关注欧盟区域内的"德国现象",并对欧盟区域内德国主导权开始进行研究分析。如德国学者吉塞拉·穆勒(Gisela Müller)教授立足于德国在欧债危机中的表现,在《德国:欧洲唯一的领导力

---

[1] 陈峰君、祁建华. 新地区主义与东亚合作[M]. 北京:中国经济出版社,2007:234-235.
[2] 王玉主. 区域公共产品供给与东亚合作主导权问题的超越[J]. 当代亚太,2011(6).
注1 在全球价值链时代,全球性生产以产业链垂直跨国配套整合,而不再拥有本土全产业链配套的特征,几乎使任何一个国家都有足够的能力不与外部世界发生生产性和消费性的联系。因此,以传统的"工业化"权力(包括禁运和贸易战等手段)去控制他国是困难的、成本高昂的,在某种程度上还可能会引发全球产业链断裂的风险。
注2 "意大利面条碗"效应由美国哥伦比亚大学国际政治经济学教授加迪什·巴格沃蒂于1995年在研究双边贸易协定FTA和区域贸易协定RTA时提出,指不同贸易优惠和原产地原则产生了复杂的交织性的贸易结构。具体论述可见 http://www.columbia.edu/cu/libraries/inside/working/Econ/ldpd_econ_9495_726.pdf。

量?》一文中写道:"在应对欧洲债务危机近两年的冲突中,德国发挥了主要作用,甚至是主导作用……事实情况要求德国确定目前的欧洲政治角色。"①与此同时,另一位德国教授汉斯·W. 穆尔(Hanns W. Maull)也持相同的观点:"德国在国际安全上的边缘化,与德国在欧盟内部的重要程度大幅升值形成鲜明对比,在遏制和克服债务危机的努力下,柏林主导的趋势日益明显。"②而在美国学者马蒂亚斯·马特斯(Matthias Matthijs)看来,德国已经是欧盟不可或缺的国家,面对欧债危机、难民危机和乌克兰危机,"欧盟最终如何应对其三重危机,以及它是否能够更强大和更团结,将在很大程度上取决于柏林如何利用其新式权力。欧洲的未来最终取决于德国的领导命运能否满足其愿望"③。

上述这些论述很显然描述了"主导权"的存在,但是我们希望解释的问题是:人们通常描述的"主导权"是如何获得的?主导权的基础又是什么?这种主导权在全球化时代是否能够以理性工具进行较为精确的描述?主权国家在全球价值链中的位置是否能够充分解释区域,甚至国际"主导权"的存在?下面,我们以德国为典型案例,通过剖析其在欧盟区域权力的来源和构成来解释以上问题[注1]。

(三) 德国在欧盟区域价值链中的位置[注2]

历史上,欧洲是现代国际关系各种问题研究的典型样本地区,英国、法国、德国、

---

① MÜLLER. Deutschland – Europas einzige Führungsmacht? [N/OL]. [2012 – 01 – 03]. http://www.bpb.de/apuz/75788/deutschland-europas-einzige-fuehrungsmacht.
② MAULL. Außenpolitische Entscheidungsprozesse in Krisenzeiten [N/OL]. [2012 – 01 – 03]. http://www.bpb.de/apuz/75797/aussenpolitische-entscheidungsprozesse-in-krisenzeiten.
③ MATTHIJS. The Three Faces of German Leadership [J]. Journal of Survival: Global Politics and Strategy, 2016, 58(2).
注1 一个必须解释的概念和逻辑是,在通常情况下,一个国家的国际权力与区域权力是重叠对等的,美国就是最典型的例子。但具有区域权力的大国并不一定具有典型意义上的国际权力,如印度在南亚、南非在非洲、土耳其在中东……欧盟的情况比较复杂。作为超国家机构,欧盟自身具有独特的国际权力与区域权力,同时,欧盟内还有英国、法国两个联合国常任理事国以国家角色行使国际权力。我们所用的德国案例是指德国以控制欧盟权力来行使国际权力,并同时获得了欧盟区域内的实际权力。
注2 根据《全球价值链发展报告(2017)》,目前全球已经形成欧洲以德国为中心、亚洲以中国为中心、美洲以美国为中心的三大全球价值链中心。考虑到欧盟内部贸易总量占欧盟贸易总量近70%的现实,德国在承担欧盟区域价值链中心的同时,也对外体现为全球价值链中心。德国在全球价值链中的地位具体可见杜大伟,若泽·吉勒尔梅·莱斯,王直. 全球价值链发展报告(2017)[M]. 北京:社会科学文献出版社,2018:75.

俄罗斯等欧洲各大国围绕权力进行了数百年的争夺。第二次世界大战以后,苏联成为世界性霸权国,与美国开启了半个世纪的争霸历程;英国凭借英联邦体系与英美同盟关系,国力也得到了迅速提升;法国作为西欧陆上强国,曾一度引领西欧的一体化进程。放眼欧洲各大权力主体,只有德国,在二战以后长期背负战败国的身份,在国际社会上受到长期压制。然而,自2010年以来,在欧洲面对债务危机、难民危机、欧盟一体化进程受阻、俄罗斯东扩这一内忧外患的局面之时,特别是在全球经济疲软的情况下,德国却成为欧洲表现最好的国家,尤其是经济上的优异表现已经使它成为欧洲区域的主导国。那么,德国是如何经受住各种危机的考验的?从德国在欧盟区域价值链中的位置和德国在全球价值链中的位置,我们能够看到什么?

1. 从区域产业链角度的观察

提起德国经济,不禁使人想到德国引以为傲的制造业。可以说,德国经济的崛起与繁荣,其根基便是发达的制造业。德国制造业的崛起开始于19世纪末俾斯麦统一德国。统一后的德国实施了"国家工业化"的政策,对外进行贸易保护,对内发展以制造业为主的工业,使德国在20世纪初完成了工业化,其钢铁业、化学行业、电力行业等位居世界领先地位,并在1913年一跃成为仅次于美国的世界第二大经济体。随后的两次世界大战虽然对德国制造业造成了毁灭性的打击,德国也被分裂为东西两德,但是在战后民主化改造与欧洲一体化的过程中,联邦德国凭借旧时的工业基础和独特的发展理念,迅速恢复了生产,以制造业为主体的第二产业的产出比长期占据总产出的40%左右。20世纪90年代冷战结束以后,受新技术革命和服务业发展的影响,特别是全球化推进的影响,德国的部分劳动密集型制造业开始向中东欧、亚洲转移,由此导致了1990年以后德国第二产业的产出比持续下降,到2001年仅占德国GDP的28%。2008年金融危机以后,特别是2010年欧债危机爆发后,德国政府开始有意识地对产业结构进行干预优化,一方面推出以"工业4.0"为核心的制造业产业升级计划,另一方面以中东欧为"离岸工厂",重新聚集德国的制造辐射群和产业链延伸,使制造业的产出比回升到总产出的30%左右[注1]。虽然近年来德国第三产业的发展也给其第二产业造成了一定程度的冲击,但是,德国的第三产业不同于以金融业和高端服务业为主导的美国的第三产业,德国的第三产业的专业化服务本身有依附于第二产业的特征。"如针

注1 以上数据均来自世界银行数据库。

对德国所生产的机械设备而产生的整套技术解决方案,为企业提供的培训、设备的调试和售后服务等,这些服务业是不可能离开德国的制造业而单独存在的,德国正是依靠之前制造业所开拓的市场,让服务业顺势而上。"①所以,从德国产业结构的角度来看,德国经济的主导力量,特别是其对全球的贸易盈余,依旧来自以制造业为主的第二产业。

分析欧盟区域价值链的形成,必然需要"区域产业链"为依托,对产业链的分析可通过"进出口贸易"和"投入产出"获得。对德国来说,制造业不仅在国内产业布局中占有主导地位,而且还反映在进出口贸易中。2017年,德国的商品进出口在欧盟内部贸易中呈现"一枝独秀"的状态(见图2-1)。其中,德国商品出口额占欧盟内部贸易的

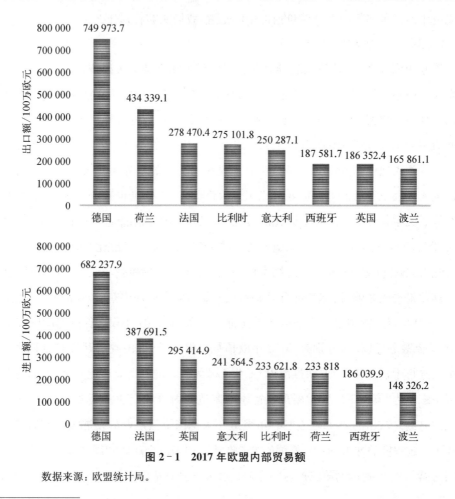

图2-1 2017年欧盟内部贸易额

数据来源:欧盟统计局。

---

① 杨海洋. 德国制造业优势产生并保持的原因分析[J]. 改革与战略,2013(1):116-121.

22.7%，商品进口额占欧盟内部贸易额的20.8%，所占比例远超法国、英国、西班牙等欧洲大国。从进出口产品结构来看，2017年，机械和运输设备、化学及相关产品、食品饮料烟草这三大类产品的出口额分别占欧盟内部出口总额的前三位，而德国这三大类产品的出口量分别占欧盟内部总出口量的60%、34%、52%；从进口贸易来看，机械和运输设备、矿物燃料和润滑剂、化学及相关产品位列2017年欧盟内部进口总量的前三位，而德国在其中所占据的份额分别为39%、26%、41%（见图2-2）。从欧盟内部进出口贸易中可以看出，德国凭借制造业强劲的生产能力，基本上处于欧盟产品贸易的中心地位：德国工业制成品的出口为欧盟各国带来了生产的动力基础，是欧洲"工厂设备的供应商"，而庞大的进口额又使德国充当了欧盟"最终消费国"的角色，是欧盟区

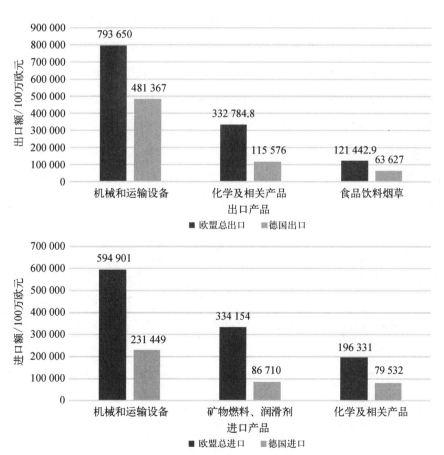

图2-2　2017年欧盟内部主要进出口产品分类与德国所占份额
数据来源：德国联邦统计局、欧盟统计局。

域内贸易的主要驱动力[注1]。

通常意义上的对德国进出口贸易规模和结构的研究还不能充分反映德国在欧盟区域产业链中的地位,因为产业链不仅仅考虑国家间商品的流动,更关注区域范围内对生产流程的"分解"。基于全球与区域价值链的存在,对区域产业链的研究还需要引入"投入产出"的概念,以更准确细致地说明国民经济各部门"投入"与"产出"相互依存的经济关系。而在"投入产出"的分析框架下,以各国在生产环节中的要素禀赋差异为基础,可分为"中间品贸易"与"最终品贸易"。其中,"中间品贸易"是指商品在实现最终消费前的一系列分工贸易,或者说,发生在从初级原料到最终产品的生产流程中的国际贸易就是"中间品贸易"。"最终品"则是指生产结束、不再进行加工的产品,这部分产品被直接使用或者最终消费,最终品的出现标志着生产环节和产业链的终结。以最终品为对象的交易就是"最终品贸易"。分析从1995年至2011年每五年间欧盟在世界范围内开展中间品贸易和最终品贸易的情况,以及德国、法国、英国三国在欧盟"投入产出"中所占的比例,我们可以看到德国在中间品和最终品的进出口指标中均占据绝对的优势地位(见表2-1)。而在全球产业链中,中间品代表着生产,最终品代表着消费,这就再一次印证:德国既是欧盟区域产业链的最大供应国,又是欧盟最大的消费国。"进出口贸易"和"投入产出"这两大指标可以充分反映德国处于欧盟区域产业链的核心位置,是不可替代的。

表2-1 德国在欧盟中间品和最终品贸易中的地位

类别	欧盟/各国占比	1995年	2000年	2005年	2010年	2011年
中间品出口	欧盟/100万美元	1 337 163.7	1 496 778.4	2 570 178.3	3 300 332	3 867 882.8
	德国占比/%	**22.90**	**20.58**	**22.21**	**22.51**	**22.70**
	法国占比/%	13.49	12.73	11.64	10.32	10.31
	英国占比/%	13.64	14.73	13.09	12.18	12.08
	意大利占比/%	10.64	9.81	9.66	9.11	9.12
	西班牙占比/%	4.61	5.34	5.65	6.03	6.23

注1 从理论角度而言,无论在全球一体化还是区域一体化的过程中,"最终消费国"都是贸易增长的驱动力。

(续表)

类别	欧盟/各国占比	1995年	2000年	2005年	2010年	2011年
中间品进口	欧盟/100万美元	1 333 471.1	1 579 340.9	2 626 635.8	3 408 879.1	3 956 990.5
	德国占比/%	**19.62**	**17.97**	**17.40**	**18.16**	**19.50**
	法国占比/%	13.42	12.86	12.35	11.64	11.77
	英国占比/%	13.15	13.38	12.10	11.69	11.60
	意大利占比/%	11.21	10.90	11.18	10.78	10.81
	西班牙占比/%	6.40	7.42	8.42	7.51	7.45
最终品出口	欧盟/100万美元	2 460 785.2	2 671 546.8	4 395 205.6	5 564 485.9	6 438 388.9
	德国占比/%	**22.07**	**20.30**	**21.84**	**22.03**	**22.24**
	法国占比/%	13.69	13.34	12.17	11.12	11.00
	英国占比/%	12.80	13.85	12.28	11.57	11.47
	意大利占比/%	11.74	10.92	10.41	9.72	9.75
	西班牙占比/%	5.40	6.24	6.53	6.76	6.92
最终品进口	欧盟/100万美元	994 369.3	1 088 325	1 688 909.6	2 027 330.7	2 251 489.1
	德国占比/%	**26.89**	**23.33**	**21.34**	**20.89**	**21.06**
	法国占比/%	13.78	13.14	13.50	13.97	14.58
	英国占比/%	13.56	17.31	17.14	14.75	14.25
	意大利占比/%	9.77	10.19	9.91	10.64	10.36
	西班牙占比/%	4.85	6.39	7.61	7.48	7.45

数据来源：经济合作与发展组织数据库。

2. 从产业增加值角度的观察

理论而言，区域产业链只是一种"量"的反映，有些国家的个别产业虽然能够获得高营业额，但是，如果外部购入价值部分过大，则不过是价值转移而已，并不能代表该国产业实际创造的价值，也不能完全说明一个国家的价值创造能力。为此，全球产业链的研究必须引入"增加值"的概念。所谓"增加值"，指的是生产单位对中间品进行加工制造后的总产出价值减去中间消耗价值。也就是说，"增加值"才是一个国家或者一个产业通过劳动新创造出的价值，它代表了整个产业的生产经营成果和实际盈余。在现实中，若用"增加值"来描述全球产业链，则形成了一个典型的"微笑曲线"。微笑曲线的左右两端分别代表一个产业的研发和品牌销售两大环节，这两个环节也是产业链的最高增加值部分,而中间部分则是产业链的制造环节,虽然制造环节的产量规模可能较大,但是,这部分通常也是产业链增加值最低的环节。产业链与增加值的结合就构成了完整的"价值链"。

近二十年来,欧盟制造业基本呈现萎缩状态,其表现在于制造业的增加值比重在GDP中逐渐降低。从表2-2中可以看出,在1997—2017年,欧盟整体与法国、英国制造业增加值在GDP中所占的比重分别呈现下降态势,以至于在2017年三者在GDP中所占的比重分别为14%、10%和9%。而德国在2011年推出了"工业4.0"战略政策,旨在把传统制造与最先进的信息和通信技术相结合,完成制造业的数字化转型,这就决定了德国还会保持制造业增加值并在欧盟区域产业链中继续占据核心地位。与欧盟、英国、法国制造业比例下降不同的是,德国制造业增加值在GDP中所占的比重并无太大变化,始终维持在20%左右。我们用表2-3展示了德国与主要欧盟国家服务业增加值在GDP中的占比,欧盟以及英法两国的服务业增加值在20年间均呈上升状态,在2017年分别达到了66%、70%、70%,德国在这项指标中全线落后,不仅百分比基数最低,而且增长速度也远低于欧盟整体和英法两国,2017年德国服务业增加值在GDP中所占的比例仅为62%。这种现象既可以理解为欧盟内部多个国家服务业兴起,同时传统的制造业下降,使经济结构本身出现了"产业空心化"现象,也可以说明,德国逆"服务业扩张",甚至是逆"全球化"潮流而特立独行地发展,始终保持着制造业的增加值比例。制造业在德国国内产业结构中的地位在过去20年间基本未发生变化。

表2-2 德国与欧盟主要国家的制造业增加值占GDP百分比

地区/国家	增加值占比/%					
	1991	1997	2002	2007	2012	2017
欧 盟	20	17	15	15	13	14
德 国	**25**	**20**	**19**	**21**	**20**	**21**
法 国	16	15	13	12	10	10
英 国	16	15	11	9	8	9
意大利	20	18	17	16	14	14
西班牙	/	16	15	13	12	13

数据来源:世界银行数据库。

表 2-3 德国与欧盟主要国家的服务业增加值占 GDP 百分比

地区/国家	增加值占比/%					
	1991	1997	2002	2007	2012	2017
欧 盟	60	61	63	64	66	66
德 国	**56**	**61**	**63**	**62**	**61**	**62**
法 国	63	65	67	69	70	70
英 国	67	65	68	70	71	70
意大利	60	62	64	64	66	66
西班牙	/	59	60	61	67	66

数据来源：世界银行数据库。

在全球价值链中，一国产业增加值的大小可以通过进出口贸易反映出来，其中，某个产业在出口中的国内增加值部分是基础指标。我们用图 2-3 描述了 1995—2011 年英国、法国、德国三个国家在制造业的出口中国内增加值的对比。从图中可以看出，德国制造业出口中的国内增加值远超英法两国，在 2008 年达到最高值，超过了 7 000 亿美元，是同年法国的 2 倍、英国的 3 倍；而在制造业国内增加值占制造业总出口额比重的指标中，三个国家均呈现下降状态，平均下降 10 个百分点左右，比重下降的原因在于区域价值链的延伸，越来越多的国家参与区域和全球的生产链，德国、法国、英国通过外包的方式把一些低增加值的工序转移到了国外。但是，无论如何，德国制造业国内增加值在制造业总出口额中所占比重依旧是三国中最高的，即使是最低的 2011

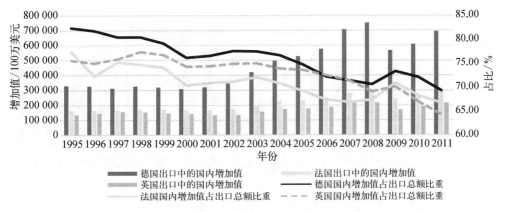

图 2-3 英法德三国制造业出口中的国内增加值与国内增加值占总出口的比重

数据来源：经济合作与发展组织数据库。

年,德国制造业国内增加值在制造业总出口额中的比重也达到了69%,而同年法国和英国的这一比值分别为65%和63%。国内增加值的对比表明德国国内制造业对经济的拉动作用要大于英法两国,而制造业国内增加值占制造业总出口额的比重则说明了德国制造业创造价值的能力强于英法两国。这也就证明了,在欧盟区域价值链中,德国的地位要高于英法两国。鉴于三国都是欧盟经济强国,也就可以同时证明,德国基本位于欧盟区域价值链的顶端。

衡量一国在区域价值链"微笑曲线"的位置,不仅要看本国产业增加值在总出口额中所占的比重,还要观察本国产业对区域产业发展的影响。为此,我们采用全球价值链中"本国增加值在外国出口总额中所占比重"这一指标,比重越高就说明该国对其他国家产业发展和进出口贸易的带动作用越强,更能体现这一国家在区域价值链中的主导作用。我们计算了德国、英国、法国和欧盟28国整体的制造业增加值占外国出口总额的比重(见图2-4)。1995—2011年,德法英三国所占比重均高出欧盟,其中,德国除了2001年被英国略微超过外,其余年份均处于领先地位。这就说明了德国制造业对经济的带动作用不仅体现在国内,而且还具有国际影响力。究其原因,在区域价值链中,德国制造业增加值在外国出口总额中主要分布在价值链的供应端,即德国在制造业领域的研发和技术被其他国家所采用,或者说,德国制造业的技术和研发越来越具有国际化的特征。而这也给德国带来了超越欧盟区域之外的国际产业链定位权力。

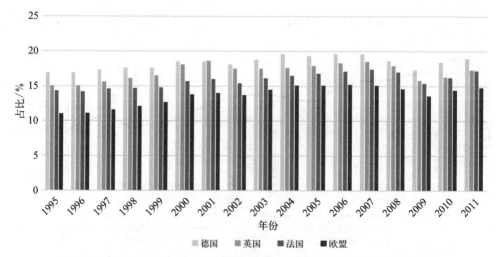

图2-4 德国、英国、法国、欧盟整体制造业增加值在外国总出口额中所占比重
数据来源:经济合作与发展组织数据库。

综上所述,无论是在以"量"为核心考量的区域产业链和供应链中,还是以"质"为核心的区域价值链,甚至全球价值链中,德国制造业分别具有最大的体量和最高的位置,因此,德国制造业显然处于欧盟区域价值链的核心位置,德国制造业的发展主导着欧盟区域价值链的前进方向,同时在某种程度上也是欧盟的"硬力量"组成。

(四) 德国区域主导权的崛起[注1]

在全球价值链时代,国家权力的表现不再是传统的"控制权",而是"主导权"。同样,德国的崛起也表现为德国在欧洲的区域主导权的上升。德国的主导权依托于自身庞大的经济实力以及处于欧盟区域价值链的核心位置,通过危机时刻对欧盟的财力支持、对规章制度和决策的影响、对区域发展方向的引领、对区域意识形态的灌输表现出来。近年来,欧债危机、难民危机、乌克兰危机造成了欧盟内忧外患的困局,直接后果便是以英国脱欧为代表的欧盟一体化进程受阻。但是,对德国来说,如何在这三大危机中发挥自己的主导权,塑造欧盟的集体反应并带领欧盟走出当前的困局,使欧盟继续在国际舞台上发挥其习惯的"软力量",是客观上检验德国国际权力崛起和欧洲权力转移的主要标志。

1. 欧洲传统大国的领导力集体衰落

从历史角度看,二战以后,法国、比利时、英国等国家热衷于为欧洲的发展提供公共产品,无论是欧洲一体化进程的主导权还是代表欧盟参与国际事务,这些国家均展现了勃勃的野心,也做出了一定的历史贡献。但是,近年来,在欧盟债务危机、难民危机和乌克兰危机的三大危机期间,法国、英国等欧洲传统大国出现了集体的角色缺失,以至于无法带领欧洲走出困境。究其原因,在于经济发展模式和国内政局不稳两大问题导致国家实力下滑,无暇他顾。

一方面,长期流行于欧洲的福利型社会造成了债务危机的恶果。欧债危机爆发并快速蔓延的一个最重要原因就是以希腊、意大利为主的南欧国家,包括法国,普遍存在

注1 一个国家的区域主导权与国际权力的关系是一个混合型关系,欧债危机、欧洲难民危机、乌克兰危机这三大危机看似关乎欧洲,但其处理过程却是全球性的,其后果也是全球性的。特别是在欧盟机制下,德国主导欧盟区域力量并在很大程度上代表了全球性国际权力。

"过度福利"政策,导致巨额的公共开支超过了国家自身的经济能力,以至于在财政支出超出经济发展所能够提供的税负之时,部分国家只能通过债务来满足开支;而以德国为主的北欧国家则长期推行相对保守的财政政策,通过实际生产和出口来拉动经济。(见图2-5)因此,也有学者把欧债危机称为"南方财政罪犯"和"北方预算圣人"的道德故事①。与此同时,欧洲各国普遍长期注重服务业而忽视实体经济的发展,从而在欧洲出现了"产业空心化"现象,这又导致了第二产业的萎缩,致使失业率高居不下、经济发展动力不足,而过分发展的服务业以及依赖债务的过度福利,最容易受到世界性金融危机的影响。这也就是2008年金融危机后欧洲迅速掉进债务危机泥潭的原因所在。

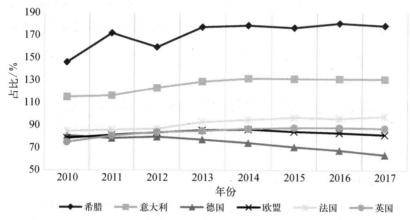

图2-5 2010—2017欧盟主要国家年政府债务占国内生产总值的百分比
数据来源:世界银行数据库、欧盟统计局。

另一方面,由于经济形势的恶化、大批难民的拥入,欧洲民粹主义趁机兴风作浪,在政治上表现为极右翼势力的崛起。右翼民粹政党高举反对欧元、反对接收难民、反对一体化的旗帜,不仅向欧洲传统的"政治正确"发起挑战,而且束缚了各国政府的行为,导致欧洲国家在应对危机的时候受到了更多来自国内民粹主义的限制,难以有所作为。法国作为欧洲大陆的传统大国,其国内右翼民粹政党"国民阵线"的强大势力使总统奥朗德不敢在接纳难民的问题上积极表现,以至于在难民危机中,法国的角色几

---

① MATTHIJS. The Three Faces of German Leadership[J]. Journal of Survival: Global Politics and Strategy, 2016,58(2).

乎完全缺失①;意大利作为欧洲的主要经济体,也受到了债务危机和难民危机的双重影响,在"伦齐改革"失败后,国内民粹政党五星运动和联盟党主张刺激投资、增加福利开支、削减税收等宽松的财政政策,这就与当下欧盟应当避免"债务后遗症"、提倡财政紧缩背道而驰②,并使意大利在危机中逐渐倒向了欧盟的对立面;同样,长期游离于欧洲大陆之外的英国,虽然综合国力位居欧盟前列,但是其在三大危机中表现得更为袖手旁观,甚至直接在欧盟最困难的时候通过公投选择了"脱欧",企图一走了之,彻底摆脱危机的困扰。(见图2-6)

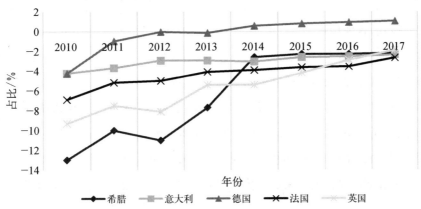

图2-6 2010—2017欧盟主要国家财政平衡:占国内生产总值的百分比
数据来源:世界银行数据库、欧盟统计局。

可以说,始于2010年的欧盟三大危机引爆了欧盟国家存在已久的内在政治经济结构性问题,而在传统大国出现领导力集体性衰落的同时,欧盟也面临着分崩离析的风险,这就为德国掌握欧盟区域主导权提供了客观条件。

2. 德国把经济实力转化为危机治理中的主导权

鉴于欧洲各大国在危机中的衰落,欧盟面临着一体化进程受阻、欧元受到质疑、俄罗斯西扩的安全挑战,这些变化显然不符合德国的根本利益。为此,德国已经开始放弃传统的"克制外交",转向"有为外交",并让德国在国际事务中扮演重要角色,主导欧盟的危机治理。受历史问题的制约,德国的政治权力和军事权力并不足以支撑"有为

---

① 郑春荣. 难民危机考验德国在欧盟的领导力[N]. 文汇报,2016-05-13.
② 王逸君. 意大利联盟党松口:愿与五星运动联合组阁[N/OL]. (2018-03-16)[2018-12-02]. http://www.xinhuanet.com/world/2018-03/16/c_129830349.htm.

外交",但作为欧洲第一大经济体,德国在现实中必然要凭借经济力量去争取危机治理的主导权。

首先,在欧债危机的治理中,德国通过向重债国和救援平台注入资金的方式,对欧盟进行整体性救助。经历了早期的观望以后,德国以最直接的方式迅速介入债务危机,向重债国提供了大量的临时性救助资金:2010年5月,以欧盟委员会、欧洲央行、国际货币基金组织组成的"三驾马车"同意在三年内共同为希腊提供1100亿欧元的援助,其中德国承担欧元区份额中的224亿欧元,占比达28%;另外,在欧盟2010年11月为爱尔兰提供的850亿欧元援助以及2011年5月为葡萄牙提供的780亿欧元援助中,德国均占有较大份额[1]。与此同时,在德国的推动下,欧盟为了应对债务危机而临时成立了欧洲稳定基金(EFSF)和欧洲稳定机制(ESM)两大组织,德国凭借无可比拟的经济优势成为这两大救援机制的最大股东(见表2-4),帮助它们在危机中发挥作用。通过对欧洲国家的积极救助,德国完全确立了自身在欧债危机治理中的主导角色和控制角色,而推动ESM、EFSF等长效治理机构的建设则表明德国的主导权已不再局限于个别国家,而是逐步向欧盟整体扩展。为此,2011年11月,波兰外长西科尔斯基在柏林发表演讲时说道:"相对于德国的强大,我更害怕德国的无所作为。"[2]

表2-4 EFSF/ESM两大平台认缴金额前五位国家(2012年)

国家	EFSF	ESM		捐款百分比/%
	认缴金额/100万	实收资本/100万	认购资本/100万	
德 国	€119 390.07	€21 717.1	€190 024.8	27.13
法 国	€89 657.45	€16 308.7	€142 701.3	20.38
意大利	€78 784.72	€14 331.0	€125 395.9	17.91
西班牙	€52 352.51	€9 523.0	€83 325.9	11.90
荷 兰	€25 143.58	€4 573.6	€40 019.0	5.71

数据来源:欧洲稳定机制。

其次,在难民危机治理中,德国再次表现出有目共睹的主导权,成为欧洲应对难民危机的中流砥柱。尽管德国政府对待难民的态度并非始终如一,而是经历了由"谨慎

---

[1] 李巍,邓允轩.德国的政治领导与欧债危机的治理[J].外交评论,2017(6):74-104.
[2] 欧债危机凸显德国主导地位[N/OL].(2012-01-13)[2018-12-20]. http://theory.people.com.cn/GB/136457/16869453.html.

对待"到"开放欢迎",再到"收紧审查"的过程转换,但是,总体来看,德国在面对难民危机时还是展现出了比其他国家更强的开放态度,这就促使德国成为接纳难民最多的欧洲国家,以至于凭借一家之力,便承担了欧洲1/3的难民总数。在最高峰的2015年,共有超过100万名的难民在德国登记申请避难,这是欧洲任何一个国家都难以匹敌的。在接收难民的同时,德国政府还为每一个到达德国的成年难民每月发放数百欧元的补贴,并承诺愿意为难民承担回家的路费。据统计,德国每安置一个难民,在衣食住行及管理等方面的成本开支,一年就需要花费约1.3万欧元[1]。为此,联邦政府向州和地方政府额外拨款180亿欧元,以安置难民并帮助支付额外费用[2]。可以说,这种财政实力是处于债务压力中的欧洲其他任何国家都难以付出的。在如何安置难民的问题上,德国也不同于其他国家的消极应对,而是利用国内制造业对劳动力的需求,发挥职业培训体系的优势,在短期内对难民进行相关的培训,让他们从事一些临时性的简单劳动,这也在一定程度上弥补了国内老龄化和"工业4.0"造成的低端产业劳动力不足的问题。可以说,德国在难民问题上承担了欧洲的"道义主导权"。为此,欧洲理事会主席图斯克2015年11月指出:"欧洲的未来很大程度上取决于德国如何处理难民危机""所有人都在注视着德国,观察来自柏林的信号"[3]。

最后,肇始于2013年底的乌克兰危机是对德国在欧盟内部主导权的另一个考验。所谓乌克兰危机,并不单纯地指乌克兰国内的分裂势力,而是牵扯到以地缘政治为基础、涉及俄罗斯和美国的大国关系问题。在美国致力于北约东扩、极力削弱俄罗斯的背景下,德国采取了"谈判加制裁"的更加灵活的措施,以应对俄罗斯兼并克里米亚并暗中支持乌克兰东部分裂势力这一棘手问题。在乌克兰危机期间,德国可以说是"唯一"能和俄罗斯直接进行对话的国家,其原因就在于以经贸联系为基础的德俄"特殊关系"。根据2013年的数据,德国是俄罗斯在欧洲最大的资源需求市场,俄罗斯约有35%的天然气和超过30%的石油出口到德国,德俄两国的贸易额超过765亿欧元,德国约有30万个工作岗位取决于与俄罗斯的贸易,6 200家德国公司活跃在俄罗斯且对

---

[1] 常红.欧洲难民安置难点问题主要集中体现六个方面[N/OL].(2016-06-15)[2018-12-20]. http://world.people.com.cn/GB/n1/2016/0615/c1002-28447643.html.

[2] Matthijs. The Three Faces of German Leadership[J]. Journal of Survival: Global Politics and Strategy, 2016, 58(2).

[3] 伍慧萍.德国能否在难民危机中再次主导欧洲[N/OL].北京周报网,(2016-01-06)[2018-12-20]. http://www.beijingreview.com.cn/shishi/201601/t20160106_800046113.html.

俄投资约 200 亿欧元①。因此,用"相互依赖经济"来描述德俄关系的根基毫不为过。为此,在乌克兰危机期间,作为欧盟经济实力最强、与俄罗斯经济联系最紧密的国家,德国既可以通过经济手段对俄罗斯进行制裁,如限制俄罗斯部分官员入境欧盟、增加俄罗斯国有银行进入欧盟资本市场的难度、禁止对俄进行用于石油开发的高科技产品的出口等,以此来规约俄罗斯,使其不敢在兼并克里米亚之后有进一步的扩张行动;同时,德国也能够在欧盟、美国、俄罗斯、乌克兰等冲突各方中进行斡旋,促进各方在日内瓦、明斯克、柏林等地举行数次会谈,旨在化解紧张的乌克兰局势。此外,需要指出的是,柏林与莫斯科之间在危机期间依然保持密切的沟通。据统计,在危机最激烈的 2014 年前 9 个月,普京与默克尔的通话次数达到了 35 次。与之相比,普京与法国总统奥朗德和美国总统奥巴马之间的通话分别仅为 16 次和 10 次②。这种沟通机制贯穿在整个乌克兰危机期间,德国也在一定程度上充当着俄罗斯与西方国家对话的平台。

3. 主导构建危机治理的长效机制

作为欧盟危机治理的主导国,德国的眼光不仅停留在当前的棘手问题治理中,也在思考如何把德国主导的治理措施进行机制化,从整体和长远的角度规避各种危机对欧盟的侵害,其最终目标是避免欧盟的分裂,保持欧盟一体化现状并主导进程。现实中,德国主导的机制构建方式主要有两种:通过签订合约的方式对欧盟进行制度化建设、通过压力传播以"德国模式"为核心的治理价值观。

在制度化建设方面,德国的主导作用贯穿于三大危机。欧债危机爆发的一个主要原因便是欧盟统一的货币权和分散的财政权之间的不协调,以至于欧盟整体要为个别国家的财政混乱和赤字买单。为此,德国在主导债务危机治理的过程中也从制度层面推动欧盟成员国的财政改革,将救助措施与国家财政改革挂钩,以加强对欧元区成员国的财政监管。2012 年 3 月,在德国的发起下,除英国和捷克以外的欧盟 25 个成员国批准了《欧洲经济货币联盟稳定、协调和治理公约》(简称"财政契约")。财政契约是首次赋予欧洲法院判定一国是否遵守财政纪律的权力,同时也要求每年举行两次由欧盟

---

① OAOEV. Ost-Ausschuss warnt vor Wirtschaftskonflikt[EB/OL].[2018 - 12 - 20]. https://www.oaoev.de/index.php/de/ost-ausschuss-warnt-vor-wirtschaftskonflikt.
② Spiegel online. Wladimir Putin und seine Telefonate mit Angela Merkel und Co.[EB/OL].(2014 - 09 - 11)[2018 - 12 - 20]. http://www.spiegel.de/politik/ausland/wladimir-putin-und-seine-telefonate-mit-angela-merkel-und-co-a-990795.html.

委员会与各成员国国家元首出席的欧元峰会,致力于各成员国与欧盟整体的经济政策协调统一。此外,在德国的注资和推动下,成立于 2012 年的 ESM 成为欧元区的永久防火墙,为金融困难中的欧元区成员国提供金融援助计划。更重要的是,ESM 规定,接受救助的一个先决条件是成员国必须批准"财政契约"。可以说,财政改革是一场德国以自身"融资能力"换取其他欧元区成员国"财政权"的政治博弈①。与此同时,面对来势汹汹的难民潮,在欧盟各国束手无策之时,德国首先提出了"难民分摊机制",从欧盟整体上对难民进行比例分摊,各国按照一定的配额接收难民。这项提议得到了欧盟委员会的支持,并于 2015 年 9 月通过了"难民分摊法案",欧盟也投票通过了转移安置意大利、希腊等国境内 12 万外来难民的方案。虽然这项法案引起了中东欧个别国家的反对,但是,"难民分摊机制"把分散应对难民的欧盟国家再次集合在了一起,在德国的带头作用下共同应对危机、共同分担责任,最终挺过了难民拥入的高峰期,基本保持了欧盟的完整性。而处理乌克兰危机的时候,德国着眼于地区安全秩序的恢复,积极推动区域安全机制的构建。在 2014—2015 年乌克兰危机高潮迭起的一年中,危机各方先后达成了《乌克兰危机调解协议》《日内瓦协议》《明斯克协议》《柏林宣言》等一系列共识,其内容由最初的改组乌克兰政府到后来的停止暴力冲突,再到派遣欧安组织监督停火等一系列政治和军事安排。而在这一系列安全机制的构建中,均能看到德国与欧盟的身影,德国与欧盟从中扮演了调停人的角色,不仅有效地缓解了紧张的局势,而且也使欧盟成为乌克兰危机中不可或缺的力量。

  在以压力传播"德国模式"方面,最明显的表现就是经济上推广以"财政紧缩"为核心的"德国模式"。德国介入欧债危机以后,对希腊等国扩张型经济模式的清算随之而来,包括德国总理默克尔在内的政界人士多次在公开场合批评希腊等国的发展模式,甚至扬言要把不遵守规则的国家踢出欧元区。与此同时,德国和欧盟委员会也把降低财政赤字作为发放救助贷款的前提条件之一,要求希腊实施一系列紧缩和改革措施。在援助压力下,希腊议会于 2011 年 6 月通过了包括裁员、加税等一系列内容的财政紧缩法案,以换取当年 120 亿欧元的财政援助。为此,希腊第二年的财政赤字占国内生产总值的比例就降到了 6.6%,完成了原定紧缩目标②。不仅如此,在 2012 年的"财政

---

① 赵柯. 德国的"欧元保卫战":国际货币权力的维护与扩张[J]. 欧洲研究,2013(1):64—86.
② 种卿. 希腊完成去年减赤目标 赤字占 GDP 比重降至 6.6%[R/OL]. (2013-02-06) [2019-01-01]. http://www.chinanews.com/cj/2013/02-06/4552244.shtml.

契约"中,德国主导的财政紧缩的理念得到了充分体现。这也表明,紧缩模式已不再是单纯的援助条件,而逐渐在欧盟内部制度化。除此以外,"德国模式"还表现为避免单独应对危机、坚持欧盟的整体性,尤其是坚持"法德轴心"和法、德、波"魏玛三角"的两大机制,充分发挥法国、波兰等欧盟其他成员国的作用,协同介入危机。因此,无论是三大危机中达成的一系列协定和法案,还是各项政策的落实,均是以欧盟整体的身份完成,这样一方面维护了欧盟、欧元区、申根区整体上的完整性,另一方面也在处理难民危机和乌克兰危机的时候能够发挥集团作用,使欧盟与美国、俄罗斯等强国齐驱并驾,无形中提高了欧盟的国际影响力。而德国在其中更多的是充当协调、引领、主导方案的作用,充分展示了德国区域主导权的现实存在。

(五) 区域价值链与区域主导权的关系

德国既是欧盟区域价值链的核心国家,也是应对欧盟三大危机的主导国。马克思主义政治经济学强调,经济基础决定上层建筑。那么,作为经济基础的区域价值链是如何对德国主导权产生作用的呢?

1. 区域价值链与经济实力的关系

作为区域价值链的核心国家,德国有着欧洲最强大的经济实力,这是德国区域主导权的主要支撑,也为德国发挥区域主导权提供了可能性。

德国的经济实力不仅是 GDP 数值或者国家财富位于欧盟第一,更重要的是德国控制区域产业的能力。这种控制力并不等同于权力政治下对国家、人口、主权的征服,而是区域的生产结构的主导和安排。按照苏珊·斯特兰奇"结构性权力"的观点,"生产一直是几乎所有政治经济的基础……社会中的权力中心与生产结构之间有着密切的关系"[1]。德国对区域产业结构的控制就是由德国来决定生产的方式、生产的内容以及生产过程中劳动力、资本、工具等生产要素的组合。在欧洲区域价值链的微笑曲线中,德国在研发和销售这两个高增加值环节都位于顶端的位置,这就决定了德国不仅垄断了生产的上游位置,而且还控制了生产的下游渠道。现实中,这种优势表现为德国的高科技水平和品牌效应主导着欧洲产品的生产质量、生产规模、产品定价等一

---

[1] 斯特兰奇. 国家与市场: 2版[M]. 杨宇光等,译. 上海:上海世纪出版社,2012: 62.

系列要素。这也是德国在三大危机中既能用经济实力来发挥主导作用,也能够要求个别国家按照"德国模式"进行财政改革的根源所在。

区域价值链不仅赋予了德国主导欧洲生产结构的权力,而且给了德国主导欧元的货币权力。欧元早已不再是一般意义上的货币,更是一种"国家间政治"的产物,欧元在欧盟所扮演的角色实质上是一种最具含金量的权力——国际货币权力,即对其他成员国行为的影响力和支配权[①]。而欧元币值的稳定则依托于欧洲产品的竞争力,这种竞争力又依托于以德国为核心的区域价值链。因此,欧元的存在正是依托于德国本身的强大生产力。与此同时,欧元也可以被视为德国为欧洲发展提供的"公共产品"。欧元区国家借助这个欧洲共同货币,可以分享德国经济发展的红利,树立资本市场良好的信誉,发挥低成本融资的优势,增强欧洲各国经济的抗风险能力。但是,各国也由此失去了独立融资的渠道,通过欧元途径进行融资成了欧元区国家唯一的选择,而这个渠道的闸门实际上是由德国控制的。可以说,欧元与德国的主导权相辅相成:欧元的强劲依托于以德国为核心的区域价值链,而德国视欧元为主导欧洲的货币权力。欧债危机中,德国之所以积极拯救债务国,一个重要原因也是对欧元的"保卫"。

还需要指出的是,区域价值链依托于制造业为主的实体经济,而作为区域价值链的核心国家,德国也是欧洲实体经济最强大的国家。这就使德国避免了"产业空心化"造成的社会失业、金融泡沫、债务陷阱等经济负担,在客观上保持了强劲的经济实力。

2. 区域价值链与机制构建的关系

区域价值链是区域内国家生产和贸易的联系,这种联系不仅需要商业利益的引导,更需要通过契约的形式予以保障,包括产业政策、营商环境、贸易合同、税收法规在内的一系列对行为活动的规范,都是区域价值链能够正常运行的保障。所以,区域价值链在一定程度上也是区域内纷繁复杂的契约关系。而作为区域价值链核心的德国,在危机中成功地把价值链引导者的角色转化为危机治理引领者的角色,从中确定了规则制定的主导权,并通过构建一系列规章制度来确保自身的优势地位,维护自己的利益所得。区域机制的构建可以视为德国确立主导权的"必要性"。

这也就构成了德国主导权的另一个重要表现,即主导各种应对机制和长效机制的构建,这一方面是应对危机的过程,另一方面也是解决危机的结果。国际关系现实制

---

① 赵柯. 德国的"欧元保卫战":国际货币权力的维护与扩张[J]. 欧洲研究,2013(1):64-83.

度主义认为,国际制度的生成和演变既是成员国公共利益需求的产物,是服务于全体成员国的公共物品,也是领导国权力推动的结果,服务于领导国的私利战略目标①。从区域价值链角度来看,这些机制的构建缓解了危机对欧盟国家的侵害,维护了地区安全与和平的秩序,保证了欧盟的整体性,最终为区域价值链的运行提供了较为稳定的环境。因此,这既符合制度现实主义下各国公共利益的需求,也满足了主导国德国的私利目标。

3. 区域价值链与意识形态的关系

在德国看来,主导权的发挥不能仅凭经济实力和规章制度的建立,更要从根本上贯彻以自身利益为导向的意识形态,从而达到在思想文化上的主导权,这可以被看作德国发挥主导权的"根本性"。

德国经济的崛起,走的是一条介于亚当·斯密的古典自由主义和凯恩斯的干预主义之间的"第三条道路",这种发展理念被称为"德国新自由主义模式",也叫"弗莱堡学派"或者"奥尔多主义"——强调竞争、价格稳定、财政紧缩以及规则高于一切的认同理念。伴随着欧盟区域价值链的形成与德国地位的确立,德国的这套发展理念也传播到其他欧盟国家,以此来带动各国的生产和对外贸易,最终实现国家间和产业间的融合。因此,在欧债危机期间,德国不遗余力地敦促欧洲各国进行财政改革,其本质上也是对自身发展理念在全价值链范围内的推广。不只是经济发展模式的理念,在处理难民危机和乌克兰危机的时候,德国的一体化思想也贯穿其中:强调欧洲的集体反应,发挥欧盟整体的作用,对难民共同承担责任,对俄罗斯采取一个声音说话。对于区域价值链来说,欧洲一体化思想不单单保证了欧盟的整体性,也保障了区域价值链的完整性,确保任何一个国家都是区域生产链的组成部分;同样,区域价值链的形成也有利于贯彻一体化理念,即通过生产的融合和贸易的开展,把欧盟的利益与各国的国家利益进行捆绑,增强成员国对欧盟一体化信念的认同。

(六) 结论

通过以上论述,我们可以看到,德国凭借自身在全球价值链和欧盟区域价值链的

---

① 李巍,邓允轩. 德国的政治领导与欧债危机的治理[J]. 外交评论,2017(6):74-104.

核心地位,在欧债危机、难民危机、乌克兰危机三大国际事务中逐渐树立起了欧盟主导权,基本实现了欧洲区域权力的转移。而德国这个过去十年现实发生的典型范例能够给我们提供的肯定不是德国获得欧盟权力并以欧盟机制来行使国际权力的简单解释,对上海来说,在长三角一体化建设中,如何确定区域发展的主导力量、如何优化区域产业布局、如何实现区域产业辐射能力,这些问题均可以借鉴德国在塑造欧盟区域价值链的成功经验。

1. 全球价值链与国际权力的辩证关系

首先,在理论范式上,全球价值链,包括区域价值链的理论和工具运用对于解释当下全球化生产时代的国家权力变化是有足够实证说服力的。观察和比较国家在全球价值链和区域价值链中的位置和所得,可以弥补传统国际关系领域研究国家权力的工具与实证数据缺乏的不足,并弥补传统的"工业化"权力在当下全球化时代解释力不足,包括破除依据和基于历史经验研究得出的某些固化性和常识性的判断,如对于"修昔底德陷阱"问题的再认识和再解释。同时,由于全球价值链的存在,传统的"工业化"权力充分使用的国际争端问题解决方法,如贸易制裁、禁运、加征关税等大国使用国际权力来维护自身"利益"的惯用手段,既成本高昂,也可能达不到预期效果。

其次,在现实中,全球价值链,包括区域价值链的理论和工具运用,可以分析和判断当下复杂国际政治经济格局下全球主要国家对外政治经济举动和决策行为。例如,在伊朗制裁案的实施过程中,我们可以发现美国与欧洲截然不同的态度,欧洲由于与伊朗存在资源端结构性和区域性价值链联系,更倾向于以对话解决;同样,过去一年间发生的中美贸易摩擦,无论美国国内某些极端的恐吓观点再怎么刺耳和恐怖,由于中美之间存在着复杂的利益巨大的价值链联系,通过谈判而不是贸易报复才是大国双方各自的理性决策选择。因此,当复杂的网络内嵌状的全球价值链存在时,任何国家的对外政治经济举动均受内在隐形的客观制约,任意使用国际权力的莽撞决策均可能给自身带来利益的损伤。

再次,应该看到全球价值链,包括区域价值链的主导权是一种典型的现实国际权力。它虽然不能等同于传统的现实主义语境下的控制权,也缺乏通常意义的强制力和惩罚力,但是,它的存在可以使国家在全球经济核心利益领域充分发挥"定价权"作用。基于价值链的主导权作为一种方向性的引领和话语权存在,可以借助全球和区域价值链基础上的共同利益,通过机制来保障进行国家显性和隐形能力扩散,包括意识形态的压制性传播。

最后,一个国家的全球和区域价值链优势不是凭空取得的,它必须存在和嵌入全球化生产网络,同时在竞争中能够取得优势地位,而出口产品的全球价值链位置和所得是基础。这就意味着游离在全球生产网络之外的国家很难获得国际政治与经济权力,而在全球价值链低端位置的国家可能只能获得有限的权力,同时仅在全球生产网络体系,缺乏全产业链嵌入的上游资源端国家也具有先天的结构性缺陷。德国的范例证明,以制造业为基础的产业发展模式和全球领先的生产能力是其获得全球,特别是区域价值链优势的基础,而这将颠覆经济学中对于"服务业比例提高是经济发展必然追求和必由之路"的传统认识,并为制造业的自身价值在今天全球价值链环境下找到合理的本源定位。

2. 对上海发展的启示

2019年12月,中共中央、国务院印发了《长江三角洲区域一体化发展规划纲要》,长江三角洲区域一体化发展随之上升为国家战略,成为新时代中国推进更高起点的深化改革和更高层次对外开放的重要举措,同"一带一路"建设、京津冀协同发展、长江经济带发展、粤港澳大湾区建设相互配合,完善中国改革开放空间布局。长三角一体化的建设,本质上是打造"三省一市"的区域价值链,而上海将在区域价值链中发挥中心城市的辐射带动作用,主导区域价值链的构建,形成前沿科技、高端制造、现代服务等产业链体系。

从德国对欧盟区域价值链的主导作用可以看出,区域经济的发展需要主导力量的引领,这种主导力量表现为核心产业对区域的溢出效应,从而实现中心城市的辐射带动作用。对于上海来说,这种中心城市的辐射带动作用源于上海六大支柱产业的构建,目标是形成高端制造区域价值链体系。在当前环境下,以电子信息产品制造业、汽车制造业、石油化工及精细化工制造业、精品钢材制造业、成套设备制造业和生物医药制造业为核心的上海六大支柱产业,不仅占全市工业产值的65.5%(2018年)[①],还事关中国高端制造业的发展,涉及多项"卡脖子"技术,是国家高端制造业、前沿技术进行攻关的主要方向。

这就预示着,在长三角区域一体化建设中,上海的"中心城市辐射带动作用"将主要体现在两个方面:其一,树立以高端制造为核心的区域主导型产业。观察全球价值

---

① 上海统计局年鉴 2019 [DB/OL]. http://tjj.sh.gov.cn/tjnj/nj19.htm?d1=2019tjnj/C1307.htm.

链或区域价值链的成功经验,可发现其中大多有一个共同点,即其本身或周边区域有强大的"制造能力",可以在全球价值链中拥有显著位置和比重,这是因为制造业本身拥有强大的产业关联能力,能够形成涵盖多个行业的产业链体系,对区域整体经济发展有不可忽视的作用。与此同时,"高端制造"的另一个重要逻辑在于全球价值链理论的"倒微笑曲线"[注1]。当一家企业在制造业做到无可替代时,是可以保证充足高利润的。"倒微笑曲线"的频繁出现也让各国意识到,如今已到了必须要抓住高端制造业的关键时刻。当荷兰拥有光刻机生产商 ASML、中国台湾拥有半导体代工公司台积电,而中国大陆则受制于缺少半导体和光刻机制造商的时候,上海就有必要树立以高端制造为核心的区域主导型产业。其二,提供高端制造业的上游供应。高端制造业的特征在于分工的精益性,即形成由众多分工环节组成的产业链网络。德国就是通过汽车和机械设备制造业,形成了囊括中东欧众多国家的欧洲产业链。未来,上海也可以以六大支柱产业为核心,形成长三角分工体系,上海为整个分工体系提供制造业所需的上游材料、设备以及人力资源培训等生产性服务,进而实现上海的中心城市辐射带动作用,完成长三角高端制造业价值链的建设。

综上所述,德国在欧盟区域价值链的成功对上海的启示作用主要表现在区域主导角色建设和以核心产业为主的区域价值链构建,前者对应的是上海长三角一体化中心城市的角色,后者则是长三角向高端制造业价值链方向发展的反映。

二、以越南制造业为例

冷战结束以后,全球价值链在经济全球化的浪潮下逐渐形成。全球价值链由世界范围内的企业网络共同构成,国际贸易和生产分工是这个网络的主要表现形式,从而

注1 在传统的全球价值链分析模型中,根据单位增加值收益,可形成研发和销售为高增加值产业、制造为低增加值产业的这一"V"型增加值分布体系;而随着制造业本身对技术要求的提升,个别制造业的重要性和增加值收益甚至超过了研发和销售,从而形成了中间环节提升、两头环节下降的"倒 V"趋势,这种现象主要发生在诸如半导体制造、航空航天、生物医药等对技术要求较高的生产领域。

形成全球价值链的基本模型。对于世界各国而言,能够有效嵌入全球价值链,参与国际分工,并从国际贸易中获得收益,是实现经济发展的重要条件。

"革新开放"三十余年来,越南为实现国内工业化和现代化战略,大力发展本国的制造业。近年来,越南在经济全球化的潮流下,与中国、日本、韩国、东盟、欧盟等多个经济体达成自由贸易协定,这些自由贸易协定与国内"出口导向型"经济发展战略相互结合,共同推动越南制造业嵌入全球价值链,实现与国际经济的对接,从而获得了发展制造业的客观条件。

(一) 关于全球价值链与越南制造业的文献评述

在全球经济联系日益紧密的背景下,学术界对全球价值链的探讨日趋活跃,其分析重点在于国际生产网络的组织结构与各国在全球价值链的角色作用;同时,以发展速度快、发展潜力足而闻名的越南制造业如何通过嵌入全球价值链而实现与国际经济的接轨,也是一个值得研究的话题。目前,关于全球价值链和越南制造业的研究成果主要聚焦在以下几个方面。

第一,全球价值链下的产业分工与贸易。何为全球价值链?加里·杰里菲(Gary Gereffi)在著作《全球价值链和国际发展:理论框架、研究发现和政策分析》中表示:"价值链描述的是一项产品从理念到最终使用的一系列过程,包括研发、设计、制造、营销、售后等环节。"[1]可以说,全球价值链本质上是对经济活动的分工,这种分工包括研发、制造、销售等主要环节,以及投资、服务、售后等一系列配套流程。伴随经济活动分工的是经济各环节的创造增加值的差异。布鲁斯·科古特(Bruce Kogut)在考察了跨国公司子公司的区位分布后,提出将价值增加链视为制定国际商业战略的核心,在增加值的基础上,国家的相对优势和公司的竞争优势相互交融,从而有助于确定价值增加链的跨境区位分布[2]。在这一基础上,生产者将依据价值链不同环节的增加值,把

---

[1] 杰里菲. 全球价值链和国际发展:理论框架、研究发现和政策分析[M]. 曹文,李可译. 上海:上海人民出版社,2018:3.
[2] KOGUT. Designing Global Strategies: Comparative and Competitive Value-Added Chains [J/OL]. MIT Sloan Management Review, [1985-07-01]. https://sloanreview.mit.edu/article/designing-global-strategies-comparative-and-competitive-valueadded-chains/.

生产过程分解到不同区域,最终形成以各国增加值差异为单位的"全球生产网络"。对于以增加值为单位的分布形态,施振荣(Stan Shih)在考察台湾电脑行业后提出了著名的"微笑曲线":各国凭借其差异化的比较优势融入全球价值链,发达国家倾向于从事高端、无形的高增加值活动,如制造前期的研发、设计和品牌建设以及制造后期的售后服务和市场营销等;相反,发展中国家则主要从事低端、有形的生产活动,如加工、装配等低增加值活动①。

在分工的作用下,零部件和工业原料等中间品逐渐成为国际贸易的主要组成部分,这一现象早在20世纪90年代初便出现了苗头。叶芝(Alexander J. Yates)通过分析机械和交通设备类产品(即SITC 7)的贸易数据,发现在1995年经合组织成员国的总出口中,零部件出口占据了30%,而且增速也超过了SITC 7类产品的总体增速②,到了2014年,中间品贸易占世界商品贸易总额的比例已经达到了86%[注1]。然而,近年来,中间品贸易出现了增长颓势的问题,直接后果是引发了全球贸易的衰退,这也是今天"逆全球化"现象的主要表现之一。为此,2019年4月,麦肯锡全球研究院在《变革中的全球化:贸易与价值链的未来》的报告中,从全球价值链的视角分析了其原因:新兴经济体正在纷纷完善本土供应链,以降低对进口中间品的依赖,同时,新兴经济体国内消费能力的提升也造成一些企业出口占比的下降③。可以说,正是因为新兴经济体内部上游供应链和下游销售链的完善,导致跨境生产活动呈现下降趋势,进而造成了国际贸易的缩减,这也是今天全球价值链变革的一大表现。

第二,分析各国、各经济体与全球价值链的互动关系。在全球价值链理论发展的同时,如何使理论和研究方法更好地与实践相结合,也是学界关心的一大问题。在理论与实践的相互交融中,学术界出现了两个研究方向:第一个方向重在研究全球价值链背景下的产业升级问题。随着各国经济的发展,国家间寄希望于通过产业升级来摆

---

① SHIH. Me-Too is not my style: Challenge difficulties, Break through Bottlenecks, Create Values[M]. Taipei: The Acer Foundation, 1996.
② YEATS. Just How Big is Global Production Sharing? [M]. Social Science Electronic Publishing, 1998.
③ McKinsey Global Institute. Globalization in transition: The future of trade and value chains [R/OL]. [2019-01-15]. https://www.mckinsey.com/featured-insights/innovation-and-growth/globalization-in-transition-the-future-of-trade-and-value-chains.

注1 根据WTO数据库的数据计算所得。

脱落后的产业发展模式,实现更有质量的经济增长。2018年,《全球价值链发展报告(2017)》显示,国家、经济体参与全球价值链,不仅能够实现经济规模的扩大,还会实现价值链位置的升级,这种升级指的就是国家和产业通过技术的更新、知识的引进以及投资的扩大向"高增加值"的方向发展。该报告还对"升级"做了4种形态的区分,即功能升级、产品升级、流程升级和跨产业升级①。在现实中,改革开放后的中国、北美自贸区(NAFTA)成立后的墨西哥、加入欧盟(EU)后的东欧国家都是在全球价值链环境下实现产业升级的典型代表。第二个研究方向旨在借助全球价值链的"定量分析"方法,结合一系列统计数据和计算工具,测量国家在全球价值链和区域价值链中的角色和位置。例如:张志明、曲文铁、郭一文以俄罗斯为研究对象,在《俄罗斯在亚太价值链中的角色及其演变态势》一文中,根据国际投入—产出数据库、增加值贸易数据库等,从亚太价值链联系和亚太价值链地位横纵两个维度考察了俄罗斯在亚太价值链中的角色及其演变态势,认为俄罗斯总体处于亚太价值链的高端位置,但对东亚经济体的依附性较强,高技术和服务类产业在区域价值链中的位置相对较低②;郭龙飞、赵家章则立足于金砖国家的制造业,在《金砖国家制造业在全球价值链中的收益与动态变化》一文中指出,金砖国家低技术制造业均呈现下降趋势,高技术制造业已经成为金砖国家以后发展的重心。同时,中国在全球价值链中获得了更多的技术溢出,中国的高新技术制造业发展也走在了发展中国家的前列③。总体来看,全球价值链与国家间的互动关系正在成为研究的重点,这个方向的研究成果与现实的结合更为紧密,能够为产业升级、国家所处的价值链位置提供理论依据。

第三,全球价值链背景下越南制造业的发展。目前,中国国内这一主题的研究并不多见,在有限的文献成果中,主要集中于越南与中国的贸易和产业关系,例如孟祺在《基于附加值贸易的中越纺织服装产业全球价值链研究》中分析了中越两国关于纺织服装产业出口国内附加值的变化④。而在越南国内,对全球价值链的研究在越南加入

---

① 杜大伟,若泽·吉勒尔梅,王直. 全球价值链发展报告(2017)[M]. 北京:社会科学文献出版社,2018:101-105.
② 张志明,曲文铁,郭一文. 俄罗斯在亚太价值链中的角色及其演变态势[J]. 俄罗斯东欧中亚研究,2017(3).
③ 郭龙飞,赵家章. 金砖国家制造业在全球价值链中的收益与动态变化[J]. 首都经济贸易大学学报(双月刊),2016(6).
④ 孟祺. 基于附加值贸易的中越纺织服装产业全球价值链研究[J]. 经济体制改革,2016(2).

WTO 以后逐步兴起,越南学者思考着"越南制造"如何在全球价值链和"革新开放"的框架下实现规模和质量的双重升级。总体来看,越南对"全球价值链"的基础研究集中于两点:其一在于理论性研究,集中在国际贸易、跨国生产、全球分工等研究领域,旨在对越南制造业参与全球价值链作理论性指导。阮氏玉玄(Nguyễn thi ngoc huyen)立足于生产的国际化,在论文《全球生产网络:现状与前景》中提出,全球化进程中的两个主要举措是生产过程的重组和生产要素的重新分配,这两项举措刺激了全球生产网络的出现,导致跨国公司增加了对垂直分工下中小公司的投入和零部件的购买,促使中间品贸易兴起,而这种趋势将更多地为越南中小企业提供创造价值的机会①。其二是在实践层面上,把全球价值链与越南具体的产业结合起来,通过具体的数据和案例,对越南相关制造业嵌入全球价值链进行路径分析。例如,越南正式加入世贸组织以后,阮武明芳(Nguyễn vu minh phuong)在 2008 年便开始思考越南纺织业嵌入全球价值链的问题,指出越南纺织业在全球价值链的低增加值位置,而且在规模和技术上均落后于中国、美国、日本等国,提出用"比较优势"理论分析越南纺织业的竞争优势②。综合来看,一方面,越南国内对全球价值链的研究具有起步较晚、针对性强的特征,文献主要集中于 2006 年越南加入世贸组织以后,目前对该领域的研究尚处于起步阶段,文献数量较少,研究内容也较为分散,大多研究依附于国内的产业政策、进出口贸易、经济全球化等领域,对全球价值链的研究还未形成独立的体系;另一方面,越南对全球价值链的考察能够紧密联系国内制造业发展和国际政治经济形势变化的实际,具有分析个别行业在价值链位置的能力,并为国内制造业的升级和转型提出对策。

综上所述,有关全球价值链的研究体系目前已经日臻成熟,不仅在理论层面完成了从概念到方法再到政策分析的理论构建,而且在实践中也能通过各国贸易和生产的相关数据来测量国家与全球价值链的互动关系,为国家的产业升级和经济治理提供理论依据。但是,越南作为与中国经济联系较为紧密的国家之一,也是当前在全球价值

---

① Nguyễn thi ngoc huyen. Khóa luận Mạng lưới sản xuất toàn cầu: Thực trạng và triển vọng[R/OL]. [2018 - 09 - 01]. http://luanvan.net.vn/luan-van/khoa-luan-mang-luoi-san-xuat-toan-cau-thuc-trang-va-trien-vong-62531/.
② Nguyễn vu minh phuong. Khóa luận Thực trạng và giải pháp nâng cao vị trí của Việt Nam trong chuỗi giá trị toàn cầu đối với hàng may mặc"[R/OL]. [2018 - 12 - 21]. http://luanvan.net.vn/luan-van/khoa-luan-thuc-trang-va-giai-phap-nang-cao-vi-tri-cua-viet-nam-trong-chuoi-gia-tri-toan-cau-doi-voi-hang-may-mac-64853/.

链环境下发展前景广阔的国家之一,国内目前对越南相关产业参与全球价值链的研究较少,缺乏对越南经济的支柱产业——制造业的系统性分析,对越南参与全球价值链的位置、特征,以及今天全球贸易不稳定背景下越南制造业升级和中越经贸关系的研究尚有待深入。本章将从这些方面做出尝试。

(二) 越南制造业的贸易和生产

越南的货物进出口贸易在"革新开放"以后逐年增长。据联合国贸易和发展会议数据库统计,1998年至2018年的20年间,越南的货物进出口贸易总额由209亿美元增长至5000亿美元左右,增长幅度超过20倍,其中,在2018年,越南的产品进口额为2461亿美元,产品出口额为2465亿美元,实现了轻微的贸易盈余[注1]。与此同时,据世界银行数据库统计,2018年,越南的货物和服务进口额占国内生产总值的92.1%,出口额占国内生产总值的95.4%,而这两项指标的世界平均值分别为28.5%和29.4%[注2]。这些数据均反映了在"出口导向型"战略下越南经济与世界经济的融合以及进出口贸易对越南国内生产总值的拉动作用。

1. 从贸易结构角度考量

在越南对外贸易高速增长的背后是越南贸易结构的变化,这种变化主要表现为贸易产品由初级产品[注3]向制成品[注4]过渡,而制成品对国际贸易的参与则是越南制造业嵌入全球价值链的标志。

如果对1998年至2018年的越南的商品进出口贸易进行细分,可发现在1998—2007年,初级产品和制成品参与对外贸易的金额基本持平,初级产品长期处于贸易顺差状态,而制成品则始终保持着贸易逆差。2007年至今,也就是在越南正式加入WTO以后,越南制成品对国际贸易的参与程度开始飞速发展,到了2018年,制成品的

注1 数据来自联合国贸易和发展会议数据库。
注2 数据来自世界银行数据库。
注3 根据联合国贸易和发展会议的分类,SITC 0 + 1 + 2 + 3 + 4类别下的产品属于初级产品,即食品和活动物(SITC 0)、饮料和烟草(SITC 1)、非食用原料(SITC 2)、矿物燃料、润滑油及有关原料(SITC 3)、动植物油脂和蜡(SITC 4)。
注4 根据联合国贸易和发展会议的分类,SITC 5 + 6 + 7 + 8类别下的产品属于制成品,即化学产品(SITC 5)、按原料分类的制成品(SITC 6)、机械及运输设备(SITC 7)、杂项制品(SITC 8)。

进出口贸易总额已经是初级产品的4倍,同时,制成品的贸易逆差在2016年以后逐渐转为顺差(见图2-7)。总体而言,越南制成品贸易呈现出"对外贸易扩大,先逆差后顺差"的变化趋势。如果从越南进出口贸易的产品分类上看,根据联合国货物贸易的技术种类(LALL)[注1]划分,2018年,以电子电器为主的"高技术制成品"、以纺织品为代表的"低技术制成品"和以工程机械为代表的"中等技术制成品"占据了越南产品进出口的主力地位。可以说,今天的越南进出口贸易集中于电子电器、纺织品和工程机械三类制成品(见表2-5)。

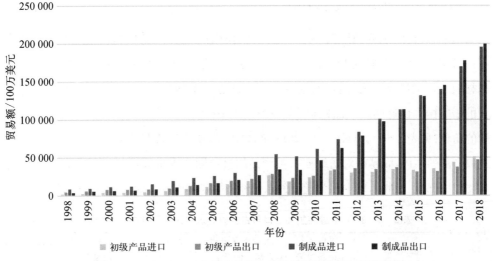

图2-7　1998—2018年越南初级产品和制成品进出口贸易变化
数据来源:联合国贸易和发展会议数据库。

在进口方面,越南以电子和机械零部件、纺织原料等中间品为主,对这些产品的进口,其目的不在于国内的消费,而是继续生产。以2018年为例,越南的主要进口产品均带有中间品的属性,其中,进口金额最高的5项产品以电子和机械零部件为主,具有金额庞大和高增长率的双重特征。这就表明,以零部件为代表的中间品正在成为越南进口产品的主力。与此同时,这五大产品的主要来源地都是以韩国、中国、马来西亚为

注1　LALL分类即联合贸易和发展会议根据产品的技术属性对国际货物贸易进行的分类,有资源型制成品(以农业为主)、资源型制成品(其他)、低技术制成品(以纺织服装为主)、低技术制成品(其他)、中等技术制成品(以汽车为主)、中等技术制成品(以加工工业为主)、中等技术制成品(以工程机械为主)、高技术制成品(以电子电器产品为主)、高技术制成品(其他)。

表2-5 2018年越南货物贸易进出口结构(按LALL划分)

总计/技术类别/其他	金额/100万美元	占比/%	总计/技术类别/其他	金额/100万美元	占比/%
进口总计	246 154	100.0	出口总计	246 547	100.0
高技术制成品:电子	63 400	25.7	高技术制成品:电子	79 106	32.1
中等技术制成品:工程机械	37 323	15.2	低技术制成品:纺织	60 086	24.4
初级产品	31 322	12.7	初级产品	36 188	14.7
中等技术制成品:加工	27 840	11.3	低技术制成品:其他产品	21 200	8.6
其他	86 270	35.1	其他	49 967	20.3

数据来源:联合国贸易和发展会议数据库。

主的东亚经济体,东亚地区在一定程度上是越南制造业生产的原料供应地。从全球范围内考察,2018年越南进口产品占世界同类产品总进口比例最高的5项均是纺织品原材料。在世界范围内,越南对这5项产品的进口量均位于前三位,是这5项产品最大的需求国。而这些纺织品原料全部来源于中国,中国充当着越南纺织产品最大供应国的角色(见表2-6)。总体来看,2018年,以电子、机械零部件为代表的中间品是越南进口产品的主体,而越南对纺织原料类产品的进口则成为世界同类产品进口结构中的重要组成部分。同时,以中国为代表的东亚经济体是越南制造业主要的原料供应地。

表2-6 2018年越南主要进口与占世界总进口比例最高的5种产品

HS	产品名称	进口额/100万美元	占越南总进口额比例/%	2014—2018增长率/%	主要进口来源	主要来源国占比/%
85	电子产品及零部件	68 143	26.3	19	韩国	36.1
84	机械装备及零部件	24 522	9.4	6	中国	34.2
39	塑料产品	13 891	5.3	12	韩国	22.2
27	矿产燃料	11 972	4.6	10	马来西亚	19.3
72	钢铁	11 413	4.4	9	中国	42.1
HS	产品名称	进口额/100万美元	占世界同类产品总进口比例/%	世界进口排名	主要进口来源	主要来源国占比/%
60	编织或钩织纤维	6 532	20.6	1	中国	55.5
52	棉花	5 088	9.5	3	中国	39.5
58	特殊编织物	1 013	9	1	中国	47.1
54	人造丝线	3 972	8.6	1	中国	52.1
59	染织材料	1 695	7	3	中国	50.9

数据来源:国际贸易中心。

在出口方面,越南不仅有以电子和机械零部件为代表的中间产品,还有金额庞大的以服装、鞋等纺织品为代表的最终产品。2018年,越南出口金额最大的是电子类产品及其零部件,占越南总出口额的40%以上。同时,电子类产品也是近5年来出口增长率最快的产品,其增长率超过了23%。越南逐渐形成以电子产品为主的出口格局。出口额排在电子产品之后的分别是鞋类、服装等产品,这两类产品均以消费为目的。这也是越南进出口产品中增加值相对较高的产品,是贸易顺差的主要来源。不仅如此,鞋类、编织品、服装、咖啡和茶叶四类产品的出口额在同类产品世界总出口额中所占的比例均超过了5%,位列世界第二、三位。这些产品的主要用途也在于消费和使用,是越南最终产品出口的主要组成部分(见表2-7)。然而,相较于越南进口来源地的多样化,越南产品的出口国则相对集中:美国成为越南最主要的出口目的地,是越南最大的消费市场。总体来看,2018年,越南的出口以电子产品和纺织制成品为主,兼有中间品和最终产品的双重属性,而美国则是越南最重要的产品出口地。

表2-7 2018年越南主要出口与占世界总出口比例最高的5种产品

HS	产品名称	出口额/100万美元	占越南总出口额比例/%	2014—2018增长率/%	主要出口国	主要出口国占比/%
85	电子产品及零部件	117 162	40.3	23	中国	29.1
64	鞋类	22 644	7.8	12	美国	28.3
84	机械装备及零部件	15 899	5.5	4	美国	18.1
62	非针织服装	15 839	5.4	7	美国	32.9
61	针织服装	14 778	5.1	11	美国	50
HS	产品名称	出口额/100万美元	占世界同类产品总出口额比例/%	世界出口排名	主要出口来源	主要出口国占比/%
64	鞋类	22 644	15	2	美国	28.3
46	编织品	258	10.3	2	美国	30.8
9	咖啡、茶叶	4 403	8.8	2	美国	14.3
62	非针织服装	15 839	6.6	3	美国	32.9
61	针织服装	14 778	6.1	3	美国	50

数据来源:国际贸易中心。

综上所述,越南的对外贸易结构近年来逐渐以制成品为主,电子产品、机械产品和纺织产品成为制造业进出口的重要组成部分。其中,越南的进口产品以上述产品的中间品为主,这是越南制造业生产的上游原材料,来源地主要是以中国为首的东亚经济体;

而出口产品则兼有中间品和最终产品的双重属性,主要流向以美国为主的下游销售市场。

2. 从生产角度考量

越南制成品贸易高速发展的背后是越南制造业的崛起。1998年至2017年,越南制造业创造的增加值从最初的不足50亿美元增长至2017年的350亿美元左右,年增长率基本维持在10%以上,而同期世界制造业增加值的平均增长率仅为5%左右,这反映了越南制造业在20年间强势增长的势头[注1]。但是,如果对增长率进行观察,可发现越南制造业增加值具有滞后性的特征。例如,在2009年至2012年的3年时间里,受全球金融危机的影响,2009年是世界制造业的低谷,而越南制造业的低谷则推迟到了2010年。与此同时,这一年也是世界制造业的恢复期,而越南制造业重新崛起则延后至2011年(见图2-8)。

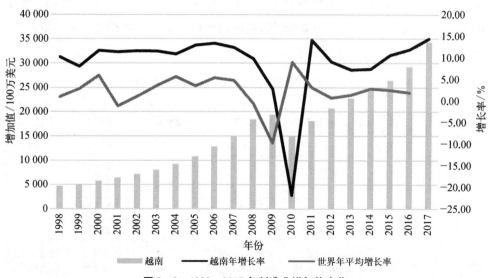

图2-8 1998—2017年制造业增加值变化

数据来源:世界银行数据库。

越南制造业虽然增速显著,但其增加值总量却仍然位于世界中低档的位置。2017年,在东盟十国内部,越南制造业增加值仅高于缅甸、柬埔寨、文莱、老挝四国,位于东盟国家的第六位,而其制造业产出占GDP比例仅位于东盟国家的第八位(见表2-8)。与此同时,制造业的低增加值也直接反映在越南国内的就业结构上。据越南规划和投资部统计,2017年,初级工作是越南最庞大的就业群体。按照国际劳工组织的定义,

---

注1 数据来自世界银行数据库。

初级工作者的任务是"从事包括简单和日常的任务,主要需要使用手持工具,通常需要一些体力劳动"①,其工作行业包括农业、林业、采矿业以及简单任务的制造业。在越南,初级工作者主要分布于包括电子产品组装、服装产品缝纫、鞋类制作等低增加值的劳动密集型行业;与之相反,越南就业结构占比最低的则主要是管理型人员和技术型人员,这些非体力劳动工作往往集中于技术密集型和资本密集型行业,这类行业的增加值往往高于劳动密集型行业,但是,越南在这些行业的工作者约占31%(见表2-9)。

表2-8 2017年东盟十国制造业增加值总量

东盟十国	制造业增加值/100万美元	国内制造业产出占比/%
印 尼	204 726	20
泰 国	123 350	27
马来西亚	70 098	22
菲律宾	61 010	19
新加坡	58 207	18
越 南	34 309	15
缅 甸	15 998	24
柬埔寨	3 590	16
文 莱	1 535	13
老 挝	1 261	7

数据来源:世界银行数据库。

表2-9 2017年度越南的就业比例

工作类别/总人数	工作人数/1 000人	占比/%	工作类别/总人数	工作人数/1 000人	占比/%
初级工作	79 729	37.15	高级技术员	15 462	7.21
服务和零售业	35 776	16.67	中级技术人员	7 007	3.27
手工业及相关行业	28 045	13.07	职员	3 882	1.81
工厂技术人员	20 613	9.61	领导管理型人员	2 499	1.16
农业技术人员	21 035	9.80	其他	541	0.25
总就业人数	214 588	100.00			

数据来源:越南规划和投资部。

---

① 国际劳工组织[ED/OL]. https://www.ilo.org/public/english/bureau/stat/isco/isco88/9.htm.

此外,越南制造业的另一大特征是深受外国直接投资(FDI)的影响。"革新开放"以后,FDI是拉动越南经济发展的主要动力之一。在FDI来源地上,韩国、日本成为越南主要的投资国,新加坡、中国台湾、中国大陆、维尔京群岛等经济体也是越南FDI的重要来源。在投资行业上,越南制造业在项目数量和投资总额上均是获得FDI最多的行业(见表2-10),累计获得资本占FDI总额的58%,即使在2017年出现了下降,但仍以44%的比例稳居各行业之首。与此同时,亚洲开发银行在《亚洲经济一体化报告2018》中也指出,越南接受FDI的产业主要集中于美国对信息技术行业(IT)和韩国对纺织行业的投资[①],而这两大行业均属于大规模人力投入的劳动密集型产业,也是越南制造业参与国际贸易的主力产业。

表2-10 越南FDI统计

FDI对各行业的总投资累计	项目数量	登记资本/100万美元	资本占比/%	FDI来源国累计	项目数量	登记资本/100万美元	资本占比/%
总　额	24 803	319 613	100	总　额	24 803	319 613	100
制造业	12 460	186 514	58	韩　国	6 549	57 861	18
房地产	639	53 226	17	日　本	3 607	49 307	15
电力、煤气和燃料供应	115	20 820	7	新加坡	1 973	42 540	13
2017年FDI对各行业的总投资	项目数量	登记资本/100万美元	资本占比/%	2017年FDI来源国	项目数量	登记资本/100万美元	资本占比/%
总　额	2 741	37 100	100	总　额	2 741	37 100	100
制造业	968	16 437	44	日　本	397	9 204	25
电力、煤气和燃料供应	13	8 374	23	韩　国	895	8 720	24
房地产	74	3 107	8	新加坡	194	5 894	16

数据来源:越南统计局。

总体来看,越南制造业具有高速发展、高度国际化、增加值低下的"两高一低"特征:以劳动密集型产业为主的越南制造业结合了国内"革新开放"与国际产业转移的有利时机,在近20年的时间里迎来了发展的黄金时期,但是,这种发展主要依托于国内的人口和资源红利,而国内知识密集型和资本密集型产业并未实现同步发展,故越

---

① 亚洲发展银行. ASIAN ECONOMIC INTEGRATION REPORT 2018[R/OL]. 44-47. [2019-04-30]. https://www.adb.org/sites/default/files/publication/456491/aeir-2018.pdf.

南制造业的实际增加值效益较低。

(三) 越南制造业在全球价值链中的位置、特征与所受影响分析

随着越南参与国际制成品贸易的程度越来越深,越南制造业也逐步嵌入全球价值链,成为全球贸易和生产网络的一部分。这就促使越南制造业在全球价值链框架下拥有属于自己的位置、发展特征,并受到全球价值链的影响。

1. 越南制造业在全球价值链中的位置指数分析

在全球价值链的分析体系中,关于一国某项产业在全球价值链的参与程度和所处位置,有着固定的分析模型①,其中最重要的是"参与指数"模型和"位置指数"模型:

$$参与指数:GVC\ participation_{ir} = \frac{IV_{ir}}{E_{ir}} + \frac{FV_{ir}}{E_{ir}};$$

$$位置指数:GVC\ position_{ir} = \ln\left(1 + \frac{IV_{ir}}{E_{ir}}\right) - \ln\left(1 + \frac{FV_{ir}}{E_{ir}}\right)。$$

在这两个模型中,IV_{ir} 表示 r 国 i 产业出口的"间接增加值",即 r 国 i 产业的中间品出口到第三国,被第三国再加工并继续出口后的增加值;FV_{ir} 表示 r 国 i 产业出口的"国外增加值",即 r 国 i 产业的出口中包含的国外增加值部分;E_{ir} 代表着 r 国 i 产业的总出口额;而 $\frac{IV_{ir}}{E_{ir}}$ 和 $\frac{FV_{ir}}{E_{ir}}$ 则分别是 r 国 i 产业参与全球价值链的"前向关联度"和"后向关联度"。在现实中,"前向关联度"高,则表明 r 国的 i 产业主要向世界其他国家的生产提供"投入品",包括初级产品和生产所需的中间品,以至于该产业的增加值也反映在第三国的出口中;与之相反,如果"后向关联度"高,则表明 r 国 i 产业的生产需求更多的是外国中间品和初级产品,反映在数据上即"国外增加值"比例较高。"前向参与度"与"后向参与度"之和表明 r 国 i 产业的参与价值链的程度,指数越高,其参与程度越高;而两者的对数比例则反映了该产业在全球价值链的位置,指数越高,代表该产业在全球价值链中处于生产环节的上游位置,反之,则处于生产的下游位置。

---

① KOOPMAN, WANG. Give Credit Where Credit is Due:Tracing Value Added in Global Production Chains[R]. Working paper series (National Bureau of Economic Research), 2010.

经济合作与发展组织数据库提供了测算全球价值链的一系列指数,其中包括2005年至2015年10年间越南制造业的总出口额、间接增加值和国外增加值(见表2-11)。通过观察,可发现越南制造业的国外增加值长期高于国内间接增加值的2倍以上,这就可初步断定越南制造业在全球价值链中国外供应链对其的生产影响要高于自身对外国生产供应的影响,或者说,国外增加值高于国内间接增加值的现状在一定程度上证明了越南制造业位于全球价值链制造端的下游位置。

表2-11 2005—2015年越南制造业总出口、间接增加值、国外增加值

总额/增加值	金额/100万美元										
	2005	2006	2007	2008	2009	2010	2011	2012	2013	2014	2015
Eir	21 666	26 934	33 495	44 794	41 913	55 986	71 323	82 196	94 629	108 685	121 612
$IVir$	4 850.7	5 682.6	6 616	8 963.4	10 044.9	12 365.2	15 179.1	18 883.4	20 506.5	23 171.6	27 045.3
$FVir$	9 052.7	11 811.9	15 687.5	20 982.9	17 639.2	25 454.4	33 432.3	37 381.5	43 851.9	50 899.6	58 658.4

数据来源:经济合作与发展组织数据库。

通过计算,2005年至2015年,越南制造业在全球价值链中的"后向关联度"远高于"前向关联度"(见表2-12)。与此同时,根据全球价值链的"参与指数"模型,计算出越南制造业对全球价值链的参与程度,除了2009年和2013年受世界经济不景气的影响外,越南制造业参与指数在十年间基本处于上升状态,这也就说明越南制造业参与全球价值链的程度越来越深(见图2-9)。根据全球价值链"位置指数"的测算,可发现越南的"位置指数"在十年间均为负值,即越南制造业长期位于全球价值链的下游生产环节。而从位置变化趋势来看,虽然越南制造业在全球价值链的"位置指数"在2008—2009年和2011—2012年两个时间段内有所上升,但是,在十年间基本呈现下降态势。就是说,越南制造业逐步向全球价值链的下游生产端方向发展(见图2-10)。

表2-12 2005—2015年越南制造业的价值链指数

项目	指数										
	2005	2006	2007	2008	2009	2010	2011	2012	2013	2014	2015
前向关联	0.224	0.211	0.197	0.2	0.24	0.221	0.213	0.23	0.217	0.213	0.222
后向关联	0.418	0.438	0.468	0.468	0.421	0.454	0.469	0.454	0.463	0.468	0.482
参与度	0.642	0.649	0.666	0.669	0.661	0.676	0.681	0.685	0.68	0.681	0.705
位置	-0.147	-0.172	-0.204	-0.202	-0.136	-0.175	-0.191	-0.168	-0.185	-0.191	-0.193

注:根据经济合作与发展组织数据库和GVC参与度与位置模型计算所得。

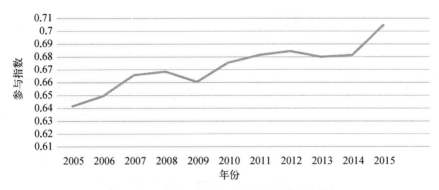

图 2-9 越南制造业在全球价值链中的参与指数

注：根据经济合作与发展组织数据库和 GVC 参与度与位置模型计算所得。

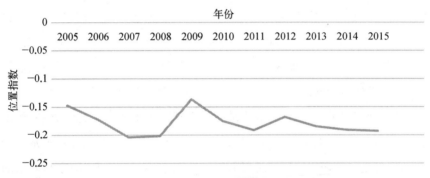

图 2-10 越南制造业在全球价值链中的位置指数

注：根据经济合作与发展组织数据库和 GVC 参与度与位置模型计算所得。

因此，根据计算模型，越南制造业对全球价值链的参与程度逐渐加深，同时，越南制造业在全球价值链中"后向关联度"要高于"前向关联度"，导致越南制造业基本位于全球价值链的下游位置或者末端位置。在现实中，处于这个位置的国家主要扮演着生产靠近最终消费产品的角色。越南进出口的支柱产业——电子产业和纺织产业——负责拼装、加工、上色等职责，需要从东亚、东南亚等经济体进口大量的中间品来确保生产的投入，而生产的产出则表现为出口到欧美市场的"最终产品"。这就是越南制造业目前在全球价值链中所处的位置和扮演的角色（见图 2-11）。

2. 越南制造业在全球价值链中的特征分析

作为正在崛起的世界制造业大国、全球价值链制造端最重要的国家之一，越南制造业具有以下特征。

从分割价值链角度来看，越南制造业嵌入全球价值链和承接国际产业转移的时间

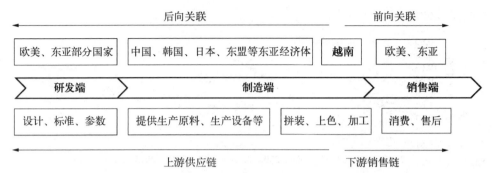

图 2–11　越南制造业在全球价值链中的位置概况

说明：在越南制造业的总出口中，国外增加值高于间接国内增加值，故越南制造业受国外影响大于自身对外国的影响，因此后向关联度要强于前向关联度。

与过程一致。当前，全球价值链分工体系的显著特征是生产过程的空间分割，位于各产业主导地位的跨国公司根据各国资源禀赋、产业基础和市场条件，把生产的过程分布在具有比较优势的国家和地区。在这个背景下，越南在"革新开放"后逐渐趋于稳定的国内政治经济环境、濒临国际海洋运输航线的地理位置，以及国内众多人口形成的低成本劳动力和充足的消费市场，成为适合制造业发展的先天性优势条件，也是越南吸引跨国公司安排生产的主要因素。与此同时，20 世纪 80 年代后期至 2008 年金融危机，东亚地区发生了第四次国际产业转移[注1]：日本、亚洲"四小龙"国家与后期的中国大陆等东亚较为发达的经济体在受到劳动力成本上升、自身产业升级、发展高科技产业的压力下，急需把劳动密集型产业转移出去，而越南凭借上述有利因素，成为理想的承接地之一。在这个背景下，越来越多的跨国公司把生产型企业搬迁至越南，或者直接在越南设置代工厂，把一些劳动密集型和低增加值的技术密集型产业通过外包方式转移给越南。这也促使越南成为全球价值链分割和第四次国际产业转移的最大受益者之一，逐渐成为新的"世界工厂"。

从参与全球价值链的产业来看，劳动密集型产业成为主导产业。以手机、电话、平板电脑为代表的电子电器类产品和以服装、鞋为代表的纺织类产品是越南制造业参与国际贸易的两大主力产品，也是越南制造业参与国际分工、嵌入全球价值链的两大主导产业。但是，对于身处价值链下游、生产环节末端的越南来说，这种参与只是对这两

注 1　所谓"第四次国际产业转移"，目前学术界尚未形成定论。本文观点参考赵宏图. 从国际产业转移视角看"一带一路"——"一带一路"倡议的经济性和国际性[J]. 现代国际关系，2019(3).

类产品进行了拼装、塑型等低增加值的加工行为,既没有形成完整的国内供应链,也没有大规模地涉足产品的研发端,更是完全依赖跨国公司的销售链。在现实中,越南制造业对这两类产品也存在着差异:从贸易差额来看,纺织品目前保持着高额的贸易顺差,是当前越南贸易顺差的主要来源,这个原因就在于越南国内纺织业生产体系完善,使越南纺织业逐步具备了自主生产工业原料的能力,国内供应链逐渐代替了国际供应链,从而降低了进口需求;从贸易增长角度来看,近五年电子电器类产品的进出口年增长率接近20%,是越南贸易增长的主要来源,也是越南最具活力的制造业之一,其原因不仅在于越来越多的电子类跨国公司倾向于在越南设立工厂,而且电子类产品本身具有的更新速度快、产品刚性需求大的特征。总体而言,以电子和纺织为主体的劳动密集型产业承载着越南参与国际贸易和全球分工的主要任务。

从参与全球价值链上下游的角度来看,越南制造业的上游供应链主要分布于中国、韩国、日本以及以东盟为主的东亚经济体,越南从中进口包括电子零件、机械设备、纺织面料、染料在内的中间品或者工业原材料,这种"供应—生产"模式形成了典型的来料加工型贸易;与此同时,越南制造业的下游销售渠道基本上被三星、苹果、耐克等大型跨国公司所掌控,越南相关企业和工厂通过接受跨国公司的生产订单,按照订单所规定的参数和要求进行相关的生产,产出最终产品,并通过跨国公司的销售渠道把产品推向国际市场,这种"生产—出口"模式也是今天全球价值链下以跨国公司为主导的"贴牌"生产模式。更为重要的是,从资本注入角度来看,越南制造业深受国际资本的制约。以2018年为例,大量的FDI流入,导致越南国内企业的出口仅占出口额的28%,远不及外资企业的72%①。可以说,国际资本的流入虽然给越南制造业带来了强劲的动力,但是也导致了制造业的发展严重依赖国际资本。总体来看,越南制造业基本形成了"东亚提供生产原料、越南进行加工装配、欧美负责最终消费"的价值链框架。这种价值链模式和大量的外资也导致越南制造业在全球价值链中的自主性程度较低,受到上游供应链、下游销售链和国际资本的制约。在现实中,越南制造业之所以在2008—2009年与2011—2012年两个时间段出现徘徊,就是因为金融危机和欧债危机影响到了越南制造业的国际供应链、销售链和资本链,从而造成了生产和贸易双重波动。

---

① 台湾驻胡志明市办事处经济组. 越南2018年经济成长及2019年展望[R/OL]. [2018-09-01]. https://www.roc-taiwan.org/vnsgn/post/20613.html.

3. 全球价值链对越南制造业的影响

根据越南制造业对外贸易概况,基本可描绘越南制造业参与全球价值链的图景:越南制造业发挥自身劳动密集型产业的规模优势,以纺织品和电子电器类为主导产业,立足于全球价值链的低增加值制造端,引进中国、韩国、日本等上游产业的中间品,在价值链下游对其进行加工、拼装、缝纫等行为,把最终品出口到美国、欧盟以及东亚等主要市场。在描述增加值的"微笑曲线"中,美国、欧盟、韩国、日本等经济体负责高增加值的研发与销售环节,中国为首的东亚各经济体占据着提供原材料、生产设备等中等增加值环节,而越南与东盟国家则基本上位于增加值最低端。但是,在现实中,全球价值链并非一个固态的分工和销售模式,随着全球价值链的进一步发展,越南制造业将面临着生产和贸易以外的新挑战。

首先,全球价值链逐渐表现为"精益分工"模式,即生产环节需要更高的专业化和细致化,这就要求生产越来越分散,全球价值链的长度也在增加,因此,中间品的环节也会越来越多。对于越南来说,在参与全球产业分工初期,国内制造业主要依托的是人力成本低廉的优势,进而大力发展劳动密集型产业。但是,在生产逐渐出现专业化分工以后,单纯的人力成本优势将会逐渐让渡于人力科学化、设备专业化、管理精确化,这对越南制造业来说将会是一个不小的考验。与此同时,中间品环节的扩大会使越南面临两种选择:其一是进口更多的中间品,尤其是对于价值链下游的越南来说,进口产品将会包括生产所需辅料、专业化的设备以及必要的服务;另一种选择则是完善国内的生产网络,对国内产业进行必要的专业化分工,以实现国内供应链代替国际供应链的效果。从短期来看,增加中间品的进口是最可行的操作;而从长期来看,越南势必也要走上完善生产网络、进行产业升级、淘汰低端产能的道路。

其次,越南制造业的发展路径单一,更多的是依附于全球"垂直一体化"的生产模式,受到"制造商驱动链"和"采购商驱动链"的双重控制。越南企业和工厂在全球价值链的地位缺乏自主性,其原因在于生产内容、组织形式和利益分配深受价值链结构的影响——既包括以生产为中心的"制造商驱动链"结构[注1],也包括以销售为核心的"采

注1 "制造商驱动链"指生产型企业是价值链生产和销售的关键驱动力。通常由大型的跨国性企业来扮演协调生产系统(包含其上下游)的中心角色,其任务是制定生产的一系列标准,树立必要的规章制度,确保生产的标准化进行。在中心以外,则是根据劳动禀赋差异,把生产的各环节分散到其他地区的企业,从而形成了母公司、子公司、外包公司等一系列生产系统。

购商驱动链"结构[注1]。对于越南制造业来说,"垂直一体化"生产模式更多地表现为"后向一体化",这就导致"制造商驱动链"控制着越南制造业的上游供应,越南生产企业在一定程度上承接跨国公司的贴牌生产、外包、并购、绿地投资等业务;与此同时,位于价值链下游位置的越南制造业紧靠价值链的消费端,这也促使越南制造业深受"采购商驱动链"的影响,采购商通过订单与合同,影响着越南产品进入国际市场的数量和规格。"垂直一体化"模式是越南制造业嵌入全球价值链、融入全球分工体系的主要路径,也是越南制造业能够在短短二十年的时间里得到飞速发展的有利条件,但是,这也导致越南制造业形成"路径依赖"问题,深受国际经济和跨国公司的影响,自身抗风险能力、自主研发能力、品牌质量较为低下,从长期来看,也将阻碍越南制造业的产业升级,这对越南制造业的发展来说显然是不利的。

最后,贯通区域价值链与全球价值链。在越南制造业参与全球价值链的同时,客观上也嵌入了东亚区域价值链。东亚区域价值链以中国(包括台湾、香港、澳门)、日本、韩国、东盟为主要成员,区域价值链内也有着明显的分工:东盟各国负责为生产提供初级产品和人力资源,中国大陆负责提供生产所需的工业原料、生产设备,中国香港、中国台湾、日本、韩国负责价值链源头的设计和研发并为整个价值链提供必要的资金。对于越南来说,东亚区域价值链为其带来了一系列上游产品和生产资金,而以欧盟和美国为代表的全球价值链则为其带来了价值链的销售市场。因此,为了保障两条价值链的顺利运行,越南就必须与东亚经济体和欧美经济体达成一系列经贸合作协议,这就促成越南近年来相继参与中国"一带一路"倡议、东亚"10+3"合作机制、东盟经济共同体、跨太平洋伙伴关系协定(CPTPP)、越南—欧盟自由贸易协定,并积极寻求同美国的关系改善。可以说,位于区域价值链与全球价值链重合处的越南,在一定程度上也是全球自由贸易体系和生产分工体系的获益者。

注1 "采购商驱动链"指零售商或者营销商成为全球分散生产和分销网络的关键驱动力,往往集中于一些消费品行业。采购商根据市场所需,通过合同和订单与生产企业进行沟通,此外,采购商的行为还包括设计、研究、金融等服务。符合此类驱动链的公司包括全球性零售企业沃尔玛(Walmart)、家乐福(Carrefour),运动品牌耐克(Nike)、阿迪达斯(addidas),服饰公司丽诗加邦(Liz Claiborne),以及家居装饰等消费品经销商。

(四) 贸易摩擦背景下中越经贸关系与越南制造业升级

通过对越南制造业在全球价值链位置和角色的分析,可以肯定越南"革新开放"以来其制造业取得的最重要成就就是成功嵌入全球价值链,通过生产分工和对外贸易带动国内经济的发展。然而,近年来,太平洋两岸的中国和美国两大经济体贸易摩擦日益升级,双方先后多次宣布对商品贸易征加关税。因此,自 2018 年以来,不少企业为规避中美两国的关税措施,把原先设在中国的加工厂转移到以越南为代表的东南亚国家,其中,2018 年 12 月,作为美国苹果公司的最大组装商,台湾富士康公司就计划把手机组装生产线搬迁到河内。这些行为与越南蒸蒸日上的制造业相结合,使不少人产生了越南即将代替中国成为新的"世界工厂"的看法。那么,中美贸易战对越南制造业来说究竟影响如何呢?

首先,从短期来看,在中美贸易争端日益升级的背景下,的确会有越来越多的工厂企业为了规避高额关税的影响,从中国搬迁至越南或者其他东南亚国家,以减轻产品的进出口成本。因此,越南与美国的贸易额会在近期有较大幅度的提升,尤其是越南对美出口的提升幅度更为明显,而中国与美国的贸易则会受到一定的冲击。根据统计,2019 年前 5 个月,越南产品出口额达 1 007.4 亿美元,同比增长 6.7%,其中,越南对美国出口额达 226 亿美元,同比增长 28%①;与此同时,2019 年前 4 个月,中国与美国货物贸易额为 1 612 亿美元,同比下降 15.7%,其中,中国对美出口额下降了 9.7%,中国对美进口额下降了 30.4%②。从全球价值链角度来看,这种生产厂商从中国搬迁至越南的现象反映了全球价值链的制造端进一步向越南偏移,以至于在对外贸易中,越南制造业在一定程度上"蚕食"着中国的海外市场。

其次,这种工厂企业的搬迁行为本质上属于全球价值链下的产业转移。无论是全球价值链还是东亚区域价值链,中国与越南并没有出现太多的位置重合,越南制造业

---

① 2019 年前 5 个月越南出口额达 1 000 多亿美元[EB/OL]. (2020 - 09 - 22)[2019 - 06 - 03]. https://cn.nhandan.com.vn/economic/commercial/item/7032401-2019 年前 5 个月越南出口额达 1 000 多亿美元.html.
② 商务数据中心. 货物进出口分国别统计[DB/OL]. (2020 - 09 - 21)[2019 - 06 - 20]. http://data.mofcom.gov.cn/hwmy/imexCountry.shtml.

的增加值低于中国，也是中国的下游产业，越南的生产网络和生产体系均落后于中国。随着全球价值链的延伸、生产分工的精细化以及中国国内的产业调整，中国的一些低增加值、劳动密集型产业也会在生产成本的驱使下转移至越南和其他东南亚国家。在现实中，这些搬迁至越南的企业和工厂，大部分以加工、拼装等体力和手工劳动为主要业务。不仅如此，在全球价值链效应下，生产和贸易的联系并不会断绝，即使一些工厂和企业搬迁至了越南，也需要中国为其提供必要的上游中间品，从这个角度来看，这反而增加了中越两国的贸易往来。事实上，进入2019年以来，在越南对美出口大幅增长的同时，从中国的进口也在增长，前5个月越南从中国的产品进口同比增长18.9%[①]，中国再次成为越南最大的制成品进口国。因此，当前出现的工厂搬迁行为，与其说是中美贸易战背景下个别企业的规避关税行为，倒不如说是全球价值链变迁、生产细分以及产业转移的必然结果。

最后，从长期来看，中美两国愈演愈烈的贸易战将会在"技术"层面影响到越南制造业。如果说工厂向越南搬迁是贸易战对越南最直接的作用，那么，加速或阻碍越南"工业4.0"建设则是更深层次的反应。随着信息化和智能化时代的到来，越来越多的国家推出了产业升级计划。2019年6月，越南规划和投资部正式向总理提议制定"工业4.0"国家战略（CMCN 4.0）。规划和投资部部长阮志勇（Nguyễn Chi Dung）介绍："CMCN 4.0为经济带来了巨大机遇，同时也使许多社会部门受益，包括国家机构，企业，组织和个人。"[②]为此，由规划和投资部牵头，越南多个政府部门已开始着手准备"工业4.0"战略，包括建立人才培训系统、在河内成立"国家创新中心"、推动越南初创企业与海外高校科研机构建立合作关系等。可以说，未来的越南制造业将会摆脱传统上劳动密集型产业的限制，向5G、工业互联网、云端网络、大数据、人工智能等技术密集型和资金密集型产业发展。反映在全球价值链的分工上，"工业4.0"的最终目标是促使越南制造业从低增加值的制造端向高增加值的研发端发展。然而，中美贸易战的开始为越南"工业4.0"既带来挑战，也带来机遇。一方面，越来越多的劳动密集型企业

---

① 2019年前5个月越南出口额达1 000多亿美元[EB/OL].（2020 - 09 - 22）[2019 - 06 - 03］. https://cn.nhandan.com.vn/economic/commercial/item/7032401-2019年前5个月越南出口额达1 000多亿美元.html.
② 越南规划与投资部.积极主动的建立政府与国际投资的对话关系[EB/OL].（2020 - 09 - 29）[2019 - 06 - 06］. http://www.mpi.gov.vn/Pages/tinbai.aspx? idTin = 43426.

进入越南,这无疑将挤占更多越南高新技术发展和应用的资源,使越南制造业产生对劳动密集型产业的"依赖"问题,而且,这种企业搬迁的行为带来的更多的是"过剩产能的转移",而不是越南开展"工业4.0"所急需的技术和知识。因此,当前这种工厂搬迁的行为从长期看,将会把越南制造业"锁定"在全球价值链的低增加值环节,这对越南制造业的发展来说显然是不利的。另一方面,随着中美贸易战从关税层面衍生至技术领域,中美两国技术供应链"脱钩"的可能性在增强,对于越南来说,能否在这一时期及时成为美国、中国技术转移的承接国或是搭建与中美两国的"技术供应链",将会是实现越南"工业4.0"计划的关键一步,也是越南制造业从制造端向研发端实现跳跃式发展的重要机遇。

越南制造业在全球价值链浪潮下积极参与国际分工,开展对外贸易,不仅为其发展创造有利的经济环境,而且使自身成为全球生产网络的重要组成部分。总体来看,越南制造业以电子、纺织等劳动密集型产业为主导,连接着包括以中国为核心的东亚供应链和以美国为核心的欧美销售链。目前,虽然越南制造业尚处于全球价值链的低增加值位置,但是制造业对全球价值链的参与程度正在提升,其产出规模和对外贸易水平也在逐年扩大,这就奠定了越南实体经济的基础,避免走向"产业空心化"的发展歧途。这对于越南"革新开放"事业和国家经济的发展有着重要意义。

然而,从另一角度来看,越南制造业对全球价值链的参与也就意味着其对世界经济产生依赖性,这种依赖性不仅表现在制造业深受国际供应链和销售链的双向制约而失去一定的自主权,而且还会由于国际产业转移而被"锁定"在全球价值链的低增加值环节,不利于自身的产业升级和生产技术的创新。近年来,在中美贸易摩擦频发、国际经济充满变数的背景下,缺乏自主性、增加值低下的越南制造业必然受到一定程度的打击,这就要求越南制造业寻找新的契机,一方面树立"越南制造"在全球价值链的声誉,扩大生产和贸易的规模,实现经济发展"量"的提升,另一方面要积极承接国际技术转移,寻求技术创新点,提高自身的增加值水平,实现经济发展"质"的飞跃,最终走出一条符合越南国情的全球价值链参与道路。

(五) 结论

随着中美贸易战的深入开展,近年来,越来越多的跨国公司或工厂企业把生产的加工和代工环节从中国大陆搬到了越南。这种搬迁行为更多的属于中国成熟产业链的"外溢",并不涉及全产业链的整体转移,但是这一现象也反映了越南低端制造业的崛起趋势。那么,这对于以制造业为优势的长三角地区来说,将会产生哪些影响?又带来了哪些发展机遇呢?

首先,越南制造业的结构与长三角地区的制造业有着部分的相似性,能够在制造业的个别生产环节形成竞争关系。这种相似的产业布局主要发生在低端制造业领域。所谓低端制造业,指的是那些增加值收益较低,位于生产末端,靠近最终消费的环节,包括电子产品的组装、机械产品的加工、纺织产品的缝纫上色等,其特征表现为人力资源投入较多而技术依赖性较弱,更多的涉及劳动密集型产品,上承中间品供应链,下接最终产品销售链,在以增加值为表现的"微笑曲线"中位于底端位置。对于中国来说,近年来随着生产成本的上升、供给侧结构的改革以及致力于对高端制造业的发展,劳动密集型产业的生存空间逐渐缩小,而中美贸易摩擦的出现则为劳动密集型产业的溢出提供了导火线,昆山、嘉兴、南通、苏州等地的电子企业迁往越南的速度有所加快。与企业搬迁行为同步进行的是跨国公司和国际投资对越南的倾斜,三星、富士康、耐克、阿迪达斯等国际品牌巨头纷纷把原本对中国大陆的投资转移至越南,在越南建立生产线,从而形成与长三角的资本竞争关系。

其次,随着越南的代工水平和低端制造能力的提升,这将与长三角地区的中高端制造业形成产业互补关系。长三角地区为越南的低端生产提供上游的原材料、设备和生产技术供应,而越南的制造业发展也将带动对中国的需求,这也就是越南从中国贸易进口逐年拉升的根源所在。但是,这种互补关系并不稳定,具有很大的不确定性,因为:第一,越南制造业的蓬勃发展将会逐渐带动国内产业链体系的完善,减少对来自中国供应链的依赖性;第二,作为越南的上游供应方,中国同时面临着来自日本、韩国、中国台湾、东盟诸国的竞争压力,与这些经济体相比,中国的高端制造和关键核心领域并不占优势。为此,未来中国的发展方向将朝着供应链多样化和关键核心两大方向发展,确保中国本土产业的竞争力。

最后,长三角地区要改良生产技术,向价值链上游的高端制造业方向攀升。面对越南制造业的竞争,长三角未来可从两个角度对制造业进行发展:其一,抓住新技术革命的契机,改善生产技术,以数字化、智能化带动生产效率的提高,从而通过新技术的运用来抵消生产成本带来的竞争劣势;其二,推动长三角地区向价值链上游的高端制造业方向攀升。以机械、电子产业立足的长三角产业体系承担着推动国内高端制造业进一步发展的任务。目前,上海已经确立了包括集成电路、生物医药、大飞机制造等六大核心产业,并有望形成与六大产业相关联的长三角高端制造产业链体系。这种行为的逻辑在于:一方面,高端制造业是我国产业完善的必要路径,也是国内产业链目前尚欠缺的部分,在"国内大循环"的战略下,高端制造业的建设将为国内产业链提供生产的上游动力,形成产业辐射的效应;另一方面,从全球价值链角度来看,高端制造业也是我国产业升级的主要方向,从而能够有效避开中国产业的"低端锁定"风险,肩负着攻克"卡脖子"技术、实现产业链与国家权力相匹配的使命。

三、以印度参与"印太战略"为分析对象

以美国、日本、澳大利亚和印度为四大支点国的"印太战略"近年来呈现出高速发展的态势,该战略存在和发展的前提不仅在于共同应对区域内的安全威胁,更重要的是寻求共同的经济基础,而在"全球价值链"时代,其经济基础就在于四国能否有效构建区域价值链。对于印度来说,通过与其他三国的相互贸易和投入—产出关系,实现与其他三国的产业关联。根据全球价值链位置测算,印度大致位于四国的产业下游,角色定位更倾向于区域生产者。然而,印度由于自身产业的结构性问题,并不能胜任区域生产者这一角色。尽管近年来莫迪改革致力于修复印度经济增长中的一系列问题,但是,莫迪改革既不能解决印度制造业落后的根本问题,也不能建立有利于新技术革命的产业环境,其最终的结果就是印度因为经济的结构性缺失,难以有效地参与四国区域价值链,"印太战略"也就注定将缺乏必要的经济基础。

(一) 印度与其他三国产业关联的表现

以全球贸易和跨国生产为基础的全球价值链已成为各国发展国内经济、参与经济

全球化的主要路径。在四国的产业关联中,印度与澳大利亚、日本和美国的贸易关系和国际投入—产出结构分别有贸易和生产的两大表现方式。

1. 对外贸易

在印度的对外贸易结构中,进口常年大于出口,是世界上主要的贸易逆差国之一。国际贸易中心(ITC)贸易地图的数据显示,2018年印度的货物贸易总进口额为5 070亿美元,而出口额仅为3 230亿美元,货物贸易逆差达到了1 840亿美元,约占印度出口总额的60%。然而,在"印太战略"框架下,印度对澳大利亚、日本和美国的货物贸易并没有出现严重的贸易逆差。2018年,印度对三国的总进口额为590亿美元,总出口额为600亿美元,出现了轻微的贸易盈余[注1]。也就是说,在印度整体的对外贸易结构中,美、澳、日三国占据了印度货物贸易11%的进口比例和18%的出口比例。"印太战略"在对外贸易中对印度的贡献无异于提供了一个广阔的出口市场。

观察2009—2018年的贸易变化(见图2-12),印度对美、澳、日三国的进出口变化趋势呈现以下两个特点:第一,在与三国的贸易中,美国是印度的主导贸易伙伴,这种主导地位主要体现在印度的出口中,印度对美国的出口不仅占印度对三国总出口的

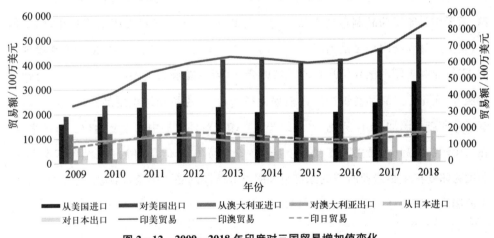

图 2-12 2009—2018年印度对三国贸易增加值变化

资料来源:Trade Map 数据库。

注1 数据来自 Trade Map 数据库。

80%以上,也是印度在四国区域贸易中的最大顺差来源,对印度来说,与美国的贸易往来,尤其是对美国的出口,在一定程度上是其参与"印太战略"的经贸基础;第二,印美贸易增长明显,印澳和印日贸易增长缓慢,其中,在2013年至2016年4年间,印度与三国贸易均出现了倒退,可以说,印度与三国的贸易发展在这十年间并不稳定,出现这种现象的原因一方面在于国际经济的起伏有损于印度的进出口环境,另一方面在于印度国内的经济发展出现了瓶颈,这也是后来莫迪政府推出一系列经济改革的原因。

在全球价值链核算体系中,贸易总值的统计数据并不能说明一国在对外贸易中的分工和实际收益。为此,全球价值链着重从"增加值"的角度来分析一国的对外贸易状况。目前,经济合作与发展组织下的贸易增加值(TIVA)数据库提供了世界主要国家的贸易增加值数据。

从产业细分的角度来看,以2015年[注1]为例,印度与美国的贸易主要发生在制造业和商业服务两个产业中,两大产业的进出口增加值比例大致相等。其中,在印度从美国的进口中,增加值含量较高的产品和服务包括销售服务、金属制品和化工产品。事实上,销售服务主要表现为美国为印度提供零售渠道和运输两大服务。金属制品和化工产品则分别以碱性金属[注2]和化学材料为实物表现,前者是印度钻石生产的原料来源,后者则是印度药品制造的上游供应。与此同时,在印度对美国的出口中,信息服务、化工产品和纺织品则是出口增加值的三个主要部分。在现实中,依托于印度强大的IT行业和美印两国在信息技术领域的合作,印度能够为美国提供大量的信息数字化服务,而化工产品和纺织产品则表现为精炼油[注3]、药品和纺织用品。这三项产品的背后是印度能源加工、医药制造、纺织产业在印度对外贸易中的重要地位。总体来看,在与美国的贸易中,虽然印度在金额上保持着贸易顺差,但是印美贸易结构基本平衡,美国为印度提供制造业所需的原材料和服务业所需的必要渠道,而印度则为美国提供工业制成品和信息服务(见表2-13)。

注1　由于增加值数据收集的复杂,经济合作与发展组织数据库仅更新至2015年。
注2　碱性金属即元素周期表中的6个金属元素:锂(Li)、钠(Na)、钾(K)、铷(Rb)、铯(Cs)、钫(Fr)。在自然界中,碱性金属大多以锂辉石、锂云母、红云母等矿石形式存在。
注3　精炼油即石油及从沥青矿物提取的油类(但原油除外)以及以上述油为基本成分(按重量计≥70%)的其他品目所列名制品(HS 2710)。

表 2-13 2015 年印度对美国贸易增加值的产业细分

	产业/产品/其他	增加值/100万美元	占比/%		产业/产品/其他	增加值/100万美元	占比/%
进口	全部	39 491.8	100	出口	全部	100 657.9	100
	制造业	19 218.1	48.66		制造业	48 315.8	48.00
	印刷产品	1 114.4	2.82		纺织品	9 293.4	9.23
	化工产品	5 000.5	12.66		化工产品	13 985.7	13.89
	金属制品	6 957.5	17.62		金属制品	4 870.1	4.84
	电子装备	1 538.1	3.89		电子装备	1 858.6	1.85
	机械装备	1 167.9	2.96		机械装备	2 471.4	2.46
	运输装备	2 052.6	5.20		运输装备	2 191.2	2.18
	食品	502.1	1.27		食品	2 852.5	2.83
	其他	885	2.24		其他	10 792.9	10.72
	商业服务	18 508.3	46.87		商业服务	51 192.2	50.86
	销售服务	8 092.9	20.49		销售服务	9 009	8.95
	信息服务	1 220.6	3.09		信息服务	36 506.5	36.27
	金融服务	4 076.9	10.32		金融服务	1 104.3	1.10
	其他	5 117.9	12.96		其他	4 572.4	4.54
	其他产业	1 765.4	4.47		其他产业	1 149.9	1.14

数据来源：经济合作与发展组织数据库、TIVA 数据库。

在印度与日本的贸易中，制造业和商业服务也是两大主要产业。但是，不同于印度与美国贸易的均衡结构，印度与日本的贸易增加值主要来源于制造业，制造业在印度进口与出口中所占比例均超过了50%。由于日本自身拥有发达的制造业，能够为世界大多数国家提供生产零部件和工业制成品、半制成品，制造业产品占据印度从日本进口的主要部分，其中，金属、化工、机械、运输四个产业的进口增加值比例均超过了10%，而这些产业是印度得以维持生产的资料和设备来源。与此同时，在对日本的出口中，印度的商业服务的增加值比例大幅提高，这种提升主要来源于信息服务，同样依托于印度在 IT、数字化、软件等服务产业的优势。信息服务成为印度对日出口的主要增加值来源。而在信息服务以外，化工产品在印度对日出口中占据了增加值来源的第二位。在化工产品中，以医药、精炼油等加工产品为主要组成部分，这也是在制造业范畴下，印度对日出口最大的增加值来源（见表2-14）。

表 2-14 2015 年印度对日本贸易增加值的产业细分

	产业/产品/其他	增加值/100 万美元	占比/%		产业/产品/其他	增加值/100 万美元	占比/%
进口	全 部	12 648.3	100	出口	全 部	10 299.5	100.00
	制造业	8 582.6	67.86		制造业	5 339.1	51.84
	化工产品	1 770.4	14.00		化工产品	2 197.7	21.34
	金属制品	2 701.1	21.36		食 品	542.8	5.27
	机械装备	1 285.2	10.16		纺织品	523	5.08
	运输装备	1 444.8	11.42		金属制品	492.9	4.79
	电子装备	990.8	7.83		其 他	1 582.7	15.37
	其 他	390.3	3.09		商业服务	4 805	46.65
	商业服务	4 005.2	31.67		信息服务	3 077.5	29.88
	销售服务	2 316.2	18.31		销售服务	826.3	8.02
	金融服务	1 021	8.07		金融服务	288.5	2.80
	其 他	668	5.28		其 他	612.7	5.95
	其他产业	60.5	0.48		其他产业	155.4	1.51

数据来源：经济合作与发展组织数据库、TIVA 数据库。

在印度与澳大利亚的贸易往来中，在制造业和商业服务以外，还有着增加值庞大的采掘业贸易，这主要发生在印度从澳大利亚的进口中，原油、天然气等能源产品是其中的主要部分。在现实中，印度国内能源匮乏，其国内的能源消耗依赖于国际进口，而澳大利亚则有着丰富的矿产能源，是印度最大的能源供应国之一。2015 年，印度从澳大利亚的进口增加值中，48%以上的比例来源于采掘业，这也是印度对澳大利亚贸易逆差的主要来源产业。在采掘业以外，制造业和商业服务在印度从澳大利亚的进口中所占比例大致相同，其中，制造业以金属制品为主要构成，而销售服务则是以商业服务为主要形式。与此同时，在印度对澳大利亚的出口中，增加值来源主要在于制造业，其中化工产品在制造业出口中占比最大。事实上，在 2015 年印度对澳大利亚的产品出口中，精炼油是最大的出口品，其出口金额占印度对澳大利亚出口总金额的 30%左右[注1]，精炼石油也是构成印度对澳大利亚化工产品出口的主要组成部分（表 2-15）。

注 1　根据 Trade Map 数据库的数据计算所得。

表 2-15 2015 年印度对澳大利亚贸易增加值的产业细分

	产业/产品/其他	增加值/100万美元	占比/%		产业/产品/其他	增加值/100万美元	占比/%
进口	全 部	12 516.8	100	出口	全 部	6 451	100
	采掘业	6 037.6	48.24		制造业	3 814.3	59.13
	能源产品	5 248.4	41.93		纺织品	602.1	9.33
	其 他	789.2	6.31		化工产品	1 787.7	27.71
	制造业	3 254.3	26.00		金属制品	228.2	3.54
	化工产品	287.7	2.30		电子装备	136.1	2.11
	金属制品	2 592.7	20.71		机械装备	150.6	2.33
	其 他	373.9	2.99		运输装备	188.4	2.92
	商业服务	2 877.1	22.99		其 他	721.2	11.18
	销售服务	2 298.2	18.36		商业服务	2 527.9	39.19
	金融服务	263.3	2.10		销售服务	763.1	11.83
	其 他	315.6	2.52		信息服务	1 503	23.30
	其他产业	347.8	2.78		其 他	261.8	4.06
					其他产业	108.8	1.69

数据来源：经济合作与发展组织数据库、TIVA 数据库。

综上所述，在印度对美、日、澳三国的贸易往来中，主要发生在制造业、商业服务和采掘业三个产业中。印度从三国的进口主要为工业原料，包括能源产品、基础金属和化工产品等，这些产品在现实中分别表现为石油、煤炭、天然气等资源以及钻石、药物等原材料，而在服务业中，印度从三国的进口主要集中在以销售平台、物流运输为主的销售服务。与此同时，印度对三国的出口则主要以加工产品和制成品为主，通过对进口原材料的加工制造，形成包括精炼油、钻石珠宝、医疗药物等在内的制成品或加工品，从而出口到三国的相应市场，在制成品出口以外，是以服务业下信息服务为主的出口，这主要依托于印度国内发达的 IT 产业和印度与三国在信息领域内的广泛合作。

2. 国际投入—产出

在全球价值链中，除了国家间贸易外，以生产为视角的产业关联也是衡量国家参与全球价值链的基本指标。产业关联是国际分工的表现，各国通过产业关联而形成一个紧密联系的国际生产网络。国际投入—产出表是目前可以准确反映国际分工和国际生产的一种统计方法，不仅能够反映两国不同部门间的关系，也可以用来计算一国某一部门生产中包含了多少其他部门的产品(包括国内和国外)。国际投入—产出表的制定源于"里昂惕夫逆矩阵"[注1]思想,其研究议题主要包括对价值总值和生产要素的价值增值份额进行分解①,从数量上系统地研究复杂经济实体之间以及各不同部门之间的相互关系。在国际投入—产出表中,横向的行代表某个部门的产出,其产出之和为"总产出";而纵向的列则表示对某个部门的投入,投入之和即为"总投入",其中,投入又分为中间品投入和最终品投入[注2]。对国际投入—产出表的解释可简化为:某个产业部门的总产出分别以中间品和最终品的形式投入其他部门,这种投入就是其他部门对产出部门的需求。目前,最为通用的国际投入—产出表是世界投入—产出数据库(World Input-Output Database,WIOD)[注3]。该表总共包含41个国家和地区共56项产业,通过追踪中间品的投入方向,得到国家间围绕"中间产品—中间产品"和"中间产品—最终产品"的双重关系。

通过对印度2014年总产出的分解,可得出印度的总产出对美国、日本、澳大利亚三国的投入,即三国对印度产出的需求。从产出产业来看,印度的纺织、皮革制品和精炼石油是与三国需求关联最强的两个产出部门。这两个部门均位列印度对三国总产出的前三位,其中,精炼石油主要作为中间需求投入三国,而纺织、皮革制品则主要作为最终需求投入美国和日本两国。不仅如此,从三国的需求角度来看,三国对印度中间品的需求均大于对印度最终品的需求,但是,美国对印度最终品的需求比例要明显高于日本和澳大利亚两国。这就说明:以纺织、皮革制品和精炼石油为代表的印度对三国产出将主要作为零部件、原材料、半制成品等中间品而被三国用来继续生产。同

---

① 孙红燕,李欣欣,刘晴. 全球价值链中价值增值测算的研究综述[J]. 工业技术经济,2017(4):107.
注1　华西列·里昂惕夫(1906—1999),苏联、美国经济学家,1973年因为开发出投入—产出这一经济学分析方法而获得诺贝尔经济学奖。这一分析方法的经济意义是:可以得知增加某一部门单位最终需求时需要国民经济各个部门提供的生产额是多少,反映的是对各部门直接和间接的诱发效果。因此,投入—产出表又称为"完全需要系数矩阵"或"里昂惕夫逆矩阵"。
注2　"中间品"是指为了再加工或者转卖用于供别种产品生产使用的物品和劳务。中间品作为生产资料的投入预示着生产的跨国进行,或者说,不同国家和不同生产部门将通过中间产品的流动而连为一个整体,这也是全球价值链框架下最基本的生产模式。而中间品流动结束的标志则是最终品的产出。"最终品"指一定时期内生产的在同期内不再加工、可供最终消费和使用的产品。一般来说,最终品主要包括消费品、固定资产和库存等基本形式。
注3　WIOD数据库是目前包含国家最多、产业最为齐全的国际投入—产出表。除WIOD以外,还有区域性的国际投入—产出表,包括亚洲开发银行旗下的多区域投入—产出表(ADB-MRIO)、亚洲国际投入—产出表(AIIOTs)、欧洲区域投入—产出数据库(EIO)等。

时,美国的庞大消费需求也导致印度对美国的投入有着超过40%的比例用来最终消费,这种最终消费需求主要来源于纺织、皮革制品(见表2-16)。

表2-16 2014年印度产出与三国投入分解

产业/产品	对美总投入金额/100万美元	占比/%	美国中间需求金额/100万美元	占比/%	美国最终需求金额/100万美元	占比/%
全部	36 547	100	21 495	58.81	15 052	41.19
纺织、皮革制品	7 555	20.67	989	13.09	6 565	86.90
化工产品	4 822	13.19	4 447	92.22	375	7.78
精炼石油	4 707	12.88	3 565	75.74	1 142	24.26
产业/产品	对日总投入金额/100万美元	占比/%	日本中间需求金额/100万美元	占比/%	日本最终需求金额/100万美元	占比/%
全部	5 644	100	3 831	67.88	1 814	32.14
精炼石油	1 826	32.35	1 366	74.81	461	25.25
食品、饮料、烟草	595	10.54	213	35.80	382	64.20
纺织、皮革制品	579	10.26	138	23.83	440	75.99
产业/产品	对澳总投入金额/100万美元	占比/%	澳大利亚中间需求金额/100万美元	占比/%	澳大利亚最终需求金额/100万美元	占比/%
全部	2 703	100	1 686	62.38	1 018	37.66
纺织、皮革制品	673	24.90	412	61.22	261	38.78
机动车辆制造	255	9.43	75	29.41	180	70.59
精炼石油	228	8.44	174	76.32	54	23.68

数据来源:WIOD数据库。

说明:总产出占比=细分产业产出金额/全部总产出金额,中间需求占比=各产业中间需求金额/各产业总产出金额,最终需求占比=各产业最终需求金额/各产业总产出金额。

观察美国、日本、澳大利亚三国总产出与对印度投入的关联,可发现美国的产出较为综合,主要包括制造业和服务业,日本的产出产业主要为制造业,而澳大利亚则主要集中于能源产业;与此同时,三国对印度的投入主要表现为中间品的投入,尤其是澳大利亚,对印度中间品的投入甚至超过了90%。若对三国总产出进行产业细分,可发现三国的产出产业较为分散,只有基础金属一项位列产出产业的前三位,主要作为印度生产的中间需求存在,其中间需求比例超过了99%,其他诸如土木工程活动、化工产品、矿产能源、批发贸易活动等部门对印度中间需求的投入比例也均在

90%以上。这也就预示着,三国对印度的产出以中间品为主,将主要作为印度保持生产的供应来源,特别是能源、化工、土木工程、批发贸易等部门,将为印度炼油业、药品制造业、纺织业等产业提供生产必需的能源、原材料与配套的生产性服务(见表 2–17)。

表 2–17 2014 年三国产出与印度投入分解

美国产出产业	对印总投入金额/100万美元	占比/%	印度中间需求金额/100万美元	占比/%	印度最终需求金额/100万美元	占比/%
全部	16 233	100	11 713	72.16	4 520	27.84
化工产品	1 862	11.47	1 720	92.37	142	7.63
土木工程活动	1 829	11.27	1 829	100.00	0	0.00
基础金属	1 536	9.46	1 535	99.93	1	0.07
日本产出产业	对印总投入金额/100万美元	占比/%	印度中间需求金额/100万美元	占比/%	印度最终需求金额/100万美元	占比/%
全部	8 031	100	6 277	78.16	1 754	21.84
基础金属	2 288	28.49	2 274	99.39	14	0.61
机械装备	1 097	13.66	434	39.56	663	60.44
金属制品	898	11.18	739	82.29	160	17.82
澳大利亚产出产业	对印总投入金额/100万美元	占比/%	印度中间需求金额/100万美元	占比/%	印度最终需求金额/100万美元	占比/%
全部	7 844	100	7 431	94.73	383	4.88
矿产能源	3 941	50.24	3 940	99.97	1	0.03
基础金属	1 909	24.34	1 906	99.84	3	0.16
批发贸易	478	6.09	440	92.05	38	7.95

数据来源:WIOD 数据库。

说明:总产出占比 = 细分产业产出金额/全部总产出金额,中间需求占比 = 各产业中间需求金额/各产业总产出金额,最终需求 = 各产业最终需求金额/各产业总产出金额。

综合来看,在印度与三国的投入—产出关系中,印度和美国的产业关联金额总量最大,其中,印度对美国的总投入金额远大于美国对印度的总投入金额,无论是印度对美国中间需求的投入还是对美国最终需求的投入,均超过美国对印度的投入。而在产业细分的视野下,印度的产出产业主要为制造业,其构成为制成品和半制成品,而美国的产出产业则主要包括制造业和服务业两大产业。可以说,印度与美国的产业关联具有金额较大、覆盖面较广的特征。印度与日本的关系主要发生在制造业领域,以日本对印度投入为主,印度中间品对日本投入品的需求要超出日本中间品对印度需求的2倍左右,而日本对印度的最终需求则略大于印度对日本的最终需求。印度与澳大利亚的投入—产出关系也以澳大利亚的供应、印度的需求为主,印度对澳大利亚中间品的需求金额甚至超过了澳大利亚对印度需求的3倍以上。但是,澳大利亚对印度的投入较为集中,主要是以矿产能源和基础金属为代表的资源类产品,这两项产品分别被印度精炼石油、基础金属两个部门所消耗,而这两个部门的产出又继续成为其他部门生产所需的原材料。因此,澳大利亚不仅是印度生产的上游供应方,还是印度生产的"源头供应方"。从中间品和最终品的角度来看,虽然印度与三国的产业关联主要发生在中间品领域,但是在印度总产出中对三国最终品的需求比例要高于三国总产出中对印度最终需求的投入比例。也就是说,相较于美国、日本和澳大利亚,印度在与四国产业关联中的角色距离"最终消费"更近。

(二) 印度参与四国区域价值链的分析

通过观察印度与美国、日本、澳大利亚三国的贸易结构与产业关联,可发现以炼油、化工、基础金属、纺织品为代表的制造业和以信息、软件、数字服务为代表的IT服务业是印度与三国经济联系的主要组成部分。但是,这种经济联系能否有效地升级为以四国为基础的区域价值链呢?印度又能否有效地参与进这个区域价值链呢?

1. 印度在全球价值链中的位置特征分析

全球价值链本质上是一种区域经济分工体系,各国在体系中不同的参与角色决定了各国在区域价值链中的不同位置。目前,学术界已经形成了测算一国某个产业参与全球价值链的分析模型①,其中,最重要的是"位置指数"模型:

$$GVC\ position_{ir} = \ln\left(1 + \frac{IV_{ir}}{E_{ir}}\right) - \ln\left(1 + \frac{FV_{ir}}{E_{ir}}\right).$$

---

① KOOPMAN, WANG. Give Credit Where Credit is Due: Tracing Value Added in Global Production Chains[R]. Working paper series (National Bureau of Economic Research), 2010.

在这个模型中,IV_{ir} 表示 r 国 i 产业出口的间接增加值,即 r 国 i 产业的中间品出口到第三国,被第三国再加工并继续出口后的增加值;FV_{ir} 表示 r 国 i 产业出口的国外增加值,即 r 国 i 产业的出口中包含的国外增加值部分;E_{ir} 代表着 r 国 i 产业的总出口增加值;而 $\frac{IV_{ir}}{E_{ir}}$ 和 $\frac{FV_{ir}}{E_{ir}}$ 则分别是 r 国 i 产业参与全球价值链的"前向关联度"和"后向关联度"。其中,"前向关联度"高,则表明 r 国的 i 产业主要向世界其他国家的生产提供"投入品",包括初级产品和生产所需的中间品,以至于该产业的增加值也反映在第三国的出口中;与之相反,如果"后向关联度"高,则表明 r 国 i 产业的生产需求得更多的是外国中间产品和初级产品,反映在数据上即"国外增加值"比例较高。"前向参与度"与"后向参与度"的对数比例则反映了该产业在全球价值链的位置,指数越高,代表该产业在全球价值链中处于上游位置,反之则处于下游位置。在全球价值链中,处于上游位置的国家一般掌握着研发和供应两大环节,而位于全球价值链下游位置的国家则一般负责生产、加工、装配等环节。

经济合作与发展组织数据库提供了测算全球价值链的一系列指标,其中包括 2005 年至 2015 年间印度的总出口增加值、间接国内增加值和国外增加值,依据这些指标,可计算出印度、澳大利亚、日本、美国分别在全球价值链中位置变化的趋势(见表 2-18)。在 2005—2016 年的 11 年间,印度在全球价值链中的位置指数基本徘徊于 0.04~0.15,其位置始终低于其他三国。这就说明,印度大致处于三国的产业下游位置(见图 2-13)。而造成这一现象的原因则在于印度的"前向关联度"(即 $\frac{IV_{ir}}{E_{ir}}$)低于其他三国,而"后向关联度"(即 $\frac{FV_{ir}}{E_{ir}}$)却高于三国。也就是说,相较于其他三国,印度的生产需要更多的国外增加值,更依赖于上游产业的原料供应,而印度生产创造的间接国内增加值则较低,以至于对下游一系列产业的影响有限(见表 2-19)。不仅如此,如果对印度的增加值主要来源产业进行细分,分别测算四国在制造业和服务业中的位置,可以发现印度在这两个主要产业中也基本处于下游位置(见图 2-14、2-15)。这也就决定了,在制造业和服务业这两个主要产业中,澳大利亚、日本和美国基本上掌握着印度发展所需的上游供应链,而印度更多的是充当三国产业的下游承接者。

表 2-18 4国整体产业在全球价值链的位置指数

国家	位置指数										
	2005	2006	2007	2008	2009	2010	2011	2012	2013	2014	2015
印度	0.14	0.10	0.10	0.05	0.10	0.07	0.05	0.04	0.04	0.06	0.10
澳大利亚	0.21	0.19	0.20	0.17	0.20	0.21	0.21	0.22	0.19	0.20	0.21
日本	0.21	0.20	0.19	0.17	0.22	0.20	0.17	0.17	0.16	0.14	0.17
美国	0.18	0.18	0.18	0.17	0.19	0.17	0.16	0.17	0.18	0.18	0.19

数据来源：经济合作与发展组织数据库。

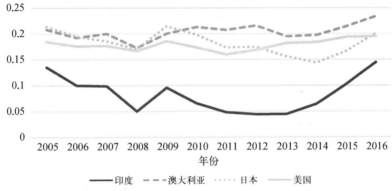

图 2-13 4国"整体产业"在全球价值链中的位置

数据来源：经济合作与发展组织数据库。

表 2-19 印度与世界及三国的前后向关联指数

世界/国家	关联度	关联指数										
		2005	2006	2007	2008	2009	2010	2011	2012	2013	2014	2015
世界	后向关联度	18.8	20.6	20.7	24.5	21.8	23.6	25.1	25.1	24.8	23	19.1
	前向关联度	16.6	17.4	17.5	17.2	14.2	15.4	15.6	14.9	14.8	14.9	14.9
美国	后向关联度	1.3	1.4	1.4	1.7	1.5	1.7	1.6	1.8	1.6	1.5	1.6
	前向关联度	1	1	1	1	0.8	0.9	0.9	1	0.9	0.9	1
日本	后向关联度	0.6	0.6	0.6	0.6	0.6	0.6	0.5	0.5	0.5	0.5	0.5
	前向关联度	0.3	0.4	0.4	0.4	0.2	0.3	0.3	0.3	0.3	0.3	0.3
澳大利亚	后向关联度	1.3	1.3	1.2	1.5	1.8	1.8	1.5	1.3	1.1	0.8	0.7
	前向关联度	0.1	0.1	0.1	0.1	0.1	0.1	0.1	0.1	0.1	0.1	0.2

数据来源：经济合作与发展组织数据库。

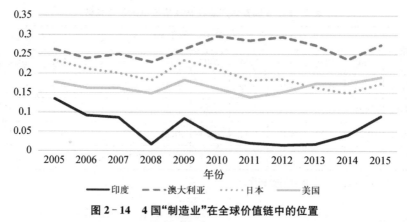

图 2-14　4 国"制造业"在全球价值链中的位置

数据来源：经济合作与发展组织数据库。

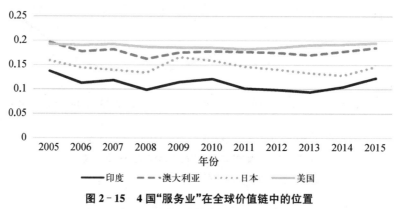

图 2-15　4 国"服务业"在全球价值链中的位置

数据来源：经济合作与发展组织数据库。

根据测算结果，结合印度与澳大利亚、日本、美国的贸易和投入—产出结构，可大致勾勒出印度与三国区域价值链的图景：首先，印度基本位于三国的产业下游，更多地扮演着生产者的角色，十分依赖三国的上游供应链，事实上，在制造业中，印度进口生产设备和生产原料；而在服务业中，印度则广泛依赖三国的技术研发、商务、金融以及业务承接等各项上游服务；其次，对印度来说，三国还是印度的主要出口市场，尤其是美国，长期占有"印度最大出口国"的头衔，在印度加工能源、钻石、医药、纺织品、信息服务等主要产品的出口中，美、日、澳三国均占有重要地位，这说明，除了上游供应链，三国还通过下游需求链对印度施加影响；最后，从价值链位置的角度来看，相对于其他三国而言，印度基本上位于价值链的生产端，而且，根据印度与三国投入—产出关系以及"前后向关联"指数的测定,印度处于生产端的末尾,即位置更靠近消费市场,处于这一位置的国家,基本负责装配、加工、改造等生产活动,其增加值含量、技术投入程度较低,并深受上游供应和下游需求的制约。因此,相对于美国、日本和澳大利亚而言,印度的角色主要表现为:承接三国的上游供应,对生产原材料进行加工制造,最终把制成品和加工品出口至三国的销售市场。

2. 印度参与区域价值链的可行性分析

从客观上看,相对于美国、日本和澳大利亚,印度在全球价值链上处于生产者的位置,三国既为印度提供生产所必需的上游产品,也承接着印度的下游销售市场。印度与三国在不少产业中具有互补关系,这是印度与三国相互依赖的经济基础,并不违背国家利益。但是,从主观上看,各国对价值链的参与能力决定着未来各国对区域价值链的参与程度,也影响着区域价值链的稳定,更在某种程度上关乎着"印太战略"的经济基础。那么,从印度的立场来看,四国参与区域价值链的可行性如何呢?

(1) 印度制造业体系的不完整

印度作为区域价值链中的生产者,更多的是依托于技术密集型产业和服务业,而以密集劳动为特点的制造业则缺乏发展动力,以至于国内没有形成完整的"产业生态系统"。综观印度与三国的贸易和国际投入—产出结构,可发现印度在区域价值链中的功能更多的是对钻石珠宝(基础金属)、燃料(精炼石油)、医药(部分化学产品)等的加工,这就必然依赖技术的投入;同时,以IT开发、金融、运输为代表的服务业也是印度近年来产业发展的一大亮点,以至于服务业对国内增加值的贡献率超过了50%,几乎达到了发达国家的标准。这种"技术密集型+服务业"的发展特征使印度提前进入了"后工业化时代"。

然而,这并不能掩盖印度参与全球和区域价值链的困境,那就是劳动密集型产业的落后,导致印度的制造业以及整体工业化进程受阻,其工业创造价值甚至不足30%(见表2-20)。2018年,在印度的整体对外货物出口中,劳动密集型产品的出口占比仅为14%,而技术密集型产品的出口占比则接近60%,其中,印度对其最大的出口市场——美国的货物出口中,劳动密集型产品和技术密集型产品占比分别为19%和45%左右[注1]。这也就显示了,在印度的对外出口结构中,劳动密集型产品的地位要低

注1 数据来自联合国贸易和发展会议数据库。

于技术密集型产品。通常来说,以纺织染织、电子电器、非高精尖设备生产为代表的劳动密集型产业,不仅需要数额庞大的劳动力资源投入,而且其本身具有强大的产业联动作用,能够带动多个相关产业的发展,最终产生完整的国内产业生态体系。但是,从印度当前的发展情况来看,广大的人口资源并未转化为可供生产的劳动力资源,反而流向了农业和服务业,致使印度工业的就业比例仅占24%左右(见图2-16),远低于农业和服务业。同时,正是因为劳动密集型产业的缺失,造成印度技术密集型产业和服务业缺乏相关的产业基础,不能形成支撑两大产业发展的国内供应链和销售链,使这两大产业不得不严重依赖国际市场。不仅如此,印度制造业还以加工业为主,倾向于从三国进口初级产品或半制成品,作为生产资料,对其进行加工改造,生产出可供消费的制成品或者能够进一步生产加工的产品部件用以出口。例如,在印度主要的进口来源中,基础金属和矿物燃料分别被印度加工为钻石珠宝和精炼石油两种工业制成品和半制成品。加工业的发达是印度作为全球价值链"生产者"的一大表现。但是,印度加工业更多的是"产业内"加工,对国内其他产业的发展缺少辐射能力和带动作用,特别是对初级产品和能源产品的加工行为只是停留在产业内对个别产品的升级改造,未能大规模地把相关产品转化为诸如汽车制造、机械生产、基础设施建设等其他产业发展的动力。这是今天印度加工业发展的局限所在。

表2-20 印度主要产业增加值增长率与份额

产　业	GVA所占比例/%	
	2016—2017	2017—2018
农业、林业、渔业	17.9	17.1
工　业	29.3	29.1
服务业	52.8	53.9

数据来源:印度经济事务部。

因此,无论印度再怎么为自己的技术密集型产业和服务业而感到骄傲,也难以掩饰其内部的种种结构性问题——整体就业机会不足、效率低下、产业缺乏联动、社会整合乏力[1]。印度必将因为制造业的落后,尤其是劳动密集型产业的缺失,而难以担当全球价值链的"生产者"角色。

---

[1] 毛克疾.一部没有硝烟的血拼史:"印度制造"70年启示录[J].文化纵横,2019.

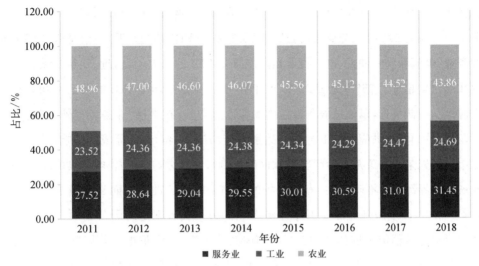

图 2-16 2011—2018 年间印度就业结构变化图

数据来源：Statista 印度统计数据库。

(2) 印度服务业中的"一枝独秀"

从服务业角度来看，无论是在印度的对外贸易中还是国内增加值的创造中，印度服务业均占有重要地位，特别是以 IT&ITES(IT 服务)为代表的信息服务产业已成为目前印度国际化程度最高、最具有国际分工特征、出口额最高的服务业。印度 IT 产业主要以承接"业务流程外包"(business process outsourcing, BPO)为主。"业务流程外包"是全球价值链发展和全球"精细化"分工的产物，指的是企业把非核心的商业工序外包给第三方承包商，从而节约企业的运营成本。目前，印度是世界上最大的 IT 业务流程外包的承接国，承担着世界上 56%的 BPO 业务，超过一半的财富 500 强公司将它们的软件需求外包给印度，其业务范围主要包括建立国际呼叫中心、技术支持服务、电话营销业务、录入数据业务等[1]。可以说，印度的信息服务业在其整体的服务业中呈现"一枝独秀"的发展态势。

然而，在印度信息服务业辉煌的背后还存在着不可忽视的隐患。第一，以承接"业务流程外包"为主要模式的印度信息服务业注定要过度依赖海外市场，从而缺乏相应的自主性。近五年来，印度 IT 服务业的产出额和出口额逐年提升，IT 服务业的出口

---

[1] Outsource India. The BPO Industry in India[R/OL]. [2019-10-29]. https://www.outsource2india.com/india/bpo-industry-india.asp.

比例也常年维持在80%以上(见图2-17),美国是印度最大的出口市场,占印度IT服务出口总额的57%①。与此同时,从信息服务业的FDI接受来看,与信息服务相关的服务业、电脑软件和硬件、电信行业是印度接受FDI的三大领域,近20年来累计接受FDI的比重超过了25%(见表2-21),日本、美国分别是印度FDI的第三大和第六大来源地。由此可见,以信息服务为主体的印度服务业,在承接"业务流程外包"的模式下,其上游的资本供应链与下游的产品销售链均深受国际经济环境的影响。因此,国际市场的繁荣或萧条都会给印度的软件出口带来深刻影响,进而影响印度的整个经济发展。世界经济的不确定性、海外市场的萎缩是印度软件业所面临的最主要外部风险②。第二,印度服务业深受国际经济影响的另一大表现是跨国公司的参与。跨国公司是全球价值链发展的产物。微软、IBM、花旗银行、索尼电子等国际巨头公司纷纷进入印度的IT、软件、金融、电信等行业,不仅为印度服务业带来了发展所需的技术,还带来了必要的发展资本。然而,跨国公司对印度服务业,尤其是IT行业的大规模介入,也造成了印度服务业对跨国公司产生"路径依赖"问题,使印度服务业更为依赖跨国公司提供的研发平台和销售渠道,而忽视了自身服务业网络的完善。不仅如此,笼罩在跨国公司阴影下的印度服务业,更多的是充当过剩技术转移的承接者,而并非最新技术的研发者,这也导致了印度虽然在某些服务业领域取得了广阔的市场份额,却无法在新技术革命中发挥领导作用,以至于在今天人工智能、大数据、工业互联网、生命科学等前沿技术领域,印度的角色相对边缘。第三,印度服务业发展格局不合理。作为印度服务业出口的主力,信息服务业在2017—2018财年的出口额达到了1 200亿美元,净出口比例在服务业整体的净出口中达到了90%以上③,但是,信息服务业在同一财年的产出占比仅为服务业总产出的12.1%。也就是说,印度广大的服务业,包括运输、商务、金融、教育等,并没有参与印度的服务业出口,反而是产量并不占优势的信息服务业成为印度服务业出口的主力。这就表明,印度参与全球价值链的服务业主要集中于单一的信息服务业,其自身缺乏国内配套产业的联

---

① ESC India. India computer software & ITeS and electronics export[R/OL]. [2019-10-29]. https://www.escindia.in/publications/#.
② 杜振华. 印度软件与信息服务业的数字化转型及创新[J]. 全球化,2018(6).
③ IBEF(India brand equity foundation). Services Industry Analysis[R/OL]. [2019-10-29]. https://www.ibef.org/archives/industry/services-reports/indian-services-industry-analysis-september-2019.

动效应,在资本、技术、人员培训等方面易受到国际市场的制约,从而导致国际抗风险能力较弱。

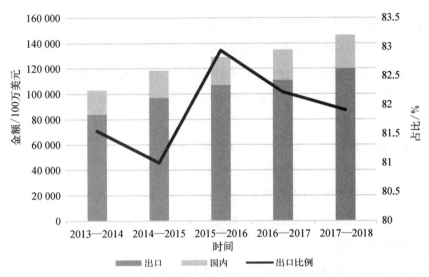

图 2-17 2013—2018 财年印度 IT 服务出口变化图

数据来源:ESC 印度数据库。

表 2-21 2000—2019 年印度 FDI 流入总量细分

排 名	行 业	FDI 流入/100 万美元	占比/%
1	服务业	74 149	18
2	电脑软件和硬件	37 238	9
3	电讯	32 826	8
4	建筑	25 046	6
5	贸易	23 021	5
6	自动化	21 387	5
7	化学	16 582	4
8	医药	15 983	4
9	工程活动	14 805	4
10	电力	14 316	3

数据来源:印度产业和贸易促进部。
说明:服务业包含金融、银行、保险、商务、外包、技术、研发、质检等。

总体来看,制造业和服务业作为参与全球价值链的两大主力产业,其本身具有结构性的隐患:在制造业中,由于印度劳动密集型产业的发展不足,从而不能实现完整的"产业生态系统",最终将限制制造业参与全球价值链的能力;在服务业中,虽然信息服务业呈现出一枝独秀的发展状态,是目前印度与全球价值链对接最为紧密的产业,但是,这也无法掩盖单一产业对国际经济依赖、服务业整体国际化程度低的问题。因此,从印度自身的产业发展情况来看,其作为全球价值链中"生产者"的角色,尤其是作为美国、日本、澳大利亚三国的下游生产承担者,仅存在理论上的可能性。

3. 印度并非美国、日本、澳大利亚的核心价值链伙伴

从全球价值链的角度来观察印度对美国、日本、澳大利亚三国对外贸易的参与程度,可发现印度并非美国、日本和澳大利亚的核心价值链伙伴,因为无论是在三国的对外贸易中,还是在三国的贸易增加值来源地中,抑或是在三国的投入—产出结构中,印度的位置都相对边缘。

其一,从商品贸易角度来看,2018年,在美国对外贸易中,印度是美国的第九大进口来源地和第12位出口目的国;在日本的对外贸易结构中,印度在日本的进口来源地中仅排在第24位,在日本的出口伙伴中排名第17位;在澳大利亚的对外贸易结构中,印度是澳大利亚第14大进口来源地,而在澳大利亚的出口中,印度地位略高,但也仅排在第5位[注1]。其二,从贸易增加值角度来看,2015年,在美国制造业进口增加值来源地中,印度列第7位,而在美国制造业出口增加值来源地中,印度列第10位;在商业服务中,虽然印度服务业与美国服务业的联系较为紧密,但是对美国来说,这只体现在美国从印度的服务业进口中,印度在美国服务业的进口增加值来源地中排名第3位,而在美国商业服务的出口增加值来源地中,印度仅列第13位。从日本的角度观察,印度在日本制造业进口增加值来源地中排名第14位,在日本制造业出口增加值来源地中排名第11位,而在商业服务领域,印度在日本进口和出口增加值来源地中分别位列第13位和第11位。从澳大利亚的角度来看,在其制造业的进出口增加值排名中,印度分别位列第9位和第4位,在商业服务的进出口增加值排名中,印度分别是澳大利亚的第八大和第七大伙伴国,但是,作为澳大利亚与印度贸易的特殊环节,在矿产采掘业

注1 数据来自 Trade Map 数据库。

中,印度是澳大利亚矿产出口增加值的第四大贸易伙伴[注1]。其三,在国际投入—产出关系中,2014年,印度在美国中间品和最终品投入中均列第13位;在日本的中间品和最终品投入中,印度的需求分别位于第10位和第15位;在澳大利亚中间品和最终品的投入排列中,印度的需求则位于第4位和第10位,其中,印度对澳大利亚中间品的需求,很大一部分来源于矿产能源[注2]。

从上述一系列指标来看,在美国、日本和澳大利亚三国的价值链伙伴中,印度基本上不处于核心地位。但是,从具体产业来看,印度是美国商业服务进口和澳大利亚矿产能源出口的主要伙伴国。其原因在于,印度是美国IT、软件、数字服务的主要外包对象,印度通过承接美国的"业务流程外包",为美国的科技公司提供信息服务,这也是美国从印度商业服务进口的主要组成部分;与此同时,印度自身是一个资源匮乏国,但国内众多的人口和发达的能源加工业使印度对能源产品有着巨额的需求,以资源丰富为主要特征的澳大利亚就成为印度能源的主要进口来源地。

综上所述,印度在全球价值链的次序排列中低于美国、日本和澳大利亚三国,依赖于三国的上游供应链和下游销售链,相对处于"生产者"的位置。在现实中,印度不仅因为国内劳动密集型产业的落后而导致整体制造业发展不完善,其服务业也存在过度依赖国际经济、本身缺乏独立性、信息类服务业一枝独秀等问题。在全球视野下,印度不是三国全球价值链的核心伙伴国家,无论是在三国的对外贸易中还是对外产业关联中,印度都处于相对边缘的位置。因此,印度不能在未来的四国区域价值链中胜任"生产者"的角色。

(三) 全球价值链变迁中的"莫迪经济改革"

自从2014年纳伦德拉·莫迪领导的印度人民党执政以来,印度国内开启了轰轰烈烈的"莫迪经济改革",旨在扭转印度经济增长的颓势,促进印度经济增长。2019年5月,莫迪成功连任印度总理,从而开启了莫迪政府的"2.0时代",并在作为第二任期

注1 数据来自经济合作与发展组织数据库。
注2 数据来自WIOD数据库。

的施政纲领《新印度战略》中提出 2022 年实现印度 GDP 增长率达到 8%的目标①。那么,莫迪政府的经济改革能否改变印度经济结构中的痼疾,使之能够更好地融入"印太战略"下的四国区域价值链呢?

1. "莫迪经济改革"难掩印度经济的结构性问题

"莫迪经济改革"对于印度参与全球价值链来说,最大的影响在于振兴制造业。2018 年,在《新印度战略》中,莫迪政府特意提到,要在 2022 年实现制造业增长率翻一倍的目标。制造业在印度国民经济中的落后早已成为印度经济发展的一大障碍,也是阻挠印度深度参与四国区域价值链的主要困境。为解决这一问题,莫迪政府上任以来提出了一系列改革制造业的框架和措施,包括建设"五大工业走廊"[注1]、改善基础设施、降低运输成本、统一税制等。莫迪政府寄希望于改革,争取把"印度制造"发展为世界制造业的中心,这有利于印度扩大生产端的能力以参与全球价值链,确保自身在区域价值链中的"生产者"角色。但是,在现实中,这些改革的成果均不太理想,振兴制造业的蓝图也未得到实质性的进展。究其原因,主要在于印度经济长期存在的结构性问题阻碍了土地、劳动力和资本三大要素对制造业的带动作用,而这三大要素是制造业发展的必需品。

第一,印度自从国家独立以来,并未开展大规模的土地改革,土地私有制的广泛存在限制了工业用地的发展。而在现实中,阻挠一个国家制造业发展的因素并不完全在于土地所有者的身份,很大程度上与国家的土地流转制度有关。在 2014 年开始实施的土地征收法中,印度规定了严格的土地征收制度,不仅需要得到 70%至 80%的业主同意(如果是私人项目,则征地需要得到 80%的土地所有者的同意;如果是公私合作项目,则需要得到 70%的业主同意),而且对土地进行高于市场价的补偿(城市地区征地应两倍于市场价格,农村地区则 2 到 4 倍于市场价格,同时还须向失地农民提供就业安排)。这一土地流转制度进一步束缚了土地的使用效率,因为立法的本意不是为

---

① National institution for Transforming India: "Strategy for New India"[R/OL]. (2018 - 12 - 19) [2019 - 11 - 08]. http://niti.gov.in/writereaddata/files/Strategy_for_New_India%4075_Dec_19.pdf.

注1 "五大工业走廊"即德里—孟买工业走廊(DMIC)、清奈—班加罗尔工业走廊(CBIC)、东海岸工业走廊(ECEC)、阿姆利则—加尔各答工业走廊(AKIC)及班加罗尔—孟买工业走廊(BEMC)。

了推进城市化、工业化,而是为了保护拥有土地的农户的利益。从这一立场来看,新的土地法暗含着对印度经济发展的一种"反动"①。随后,虽然"莫迪经济改革"也曾出台过新的土地征收法,但是,新法案遭到了农民、地方势力的强烈抵制,从而使土地改革又一次不了了之。与此同时,土地改革也造成了现有土地所有者对莫迪政府的不满,从而削弱了人民党在国内的支持率。为此,莫迪不得不把土地改革问题交给地方进行自决,以至于在2019年第二个任期开始之时,莫迪新政府对土地改革问题的态度趋于冷淡。这种做法虽然为自己减轻了政治负担,但是对印度土地改革来说显然是不利的,因为地方政府同样面临着民粹压力,甚至个别地方政府中还存在地方保护主义。印度土地改革逐渐流于形式。在这一背景下,印度的土地问题一直未能得到解决,这对于印度制造业,尤其是对于印度最为落后的劳动密集型产业来说,土地成本依旧居高不下,无疑更加缺乏发展空间,工厂、企业仍然面临无地开展生产的局面。

第二,在劳动力方面,莫迪政府也在进行着改革的尝试。莫迪政府在第一个任期内曾承诺每年创造2 000万个工作岗位②,然而,在2014—2018年,印度劳动力年平均增长仅为800万左右,国内劳动参与率从2014年的54.42%下降至2019年的54.19%[注1]。国内劳动力市场的不景气反映了"莫迪经济改革"的不理想,其原因主要在于改革仅限于当前制度框架下的劳动力法规和增加技能培训两个方面,未能涉及制造业劳动力市场的结构性问题。一方面,莫迪政府在上任之初曾试图对劳动力法规进行简化,把原来的44部法律整合为4组模块,但是,这遭到了工会和行业代表的强烈反对,使改革难以推行;随后,政府又对印度的最低工资进行调整,规定全国最低工资每小时176卢比(合2.50美元),希望通过保障劳工权益来吸引劳动力,扩大就业,但是,由于法律的复杂性与缺乏相应的监管,这项改革也未能落实到位。据调查,在2017—2018财年[注2],印度仍有45%的劳动力的工资低于最低工资标准③。另一方面,

---

① 刘小雪.从印度经济增长瓶颈看莫迪改革的方向、挑战及应对[J].南亚研究,2017(4).
② India's new government "to push labor reforms"[R/OL].[2019 - 11 - 09]. https://www.asiatimes.com/2019/05/article/indias-new-government-to-push-labor-reforms/.
③ India at work:Labour reforms aim to boost wages and productivity[R/OL].[2019 - 11 - 09]. https://www.aljazeera.com/ajimpact/india-work-labour-reforms-aim-boost-wages-productivity-191101122855317.html.
注1 数据来自世界银行数据库。
注2 印度财年起止时间是上一年4月1日至当年3月31日。

莫迪政府成立了"国家技能发展公司"(National Skills Development Corporation),旨在每年与235个私营部门合作,为超过500万的年轻人群体进行技能培训,从而达到提升劳动力素质的目标①。但是,这个项目更多的是针对印度技术密集型产业,受益群体主要为毕业学生,其本身具有劳动力成本高的特征,而对于制造业的主要组成部分,即急需低技能劳动力的劳动密集型产业来说,仍然面临劳动力不足的困境。此外,印度的社会结构也是阻碍印度劳动力改革的一大原因:以种姓制度为核心的社会结构早已造成印度的社会阶层固化,难以确保劳动力的自由流动,与此同时,严苛的劳动保护法和数量庞大的工会组织在印度工人阶层中培养出大批的"劳动贵族"群体,不同的利益诉求使这些"贵族"群体时常形成一种与企业所有者相对抗的利益集团,从而进一步束缚印度制造业的发展。总体来看,"莫迪经济改革"在劳动力市场方面只是进行了片面的修补,未能触及印度劳动力结构的本质问题,即如何把人口优势从农业中解放出来,促进劳动力向工业领域流入。印度制造业仍然面临劳动力不足的现实问题。

第三,在资本方面,"莫迪经济改革"对资本市场的思路是"加强资本管制"与"吸引外资"相结合。在加强资本管制方面,为解决金融市场的腐败现象,莫迪政府于2016年11月推出"废钞令",宣布面值500及1 000卢比的货币不再是印度通用货币,导致全印度86%的流通钞票化为废纸,从而打击了包括腐败、洗钱、恐怖主义在内的"黑色经济区",使那些不义之财和非法收入失去了价值。"废钞令"发出了一个强烈的信号,表明印度政府加强了对现金流动的监控,决心打击腐败,使所得税纳税人的数量激增②,这也成为莫迪得以实现连任的政治资本之一。然而,"废钞令"的实施也在客观上打击了以现金为结算形式、以制造生产为主的印度中小型企业和个体商户,导致他们出现资本运转困难,挫伤了企业运营的积极性,冲击了印度经济的增长率,使印度2017年第一季度的增长率仅为6.1%,低于印度2016—2017财年的7.1%的总体增长率③。从外资角度来看,2015年以来,受美联储加息的影响,国际资本开始回流美国,

---

① National Skills Development Corporation[N/OL].[2019-11-08]. https://www.msde.gov.in/nationalskilldevelopmentcorporation.html.
② ARVIND PANAGARIYA. Modinomics at Four:Why India Is on the Path to Long-Term Prosperity[J]. Foreign Affairs,2018.
③ RAMARKO SENGUPTA. India's GDP in Q4 Grows 6.1%,Loses Fastest Growing Economy Tag[J/OL]. The Times of India,(2017-05-31)[2019-11-11]. https://timesofindia.indiatimes.com/business/india-business/indias-gdp-in-fourth-quarter/articleshow/58926528.cms.

印度FDI净流入持续走低,在2017年不足400亿美元[注1],是2015年以来的最低点。为此,莫迪政府开始大力改善国内营商环境,以吸引外资,为经济增长寻求动力。近年来,印度政府逐渐放开了能源、电信、运输等方面对外国投资的限制,FDI净流入逐渐回升,截至2019年8月,2019—2020财年吸引外资总计超过了190亿美元,超出了前两个财年同期FDI净流入额。但是,从FDI流入行业细分来看,2019—2020财年吸引外资最多的四大行业依次是电信、服务业、计算机和商务,分别占比为22%、14%、12%、6%[注2]。也就是说,从莫迪政府对外资方面的改革来看,无论是放宽投资的领域还是各行业吸引外资的体量,印度制造业都不占优势,依旧面临着资金短缺的问题。

总体来看,以"振兴制造业"为旗号的莫迪改革并未对印度制造业产生实质性的影响,制造业面临的土地、劳动力和资本三大问题仍然没有得到解决。其根本原因在于印度制造业缺乏完整的"产业生态系统",也就缺失了振兴制造业的国内产业基础,而"莫迪经济改革"仅仅是一场自上而下的主观性改革,不符合印度"中央政府权力弱、地方利益集团强"的国情,反而因为各项经济改革的实施不当而进一步打击了印度的国内供应链和销售链,这给印度制造业带来了更多的压力,其直接后果便是,印度制造业的生产能力低下,国内生产、生活必需品没有摆脱对国际供应链的依赖,印度对外贸易赤字问题依旧显著。据统计,印度贸易逆差从2014年的1 400亿美元左右增长到了2018年的1 800亿美元左右[注3]。在生产和贸易均未能实现突破的基础上,印度宏观经济的表现也不甚良好。从莫迪的第一个任期以来,印度工业增加值占全国GDP的比例始终呈下降态势,从2013年底的28.405%下降到了2018年的27.008%。工业的发展动力不足造成了GDP增长的颓势,作为新兴经济体的代表,印度GDP增长率从2016年的8.17%顶峰下降到了2018年的6.982%[注4]。这进一步说明,所谓的"莫迪经济改革",并未对印度的经济结构产生根本性的影响。而在"印太战略"背景下,印度在四国区域价值链中的"生产者"身份显得更为捉襟见肘。

2. 全球价值链变革下印度的发展方向

与"莫迪经济改革"近乎同时发生的是全球价值链的变革。近年来,随着全球生产

注1　数据来自世界银行数据库。
注2　数据来自印度品牌权益基金会。
注3　数据来自联合国贸易和发展会议。
注4　数据来自世界银行数据库。

力的提升、生产关系的部分重组,全球产业分工、生产流程逐渐摆脱了传统的模式,出现了全球价值链的变革。具体来看,这种变革主要体现在两个方面:各经济体内部供应链的完善使国内供应链在一定程度上代替了国际供应链;新科技革命的出现使全球价值链的研发、创新属性增强,技术对全球价值链的影响程度日益提升。

(1) 完善国内供应链

全球价值链的变革,第一大表现就是国内供应链的完善。随着各国国内产业体系的完善,原材料和上游产品的生产实现了本土化,意味着国内供给能够逐渐取代国际供给,其直接影响是各国的"贸易强度"[注1]降低,导致国际进出口贸易对全球经济增长的贡献度逐渐降低。据统计,1990—2007 年,全球贸易额的年增速比实际 GDP 的年增速平均高出 2.1 倍,但是,2011 年以后,全球贸易额的增速仅是全球 GDP 增速的 1.1 倍[注2]。与此同时,跨境贸易在全球商品总产出中的比例在下降,反映在现实中,2007—2017 年,全球出口总额在商品生产价值链总产出中的占比从 28.1%下降至 22.5%①。

近年来,印度在"莫迪经济改革"的背景下也在致力于完善国内供应链体系,希望借此减少贸易逆差。但是,印度国内"产业生态系统"不成熟,其生产对国际供应链和国际进口的依赖性较高,难以通过自身的生产来完善国内供应链体系。为此,印度政府长期以来都在采用"关税"手段,保护国内市场,遏制贸易赤字。据 WTO 统计,2018 年,印度平均税率为 50%左右,其中农产品税率高达 113.1%,非农产品税率为 36%,而最惠国待遇(MFN)在这三项的指标则分别为 17.1%、38.8%和 13.6%。印度的关税水平显然超出了同期的中国、巴西、土耳其等新兴经济体的关税税率[注3]。这对于旨在宣传"公平贸易"和"美国优先"的美国总统唐纳德·特朗普来说,显然是难以接受的。为此,特朗普曾公开指责道:"印度长期以来对美国征收高关税,他们是关税之王(King of tariffs)。"②2019 年 3 月,美国贸易代表办公室发出声明,宣布结束印度的"普惠制

---

① McKinsey Global Institute. Globalization in transition: The future of trade and value chains [R/OL]. [2019 - 01 - 20]. https://www.mckinsey.com/featured-insights/innovation-and-growth/globalization-in-transition-the-future-of-trade-and-value-chain.
② India-US trade: Is Trump right about India's high tariffs? [N/OL]. [2019 - 11 - 17]. https://www.bbc.com/news/world-asia-india-48961235.
注 1 贸易强度指产品进出口在总产出中的占比。
注 2 贸易额按照实际贸易价格计算,参见世界贸易组织. 世界贸易统计年鉴 2018[M]. 2018.
注 3 数据来自 WTO 数据库。

(Generalized System of Preference)"资格,因为"印度不能向美国保证,在诸多贸易领域中为美国提供公平合理的市场准入"①。这预示着,未来印度对美国的商品出口将不再享受美国的关税优惠政策,这将影响印度对美国超过50亿美元的出口额。作为回应,2019年6月,印度也宣布对杏仁、核桃、苹果、钢铁等28项来自美国的进口产品提升关税。不仅如此,印度与美国的关税摩擦还涉及农产品、医疗、钢铁行业和数据服务行业。印度通过高额的关税来保护国内供应链体系的做法不仅影响了美国,还影响了日本和澳大利亚。2019年11月,印度政府宣布退出"区域全面经济伙伴关系(Regional Comprehensive Economic Partnership,RCEP)",这表示印度放弃了与包括日本、澳大利亚在内的印太国家建立一个区域自由贸易协定的机会。莫迪总理对此举进行了解释:"由于关税、与其他国家的贸易逆差和非关税壁垒方面存在分歧,印度决定不签署RCEP。"②事实上,加入RCEP将导致印度不得不降低甚至减免关税,致使印度的区域内进口增加,从而加剧印度的贸易逆差。目前,印度已经与RCEP内部的12个成员国达成了一系列的贸易协定[注1],受印度这一做法影响最大的是剩余3个国家——中国、澳大利亚和新西兰。在RCEP框架下,中国的工业产品和澳大利亚、新西兰的农产品将对印度国内的相关产业形成巨大的竞争压力,印度国内脆弱的供应链体系将难以应对低关税带来的进口冲击。

总体来看,在全球价值链变革的背景下,各国竞相完善国内供应链体系。而印度的逻辑则在于自身产业体系的脆弱和不完整,从而缺乏"印度制造"的国际竞争力,难以使自身的产品切入国际市场。因此,印度采取了高关税、退出区域贸易协定的行为,这种做法对其国内产业的成长确实有着一定程度的保护作用。但是,在"印太战略"框架下,印度的做法也客观上助推了全球贸易保护主义的崛起,打击了印度与美国、日本、澳大利亚的贸易关系,动摇了印度参与四国区域价值链的基础。

(2) 开展人工智能为主的新技术革命

全球价值链变革的另一个表现为新技术革命带来的影响。全球价值链并非一套

---

① United States Will Terminate GSP Designation of India and Turkey [R/OL]. [2019-11-17]. https://ustr.gov/about-us/policy-offices/press-office/press-releases/2019/march/united-states-will-terminate-gsp.
② 观察者网. 印度退出RCEP[N/OL]. (2019-11-04) [2020-01-25]. https://baijiahao.baidu.com/s?id=1649285639520330589&wfr=spider&for=pc.
注1 这12个成员国分别是日本、韩国以及东盟十国。

固定的生产流程,各国劳动力资本的投入、生产流程的改善、生产技术的更新都会提升产品的增加值收益,实现产业升级,从而推动各国在全球生产体系中的位置提升,改变价值链角色。近年来,在以人工智能为代表的新技术革命的背景下,全球价值链也面临着生产技术变革、生产分工重组的可能性。人工智能技术的高速发展以人工神经网络的研究为基础,实现了"机器学习"的算力和算法的技术性突破,在诸多领域都取得了兼具商业开发潜力和社会影响力的卓越成果。

莫迪政府时期,印度也在积极追随人工智能的步伐,以适应新技术革命带来的全球价值链变革。2018年6月,印度政府颁布《人工智能国家战略》(*National Strategy for Artificial Intelligence*),把医疗企业、农业、教育、智慧城市和交通运输作为印度人工智能开发的重点,力图在两年内通过发展人工智能把印度的创新率提高约230%。在政府的支持和引导下,印度的人工智能技术实现了飞速发展。截至2019年10月,在人工智能的核心研究出版物上,印度以发表12 135篇文章排名世界第三,仅次于中国(37 918篇)和美国(32 421篇)。同时,在被认定的全球22 400位人工智能领域的顶尖人才中,印度有555人,位列全球第五[1]。印度参与全球价值链的过程在客观上也带动了印度人工智能事业的开展。以IT和ITes为代表的信息服务业本身就呈现出"一枝独秀"的特征,逐渐发展出诸如班加罗尔VMware卓越中心(CoE)等信息产业集群,承接了来自全球范围内互联网和科技公司的"业务流程外包",为印度积累了发展人工智能所必需的人才、经验、成本等方面的优势,这将有利于印度在相关产业基础上迅速向人工智能方向进行升级。更重要的是,正是信息服务业的繁荣为印度带来了庞大的数据应用市场。数据是人工智能算法的必要前提。机器通过对数据的输入、记忆和分析,形成算法模型,最终发出解决问题的指令。印度"有大量的数据科学优势,印度人正在开始为机器学习库和算法的发展做出贡献"[2]。基于这些优势条件,2019年7月,在世界知识产权组织(WIPO)发布的2019年全球创新指数(Global Innovation Index 2019)中,印度的排名上升了29位,是GII中排名上升最多的主要经济体。同

---

[1] Artificial Intelligence and India: A Comprehensive Overview[R/OL].[2020-01-28]. https://www.analyticsinsight.net/artificial-intelligence-india-comprehensive-overview/.
[2] RAGHAV BHARADWAJ. Artificial Intelligence in India — Opportunities, Risks, and Future Potential[R/OL].[2019-11-24]. https://emerj.com/ai-market-research/artificial-intelligence-in-india/.

时，班加罗尔、孟买和新德里这三大城市也进入世界顶级科技集群的百强名单，而印度也能够在诸如信息通信技术相关服务出口等指标中位居世界首位①。

但是，从全球价值链变革的角度来看，印度还未孵化出适合发展人工智能的企业组织形式。在人工智能时代，对企业的要求将不再是传统上对单一领域内的钻研，而是要进行规模化的平台经营，由主导企业为核心，对产业的上游供应链和下游销售链进行整合，把传统的研发机构、制造工厂、销售渠道等一系列环节置于同一平台之上，对海量的数据进行分析、挖掘，从而扩大企业的人才、技术、资金以及应用场景等要素，增强国际竞争力。目前，美国的谷歌、亚马逊、脸书，中国的阿里巴巴、腾讯等巨头公司均是主导企业的典型代表。对于印度来说，由于全球价值链的存在，印度目前的科技公司大多依赖于美国、欧洲的大型企业的信息"外包"业务，这就决定了印度科技公司在全球价值链中只限于人工智能的下游产业，难以做到贯穿"研发—制造—销售"全产业链的平台经营；与此同时，印度的科技公司的规模都较小，其人工智能产业体系并不成熟，难以形成主导企业的必要条件。

这种组织形式的不成熟对于印度在"印太战略"下的人工智能合作将有着不利影响。缺少本土的人工智能主导企业，意味着印度人工智能企业无法扩大规模且缺少必要的资金、人才、市场的支持。这就导致印度人工智能企业在面对美国、日本等科技企业，尤其是巨型企业之时，难以形成有效的竞争力。同时，那些专注于个别细分领域研发的印度初创企业也将面临着被美国、日本等大型公司收购的风险，致使印度人工智能失去独立性，逐渐成为美国、日本为主导的人工智能价值链的附庸。这对于印度人工智能的发展、顺应全球新技术革命和全球价值链变革来说是不利的。

以国际分工和全球贸易为支撑的全球价值链是经济发展的客观产物，是目前国际经济的基本表现形式之一，而在全球价值链范畴下，"印太战略"能否持久，其决定性因素就在四国能否构筑有效的区域价值链。其中，印度依托于自身的技术和服务优势，通过承接三国的上游中间品供应，着力于对钻石、燃料等产业的加工，最后把加工产品出口至以美国为主的国际市场。这也说明，印度的产出结构中，来自三国的增加值比例较大，而自身的间接增加值含量有限，基本处于产业下游的位置，靠近最终消费市场，印度客观上充当着"生产者"的角色。

---

① WIPO. Global Innovation Index 2019［R/OL］. 2019 - 07 - 24.

然而,在现实中,印度参与这套区域价值链的可行性并不高,其根本原因在于印度国内产业发展不充分造成印度生产能力有限:一方面是制造业的落后,尤其是劳动密集型产业的缺失,使印度国内不能形成完整的产业生态系统;另一方面,服务业对国际市场的依赖性较大,且发展路径较为单一,其动力主要来源于信息服务的外包承接业务。更重要的是,从美国、日本与澳大利亚的全球伙伴关系来看,印度并非三国对外经济合作的主要伙伴。因此,印度经济在现实中的种种结构性问题使印度难以担当起区域价值链的"生产者"角色。

面对种种障碍,近年来,莫迪政府开始大力推行改革,其核心在于振兴印度制造业,推动"印度制造"能够更好地参与全球价值链。但是,莫迪改革并未触及印度经济中的土地、劳动力、资本这三大根本性问题,所谓"振兴制造业"也仅停留于设计蓝图,在实际中的作用有限。在莫迪进行改革的同时,全球价值链也在发生变革,然而,无论是从各国完善国内供应链的角度还是从新技术革命的角度,印度均不能走出自身的经济困境,反而恶化了与美国、日本和澳大利亚的贸易伙伴关系,导致自身处于更为不利的位置。

综上所述,在"印太战略"背景下,以印度、澳大利亚、日本和美国为基础的区域价值链对印度来说并不具备充分的可行性,这也注定印度参与"印太战略",更多的是偏向政治和安全领域,而缺少相应的经济基础。这预示着,所谓的深度融入"印太战略",如果没有经济连接上的进一步实质性动作,对印度来说可能只是一个没有根基的"空中楼阁",只能作为印度的短期规划或者战略构想,而缺乏长久和实际的生命力。

(四) 结论

印度对"印太战略"的参与,虽然并不能形成稳定的四国区域价值链,也不能通过"莫迪经济改革"根治印度产业发展的缺陷,但是,对于我国长三角一体化建设来说,却仍然产生了一定程度的影响。

第一,长三角一体化建设要树立区域价值链的思想,通过区域价值链带动长三角地区经济的发展。区域价值链的形成,首先需要有"垂直一体化"的劳动分工,各经济部门根据要素禀赋和比较优势的差异,大致形成研发、制造、销售三个不同任务的生产环节,从而出现以增加值收益为基础的产业互补关系。其次,根据不同的分工环节,区域价值链需要有主导经济体的角色,这种主导角色一方面负责为区域产业链提供上游驱动,形成技术、原材料的生产供应,另一方面还是产业链终端的"最终消费国",通过消费需求为全产业链提供动力。这种主导经济体的角色类似于欧洲区域价值链中的德国或者全球价值链中的美国。而在长三角区域价值链建设中,上海"核心城市"的定位也将产生类似的效果,通过核心城市的产业发展,辐射整体长三角的区域价值链。最后,长三角区域价值链的构建要立足于更大范围的东亚区域价值链,形成国内国际"双循环"体系建设。东亚区域价值链是目前国际上最为成熟的区域价值链之一,囊括了日韩的高端技术开发、东盟的低端制造承接以及中国大陆的中端设备原材料供应。长三角一体化建设要注意与日本、韩国、中国台湾的高增加值产业对接,推动区域内高端制造业建设,从而填补国内高增加值产业的空缺。

第二,警惕印度在全球价值链中对中国的"替代"。全球价值链的变动与国际关系、国际政治经济的变动紧密相关。近年来,"印太战略"逐渐从传统的区域安全和政治联盟向经济联盟扩散,其核心目标在于降低中国在全球供应链体系中所占的份额,而实现目标的方式则是寻找中国的"替代者"。"印太战略"下的印度就是合适的备选国家之一。目前,虽然印度的制造业能力并不发达,尚不能撑起印度区域"生产者"的角色,但是,美国正在致力于推动供应链的"可信赖联盟"战略,寄希望于拉拢印度、墨西哥、东南亚诸国,共同分流中国在全球价值链中的生产任务。同时,从印度的角度来看,印度的产业升级势必与中国产生更多的技术竞争,而"印太战略"则为印度提供了扩大全球产业链份额的机遇,这与"莫迪经济改革"扩大出口的初衷不谋而合。因此,从长远来看,中国需要对印度的产业链"替代"趋势保持警惕。

第三,从文化层面来看,印度今天的国际地位,很大程度上依托于自身对南亚地区的文化影响力。以印度文明为核心的南亚文化圈起源于印度河谷文明,指历史上在饮食、书写、信仰等文化主要受到印度文化影响的地区,主要指今天南亚的印度、斯里兰卡、尼泊尔以及巴基斯坦、孟加拉国的部分地区。文化的影响力直接影响到印度在南亚的区域价值链建设,这种建设主要表现在南亚地区对印度品牌的认可度,是印度制造扩大需求的一个主要路径。对于长三角一体化建设来说,长久稳定的长三角区域价值链不仅需要分工的互补和增加值的收益,更需要共同的文化认同,形成区域内的品牌影响力,把长三角区域价值链打造成综合性一体化战略。

四、以中东欧区域价值链为分析对象

(一) 国内外对于中东欧转型的相关研究简述

中东欧转型作为一个长期的、复杂的政治、经济与社会整体变革过程,一直得到学界各种视角的关注与研究。

在中东欧的政治转型研究方面,项佐涛认为,由于内外部因素不同,中东欧国家的政治发展呈现两种模式:一种是波兰等国的平稳演进型,即政治发展相对平稳、民主制度较为巩固;另一种是除斯洛文尼亚外前南地区的冲突裂变型,政治发展受民族主义影响较大。中东欧国家的政治转型的大方向是以多党竞争为主要内容的民主制度,但仍存在许多不确定因素[1]。甘小明指出,中东欧国家的政党政治、民主化和人权保障三个政治问题在入盟前后的发展情况存在差异,中东欧国家的政治转型在不同历史阶段呈现不同的发展趋势。入盟后,中东欧国家迎来新的发展期,参与欧盟内部的各项政治活动,加上其他成员国的影响和渗透,在民主政治、社会经济等方面有了更明确的目标[2]。杨帅认为,中东欧国家近30年积极实现政治上的转型,建立议会民主制、多党制,实施全方位外交等,但同时造成就业率下降、贫困人口增加等社会问题[3]。此外,在转型中的中东欧政党研究方面,徐刚认为,20世纪90年代新民粹主义政党出现在中东欧国家,但未成为主流,在中东欧国家相继加入欧盟后,新民粹主义政党在许多国家先后上台执政,成为转型过程中的新力量[4]。余南平等则从政党转型的角度认为,除少数比较稳定的波罗的海国家、波兰以外,中东欧政党的结构仍处于未稳定阶段,尤其是政治和公共管理的边界不清带来的困惑将长期影响中东欧国家的政治和政

---

[1] 项佐涛. 中东欧政治转型的类型、进程和特点[J]. 国际政治研究,2010(4):31-41.
[2] 甘小明. 中东欧国家入盟前后政治改革比较研究[D]. 南昌:南昌大学,2014.
[3] 杨帅. 中东欧国家政治转型研究[D]. 济南:山东师范大学,2016.
[4] 徐刚. 中东欧社会转型中的新民粹主义探析[J]. 欧洲研究,2011(3):52-69.

府能力①。

在中东欧的经济转型方面,国内学者研究较少。孔田平认为,中东欧的经济转型包括四个要素:稳定化、自由化、私有化和制度化。在经济增长、生活水平提高等取得一定成就后,当然也面临政府作用界定、加强法治、国有企业改造、金融改革深化以及社会层面改革等挑战②。余南平等认为,在后金融危机时代,波兰、捷克、斯洛伐克和匈牙利的经济表现不同,在科研创新、教育发展等方面,中东欧国家面临共同挑战③。孙景宇等认为,中东欧转型国家的经济增长的动力来自内需,经济增长模式出现问题的根源是政府决策失误,未来的经济增长模式的核心是实体经济,要重新确立在全球产业分工中的位置,使金融服务于实体经济,通过抓住改革的机会来促进经济发展在正确的轨道上前进④。

不可否认,中东欧国家的社会转型是伴随着政治和经济的转型进行的。孔寒冰指出,中东欧国家的社会转型存在多样性和复杂性,且不可能消失,包括中东欧和东南欧统一的大欧洲只是一个美好的愿景。徐坡岭等认为,政治民主化为经济转型开辟了空间,确定经济转型的方向和范围,而经济转型又反过来合法解释了政治转型,并要求政治制度根据需求调整。中东欧转型的总体成果取决于政治民主化和经济市场化转型的相辅相成⑤。孔寒冰认为,考虑到中东欧16国在自然规模、经济水平、文化归属、与大国关系等方面各不相同,所以其主要特征是社会发展差异性大、相互关系复杂⑥。何山华具体分析了捷克、斯洛伐克、匈牙利这中欧三国的语言权利和语言保护,认为虽然中东欧的语言权利在转型过程中得到持续改善,但未改变小族语言衰落的趋势⑦。

关于中东欧转型的综合分析研究,朱晓中指出,中东欧国家在经历了20世纪末的转型危机、2004年加入欧盟后的危机以及2008年的主权债务危机后,出现了背离欧

---

① 余南平,周生升.后金融危机时代中东欧欧盟国家的政党政治结构变迁[J].俄罗斯研究,2014(1):43-73.
② 孔田平.中东欧经济转型的成就与挑战[J].经济社会体制比较,2012(2):60-72.
③ 余南平,孔令兰萱.后金融危机时代中东欧社会经济转型评估[J].俄罗斯研究,2013(4):65-114.
④ 孙景宇,叶潇予.中东欧转型国家经济增长模式评析[J].河北经贸大学学报,2013(1):92-97.
⑤ 徐坡岭,韩爽.中东欧独联体政治经济转型20年:约束条件与转型政策、策略选择[J].俄罗斯研究,2011(5):90-104.
⑥ 孔寒冰.起始、剥离与回归——中东欧国家20世纪的两次社会转型[J].欧亚经济,2019(3):28-41.
⑦ 何山华.中东欧转型国家语言权利与小族语言保护研究[D].北京:北京外国语大学,2015.

洲主流发展、民主化"回落"现象。由此可见,中东欧国家在政治、经济和文化方面存在一些问题①。孔寒冰认为,中东欧国家27年来在政治转型、经济转型和社会发展方面有很大的时空差异,各国在20世纪基本都完成了政治转型,但在经济转型和融入欧洲的进度方面明显各不相同②。朱晓中还指出,中东欧模式属于独特的资本主义类型,发展和超越老成员国是转型的目标;大多数西方学者认为中东欧转型已经完成,但也有学者认为才刚刚开始,其经济结构存在深层次缺陷。西方部分学者认为,波兰、匈牙利等国存在"民主倒退",政治转型可能出现逆转③。项佐涛等肯定了中东欧社会转轨30年在政治民主化、经济私有化和市场化、对外关系西方化上取得了一定的成绩,同时指出转型导致政治极化、经济独立性受损、疑欧主义与民粹主义兴起、各国发展存在显著差距等问题。政治民主化和经济转型的关联性不强,匈牙利、波兰、捷克近年来民粹主义政党主政,但同时市场经济运行良好。中东欧内部也存在巨大差距,波匈捷斯的转轨绩效显然优于保加利亚、罗马尼亚等,原因是波兰、匈牙利、捷克-斯洛伐克曾有过西方式政治实践,从社会主义时期就改革计划经济④。

除了国内学者的研究外,国外学者对中东欧的转型也有较多关注。其中包括乔治·C. 彼得拉科斯(George C. Petrakos)认为,中东欧国家市场化进程复杂,融入西欧经济后将影响中东欧区域一级的经济表现,中东欧国家在欧洲新空间秩序中的战略地位也将决定加入西欧一体化的步速和成功与否,并将对发展空间产生决定性影响⑤。斯洛文尼亚学者特加(Turk Ž)指出,中东欧国家自1989年以来经历了极权政治、计划经济、社会主义向民主政权、市场经济和资本主义的过渡。波兰、捷克和斯洛伐克正在完成这一进程,匈牙利和斯洛文尼亚由于选择了渐进主义的改革方式而步伐明显落后⑥。捷克查理大学的伊劳德科娃(Jiroudková A)等提出,中东欧经济转型和加入欧盟是否成功将影响到目前的发展和进一步融入欧盟的深度,而中东欧转型存在众多内外部因素的困扰,如政治

---

① 朱晓中. 中东欧国家转型过程中的三重危机[J]. 俄罗斯学刊,2015(6):18-28.
② 孔寒冰. 27年,中东欧国家经历的不仅仅是社会转型[J]. 世界知识,2017(3):45-47.
③ 朱晓中. 转型三问——写在中东欧转型30年之际[J]. 当代世界,2019(4):24-28.
④ 项佐涛,李家懿. 中东欧转轨三问——30年历程的回顾与反思[J]. 当代世界与社会主义,2019(6):83-91.
⑤ PETRAKOS G C. The Regional Dimension of Transition in Central and East European Countries: An Assessment[J]. Eastern European Economics, 1996, 34(5): 05-38.
⑥ TURK Ž. Central and Eastern Europe in transition: an unfinished process? [J]. European View, 2014, 13(2): 199-208.

文化和路径依赖、公民社会薄弱、欧盟一体化危机，包括俄罗斯的外部影响等①。

上述研究从政治、经济、社会和文化等综合宏观角度对中东欧国家转型进行了不同历史阶段的研究和分析，归纳起来必须特别重视和指出的是，中东欧国家转型不同于其他经济体的转型。正如徐刚所指出的，哥本哈根入盟协议对中东欧国家的政治和经济转轨具有巨大的约束力。它不仅规定了中东欧国家的转轨方向、目标和基本领域，也成为中东欧国家改革的"挡箭牌"[注1]。因此，中东欧自身被定义过的广义"转型"标准基本是以欧盟的入盟标准为蓝本的，如法治、市场经济、政治民主的各种"对标"，而这个视角也是学界既有研究已经加以充分关注和讨论的。但如果我们抛开广义上的经济转型讨论与判定，将研究的视角下沉，从狭义的经济和产业结构视角出发，特别是在相对底层的区域价值链层面进行分析，可以观察到中东欧国家融入欧盟市场，特别是其与德国产业链发生了哪些紧密的产业间联系？这种产业链的内嵌式联系又是如何构建中东欧国家与欧盟的内在有机联系并推动中东欧国家自身经济转型的呢？

（二）区域价值链（RVC）的相关研究简述

区域价值链并不是一种特殊的价值链形态，而是指价值链分工过程中生产的价值创造环节主要以区域而非全球形态而出现。正如瑞士日内瓦高级国际关系及发展学院教授理查德·鲍德温（Richard Baldwin）等人所指出的那样，"价值链全球化某种程度是误读，价值链全球化特征并不明显，更多是呈现区域化特征，并且以美国、德国、日本和中国四个核心国家为主，周边其他国家主动嵌入这四大'核心'所在的价值链，从而形成北美、欧洲和亚洲区域价值链，但各个区域价值链并不是孤立的，而是通过国际贸易和跨国公司形成彼此间联系的"[注2]。关于区域价值链的相关研究，不仅国内外相

---

① JIROUDKOVÁ A, ANNA L, STRIELKOWSKI W, et al. EU accession, transition and further integration for the countries of Central and Eastern Europe[J]. Economics & Sociology, 2015, 8(2): 11.

注1 陆南泉. 曲折的历程：中东欧卷[M]. 北京：东方出版社, 2015: 148-149. 有关哥本哈根的入盟协议可见 Council of the European Union. "Presidency Conclusions: Copenhagen European Council". 1993.

注2 鲍德温等人的相关研究文献可见[2020-02-15]. https://www.nber.org/papers/w18083.pdf、https://www.nber.org/papers/w18957.pdf.

关文献涉及得相当有限,且研究视角多是在全球价值链框架下分析某一地区的某一行业,或是简单等同于区域贸易。国外学者德·贝克(De Backer)等人的研究指出,贸易政策和全球价值链的参与存在明显的区域层面关系,区域内的贸易机制,如自贸区和关税同盟等都和区域价值链形成的强度相关,且扩大区域间原产地规则的规模更有助于建立区域价值链[1]。克里希南·A(Krishnan A)通过对非洲肯尼亚园艺的价值链案例研究确定了两种区域价值链与全球价值链之间相互作用的类型,即自然型的区域价值链和构建型的区域价值链,并建议必须在全球价值链的背景下考虑区域价值链自身的建设与拓展[2]。苏德·G(Suder G)等运用投入产出技术量化分析,从区域价值链角度分析了1990—2005年长时段的亚洲东亚生产网络的演变,并发现东亚地区经济体之间的相互依存关系,反映了充满活力的东亚地区价值链的结构模式[3]。福德·N(Fold N)对全球价值链进行了区域研究,并将特定的行业价值链研究引入到区域中,他通过对区域经济活动如何创造、增强、获取和分配价值进行了系统性的检验,并认为区域经济活动直接与全球价值链相关联,而区域自身需求中也会衍生消费品和资本积累[4]。相较于国外学者,国内学者更关注的是"一带一路"建设视角下区域价值链构建问题。魏龙等基于WIOD数据和KPWW方法,运用RCA指数、价值链位置指数等探讨中国从嵌入欧美日主导的全球价值链转化为自我主导的区域价值链的可行性。他们认为,中国与"一带一路"沿线国家在产业间、产业内的互补性高于竞争性,中国占据价值链的高附加值环节,具有主导区域价值链的基础[5]。钱书法等基于比较优势理论,主张本土产业可通过融入全球价值链或构建国家价值链提升竞争力。中国应超越比较优势思路,主动引领"一带一路"区域价值链的构建,并列举出中国与沿线11国可

---

[1] DE BACKER, KOEN, PHILIPPE DE LOMBAERDE, LELIO IAPADRE. Analyzing Global and Regional Value Chains[J]. International Economics,2018,153(5):03-10.
[2] KRISHNAN A. The Origin and Expansion of Regional Value Chains:The Case of Kenyan Horticulture[J]. Global Networks, 2018, 18(2):238-263.
[3] SUDER G, LIESCH P W, INOMATA S, et al. The Evolving Geography of Production Hubs and Regional Value Chains Across East Asia:Trade in Value-Added[J]. Journal of World Business,2015,50(3):404-416.
[4] FOLD N. Value Chain Dynamics, Settlement Trajectories and Regional Development [J]. Regional Studies,2014,48(5):778-790.
[5] 魏龙,王磊. 从嵌入全球价值链到主导区域价值链:"一带一路"战略的经济可行性分析[J]. 国际贸易问题,2016(5):104-115.

行的产业组合,以实施更高水平的对外开放①。孙铭壕等基于多区域投入产出模型和UNCTAD-Eora数据库分析"一带一路"沿线国家1990—2017年的贸易增加值,认为新兴工业化国家的出口增加值增长最快,沿线最不发达国家并未参与全球价值链的生产体系,许多发展中国家出现"环节锁定"弊端,中国可与沿线国家构建新的"雁阵模式"②。陈健等则提出了中国主导"一带一路"区域价值链的路径,认为应该促进中国企业差异化发展,提高"一带一路"沿线投资水平,健全中国产业体系,完善"一带一路"沿线产业分工,同时加强基础设施建设,夯实经贸合作基础,扩宽市场空间,构建以中国为枢纽的"一带一路"沿线双向环流价值链,实现中国从外围到核心的转变③。此外,还有更细化的行业性研究,如李晨等关注了区域价值链中的水产品出口贸易④,刘永泉探究了木质林产品的区域价值链等⑤。这些成果显然为"一带一路"高水平建设和推进奠定了务实化研究的基础。

在中东欧国家(CEECs)参与区域价值链方面,国内尚无相关的直接研究,但早在2010年,英国《金融时报》就敏感地注意到德国经济在欧债危机中特立独行的增长表现,并发现了德国与中东欧邻国同步繁荣的现象,将其原因解释为德国与中东欧国家之间的供应链紧密整合⑥。马丁内斯(Martínez-Zarzoso I)等指出,中东欧国家加入欧盟对中间品和最终品的贸易产生了积极显著的影响。更深层次的一体化、贸易壁垒的消除增加了贸易体量,丰富了贸易品种。贸易成本下降有利于生产过程的细化分解,并可以更好地利用区域经济比较优势和区位优势⑦。格雷戈里·T(Gregori T)比较

---

① 钱书法,邰俊杰,周绍东.从比较优势到引领能力:"一带一路"区域价值链的构建[J].改革与战略,2017(9):53-58.
② 孙铭壕,侯梦薇,钱馨蕾,等."一带一路"沿线国家参与全球价值链位势分析:基于多区域投入产出模型和增加值核算法[J].湖北社会科学,2019(2):94-101.
③ 陈健,龚晓莺.中国产业主导的"一带一路"区域价值链构建研究[J].财经问题研究,2018(1):43-49.
④ 李晨,王丽媛.中国主导的"一带一路"沿线国家区域价值链构建研究:以水产品出口贸易为例[J].宏观经济研究,2018(9):72-84.
⑤ 刘永泉."一带一路"区域价值链的基本条件:基于中国木质林产品的分析[J].林业经济,2019(2):55-61.
⑥ ATKINS R, CIENSKI J. Germany Spreads Benefits of Revival to Neighbours in East [J]. Financial Times, 2010-11-12:6.
⑦ MARTÍNEZ-ZARZOSO I, VOICU A M, VIDOVIC M. CEECs Integration into Regional Production Networks. Trade Effects of EU-Accession. Paper Presented to the Conference on "Proceedings of the German Development Economics Conference"[R]. Berlin, 2011.

了保加利亚、捷克、匈牙利、斯洛伐克和罗马尼亚五国的竞争力,得出这五个中东欧国家差异度较小而产业价值链存在巨大的整合空间的结论①。肯特大学的范(Van Assche O)等探究了中东欧10国(CEECs-10)通过拆分价值链进行的生产共享,并认为这些国家确实可以被视为欧盟15国(EU-15)的深加工区域,中东欧10国出口的70%和进口的60%均来自欧盟15国,区域生产共享对贸易总量增加有影响,但不会带来国际贸易方面的结构性变化②。哥廷根大学的卡普兰(Kaplan L C)等研究中东欧10国加入欧盟后如何影响欧洲供应链和贸易的问题,认为CEECs国家向欧盟的低技能附加值出口出现了超比例的增长,这有利于新成员国和其他东欧国家(非欧盟成员国)更加深入地融入区域价值链③。克尔桑(Kersan-Škabić I)研究了欧盟成员国的全球价值链(GVC)参与指数,得出卢森堡、斯洛伐克和匈牙利是全球价值链中整合度最高的国家,而克罗地亚则是整合度最低的国家。他的研究显示,人均GDP、工资、FDI流入、研发支出等都对全球价值链(GVC)参与度有不同的影响④。

这些既有的区域价值链视角的研究无疑对于以产业和贸易角度深入研究中东欧国家的产业格局、技术来源、市场空间给予了很好的启示。而中东欧国家在经历了政治经济转型15年后,其在欧盟内部市场中究竟处于什么样的角色,这对于贸易总量近70%来自于欧盟内部贸易的欧盟的供应链完善不仅十分重要,对于中东欧国家自身经济转型,包括中东欧国家在欧盟中的地位也非常重要。

(三) 中东欧在全球价值链与欧洲区域价值链中的位置和角色

诚如在许多既有研究中已经分析和指出的那样,区域价值链并不是一种独立的自

---

① GREGORI T. Comparative Advantages in CEEC-5, in Suzana Laporšek and Doris Gomezelj Omerzel, eds. [M]. Managing Global Changes, Primorska: University of Primorska Press, 2016: 441-451.
② VAN ASSCHE O, RAYP G, MERLEVEDE B. The Weight of Regional Production Sharing Networks in the CEEC-10. Master Thesis, University Gent, 2011-2012.
③ KAPLAN L C, KOHL T, MARTÍNEZ-ZARZOSO I. Supply-chain trade and labor market outcomes: The case of the 2004 European Union enlargement[J]. Review of International Economics, 2018, 26(2): 481-506.
④ KERSAN-ŠKABIĆI. The drivers of global value chain (GVC) participation in EU member states[J]. Economic research-Ekonomska istraživanja, 2019, 32(1): 1204-1218.

我循环价值链,它首先是作为全球价值链的组成而存在的[注1]。从过去30年间全球价值链的总体发展情况来看,在经历了冷战结束后全球投资、贸易自由化与全球经济一体化和区域一体化的高速发展后,全球目前形成了欧洲德国、亚洲中国、美洲美国的全球三大价值链中心,而价值链的中心国也可以被认为是价值链"轴心",不仅在全球价值链中拥有足够的规模体量,更重要的是,价值链的中心国还是区域的经济增长驱动源,以其技术、资本、生产网络配套作为枢纽和支点,连接和整合所在区域的其他国家的边缘生产能力,进而辐射和覆盖区域与全球的生产与消费。

根据世界贸易组织新发布的《2019年全球价值链发展报告》,在整个欧洲,德国作为区域价值链的中心和枢纽的地位已经无可撼动。欧洲的区域价值链以德国为中心进行整合,而中东欧的捷克、匈牙利、斯洛伐克均在以德国为核心的区域价值链中有所体现。波兰在2000年时榜上有名,在2017年却已经逐渐落后。虽然在过去的15年间,中东欧国家通过融入欧盟,其经济规模有了持续的增长,但与英国、法国、意大利、西班牙、荷兰等传统工业化国家相比,在欧洲区域价值链中的体量目前还比较小(见图2-18)。

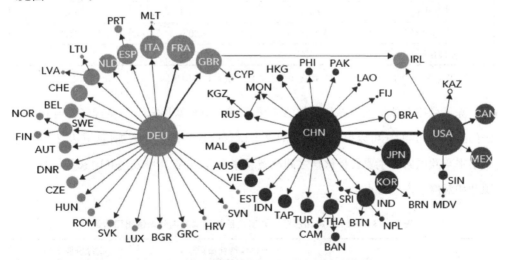

图2-18 2017年传统贸易网络(所有商品和服务)

资料来源:2019年全球价值链发展报告。

注1 历史上出现过极端区域价值链的特征,如冷战期间苏联以"经互会"形式和苏制标准组织和架构前苏东地区区域生产体系,并形成了与世界几乎割裂的区域性价值链。

全球价值链的总参与度,包括前向参与度与后向参与度,是反映一个国家参与全球价值链并在其中依据产业能力参与全球分工和区域分工的数据量化指标。我们采用WTO增值数据来计算中东欧的波兰、匈牙利、捷克和斯洛伐克四国参与全球价值链的指数(见表2-22)后发现,四国的这一指数均高于发展中国家与发达国家的平均水平。这表明转型后的四国已经非常充分地融入了全球价值链。这四国的总参与度由高到低排列,分别为斯洛伐克、匈牙利、捷克和波兰。前三者的后向参与度远高于前向参与度,表明斯洛伐克、匈牙利、捷克三国是以加工贸易作为参与全球价值链的主要途径,其特点是进口中间品后经过加工装配工序再出口,这也对分析四国在区域价值链中的参与度和角色具有极大的参考价值。

表2-22 波匈捷斯2015年GVC参与度指数(占总出口额的百分比)

国家/地区	GVC总参与度指数	前向参与度指数	后向参与度指数
波 兰	48.1	21.5	26.6
匈牙利	59.2	16.2	43.1
捷 克	58.6	19.4	39.3
斯洛伐克	63.6	18.8	44.8
发达国家	41.4	20.0	21.4
发展中国家	41.4	20.8	20.6

注:作者根据WTO增值和全球价值链中的贸易统计资料计算得出。

除了采用全球价值链参与指数的方法来观察中东欧国家对于全球经济与区域经济的融入外,我们还可以根据中东欧国家出口目的地和国内外增加值(见表2-23)来观察中东欧国家与主要贸易伙伴之间的贸易紧密度,并在其中发现其国家贸易顺差来源和相对应的产业特点。

表2-23 2015年波匈捷斯主要出口目的地国的内外增值出口含量

国 家	出口目的地	占合作伙伴出口总额的百分比			占经济体出口总额的百分比	
		国内增值	国外增值	总 计	国内增值	国外增值
波 兰	1. 德国	73.2	26.8	100.0	16.3	6.0
	2. 英国	72.4	27.6	100.0	4.7	1.8
	3. 法国	73.8	26.2	100.0	4.5	1.6

(续表)

国　家	出口目的地	占合作伙伴出口总额的百分比			占经济体出口总额的百分比	
		国内增值	国外增值	总　计	国内增值	国外增值
匈牙利	1. 德国	54.4	45.6	100.0	11.0	9.2
	2. 美国	55.6	44.4	100.0	4.1	3.3
	3. 奥地利	63.5	36.5	100.0	3.2	1.8
捷克	1. 德国	59.5	40.5	100.0	14.8	10.1
	2. 斯洛伐克	62.3	37.7	100.0	4.3	2.6
	3. 波兰	64.5	35.5	100.0	3.8	2.1
斯洛伐克	1. 德国	53.7	46.3	100.0	9.6	8.3
	2. 捷克	58.4	41.6	100.0	6.0	4.3
	3. 匈牙利	57.2	42.8	100.0	3.7	2.8

资料来源：根据WTO增值和全球价值链中的贸易统计资料计算得出。

数据分析结果显示，毫无疑问，波兰、匈牙利、捷克、斯洛伐克的第一大出口目的地都是德国。除了匈牙利以外，中东欧四国的出口目的地主要集中在欧洲内部。捷克、斯洛伐克之间由于天然的历史渊源，彼此互为重要的贸易伙伴。波兰的贸易仍主要依靠西欧发达国家，但由于产业结构问题，其出口增值能力显然低于匈牙利、捷克和斯洛伐克三国。需要指出的是，匈牙利的第二大出口国为美国，并同时与法国、意大利、奥地利有规模不小的贸易往来（见图2-19）。这表明，近年来匈牙利致力于开放的投资政策，吸收各类国际资本，促进国际贸易的多样化，取得了一定的效果，也可以在一定程度上反衬出匈牙利在政治表现上的"另类"。

从贸易的指向性与价值链的形成角度看，斯洛伐克的关键贸易联系仅限于德国和捷克，捷克的关键贸易联系仅限于德国、波兰和斯洛伐克，而波兰由于有较大的地域活动空间和产业互补性特色，其对外贸易联系更加多元化，不仅与德国、英国形成双回路贸易关系，还与俄罗斯发生部分贸易联系。因此，从区域价值链的构造上来看，在中东欧四国中，斯洛伐克和捷克更加围绕于以德国为核心的区域价值链，波兰则较为离散，而匈牙利更多地以全球价值链为参与对象，不局限于欧洲市场的贸易联系，充分利用全球资源也是其近年来经济增速较快的重要原因之一。

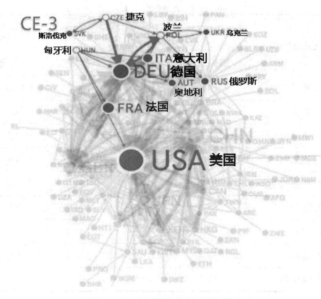

图 2-19　中东欧关键贸易联系

资料来源：国际货币基金组织。

在宏观比较层面进一步观察中东欧四国自转型以来对于全球价值链的参与，我们可以发现，就平均水平而言，斯洛伐克、匈牙利、捷克和波兰相较于发达的德国、瑞典、韩国和日本而言，出口行业在全球价值链中参与程度更高（见图 2-20）。这表明，经济转型过程中，这些国家计划经济时代的产业基础已经在解构中再次完成了体系性的整

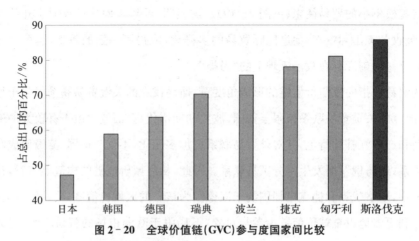

图 2-20　全球价值链（GVC）参与度国家间比较

资料来源：国际货币基金组织。

合。中东欧四国凭借地理区位优势和低成本的熟练劳动力,在转型中充分融入了以德国为核心和产业引领的区域价值链体系,匈牙利和波兰还分别通过多元化来部分融入全球价值链体系。但中东欧四国在区域价值链中是以进口中间品再加工出口的角色出现的,体现了其产业结构对于区域价值链的依赖性和被动性。

(四) 中东欧四国进出口的产业结构特点分析

分析一个国家的出口行业增加值,不仅可以观察一个国家的产业竞争力,还可以对一个国家进行以产业链和价值链为观察视角的结构性链接分析。从数据分析的结果来看,中东欧四国的出口主要集中在批发和零售贸易、运输和仓储、机动车、计算机和电子产品这些典型的行业。从四国的数据分析比较来看,匈牙利、捷克、斯洛伐克的机动车、计算机和电子产品国外增值部分较大,均在50%以上(见表2-24)。这与这三国积极参与和融入以德国为核心的区域价值链有直接的关联。位于波兰出口前两位的行业是传统的批发和零售贸易、运输和仓储,且波兰的出口结构中绝大多数是国内增值部分,国外增值部分较少。这说明,波兰和其他三国出口相比,其产业复杂度低并较少参与欧洲以德国为核心的区域价值链。值得注意的是,机动车行业国外增加值较高是波兰、匈牙利、捷克和斯洛伐克四国共同的特征。虽然波兰的机动车出口国外增值不如其他三国,但却是三大主要出口行业中增值最高的行业。这个特征说明,德国领先全球的机动车制造价值链不仅已经通过产业整合嵌入中东欧地区,还成为中东欧国家参与欧洲区域价值链并获得可观收益的主要行业渠道。从这个角度而言,德国保持和维护其机动车在全球价值链中的领先地位不仅对德国经济至关重要,对中东欧地区的经济稳定增长也有直接关联性。

表2-24 2015年波匈捷斯主要出口行业国内外增值出口含量

国家	行业	占行业总出口的百分比			占经济体总出口的百分比	
		国内增值	国外增值	总计	国内增值	国外增值
波兰	1. 批发和零售贸易	88.5	11.5	100.0	11.9	1.6
	2. 运输和仓储	81.6	18.4	100.0	7.5	1.7
	3. 机动车	60.7	39.3	100.0	5.3	3.5

(续表)

国家	行业	占行业总出口的百分比			占经济体总出口的百分比	
		国内增值	国外增值	总计	国内增值	国外增值
匈牙利	1. 机动车	45.6	54.4	100.0	11.0	13.1
	2. 计算机和电子产品	35.8	64.2	100.0	3.4	6.1
	3. 运输和仓储	73.3	26.7	100.0	5.5	2.0
捷克	1. 机动车	45.7	54.3	100.0	11.1	13.2
	2. 计算机和电子产品	44.8	55.2	100.0	3.1	3.8
	3. 运输和仓储	78.9	21.1	100.0	5.3	1.4
斯洛伐克	1. 机动车	40.4	59.6	100.0	11.3	16.6
	2. 批发和零售贸易	81.2	18.8	100.0	6.4	1.5
	3. 计算机和电子产品	34.2	65.8	100.0	2.6	5.1

注：本表格由作者根据WTO"增值和全球价值链中的贸易：统计资料"自制。

除了对于以行业为观察视角的产业链和价值链结构进行分解分析外，通过对出口总值的细化分解，更可以解释一个国家当下的产业结构性特征。从数据分析的结果来看，目前中东欧国家中捷克、匈牙利、波兰和斯洛伐克的服务对总出口增加值的贡献相对较低，远远不如制造业。传统上，根据20世纪90年代流行的"微笑曲线"原理，在全球分工的生产过程中，设计、研发和营销等服务活动能够比制造活动产生更高的收益。但近些年来，由于专业化程度的进一步深化，特别是初级制造产业全球转移的停滞，高水平的专业化制造所体现的增加值正在显著提升，使"微笑曲线"开始出现明显的修正而向"武藏曲线"转化[注1]。虽然波兰、匈牙利、捷克和斯洛伐克四国的服务业在总出口和出口国内增加值的份额表现上相较于欧洲其他国家处于最低水平，与卢森堡、希腊这些服务业对出口的国内增加值的贡献上远超工业的国家相比，更是看似产业结构老化、产业固化（见图2-21），但正是由于中东欧四国，特别是匈牙利、捷克和斯洛伐克拥

注1 "武藏曲线"由日本索尼中村研究所的中村末广在2004年提出。该研究所对于日本企业的实证研究结果显示，专业化的组装、制造具有较高的利润，而零件、销售、服务端反而利润低。"武藏曲线"的出现是为高端的专业化制造"正名"的开始。近些年，全球的高端专业化制造越来越体现出"武藏曲线"所描述的产业特征。半导体光刻机的设备生产就是一个典型案例。全球唯一的半导体光刻机生产公司荷兰ASML的独家市场达年均20亿欧元。而且，作为设备供应商，该公司还有挑选客户的权力，而这是在全球价值链专业细分之前绝少发生的。

有相对高水平的专业化制造业,其在以德国为核心的区域价值链中有着不可或缺的位置。因此,无论是欧债危机还是危机后全欧洲的缓慢复苏,中东欧四国的经济发展均超过欧盟的平均增长水平。其内在原因就是中东欧四国搭载的是德国价值链,而不是欧洲价值链,可以透过德国全球价值链的扩张能力而免受欧洲内部经济下滑的影响。中东欧四国,特别是捷克,一直保持着较低的失业率,其中中高端制造业相对稳定的高收入持续拉动了社会服务需求的增长。这个通过数据验证获得的结论在某种程度上推翻了经济增长路径发展的逻辑假设,即经济的可持续增长的检验指标是一个国家的产业结构变化——从制造业持续向服务业比例提升的转化。中东欧国家搭载的德国价值链中相对专业的制造能力其实已经成为其经济的"稳定器",并进一步提升了其在欧盟内部的其他"议价"能力。

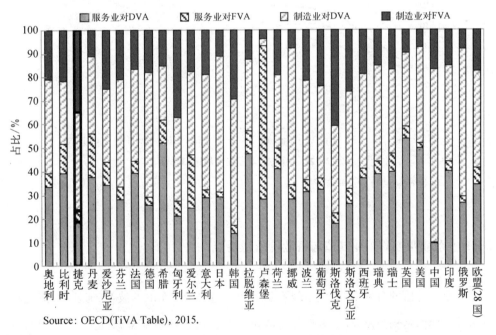

图 2-21　全球部分国家出口总值的分解

资料来源:国际货币基金组织。

除了可以从出口总值的分解来观察一个国家在区域价值链和全球价值链中的角色外,进口本身也是一个可以入手的视角。从历史数据来看,自 2013 年起,产业转型中的波兰、匈牙利、捷克和斯洛伐克开始持续扩大其在全球市场中的进口比例。其中,波兰增长最快,进口指数增长了35%(见图2-22)。考虑到波兰的经济和产业结构特点,可以认为这种增长是基于波兰国内购买力增加后对于高档最终制成品的需求的增加,更多的是经济水平提升的表现。捷克、匈牙利和斯洛伐克则不同,除了典型意义的国内消费需求增长外,进口得更多的是中间品,是为了制成后再出口。因此,从进口增长需求不同的角度也可以看到该三国融入德国主导的区域价值链的产业切入深度的不同。

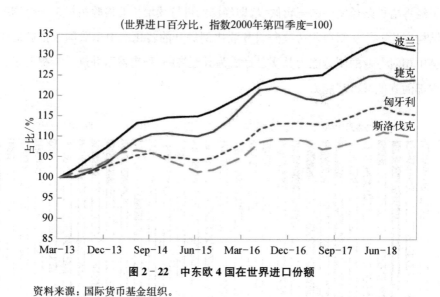

图2-22 中东欧4国在世界进口份额

资料来源:国际货币基金组织。

(五)中东欧四国的工业制造与行业价值链特点

从出口总值的分解中,我们已经看到工业制造对于中东欧的波兰、匈牙利、捷克和斯洛伐克四国是相当重要的,不仅是这些国家外汇收入的主要来源,也是它们吸收就业、扩大消费与服务需求的基础。波兰、匈牙利、捷克和斯洛伐克四国比较来看,捷克、斯洛伐克和匈牙利的工业制成品产出自2016年至2019年基本保持持续增长,虽然中间有所波动,但相较于波兰的锯齿形大幅波动,还是较为稳定的(见图2-23)。值得注意的是,一直稳定增长的捷克工业制造指数在2018年年底达到顶点后,从2019年开始出现微幅回落。这个现象的出现是与德国出口回落同步的。这个拟合的正相关性可以进一步解释和说明,捷克作为德国在中东欧最大的"离岸工厂",其产业链已经完全嵌入德国价值链,德国经济的波动将影响捷克等中东欧国家的经济产出和价值链扩张。

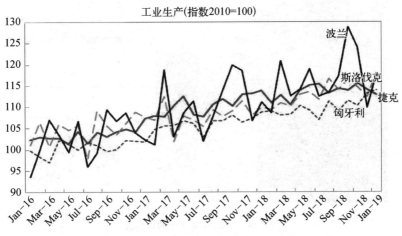

图 2-23　中东欧四国工业生产(指数：2010 年＝100)

资料来源：国际货币基金组织。

汽车行业不仅对德国,对中东欧四国也是绝对重要的产业(见图 2-24)。虽然四国的汽车总产量在全球来看刚过 1%,但是汽车行业占四国国内生产总值的比例较高,其中捷克占 4.9%,匈牙利占 7%。捷克目前是全球最开放的经济体,出口总额占国内生产总值的 80%,其中三分之二为国内增加值。捷克紧密地融入区域供应链,并高度集中在汽车行业。而汽车整车则是匈牙利的最大出口产品,其次是汽车零部件和火花点火发动机,占全部出口的 16%[①]。

解析德国汽车行业的供应链(见图 2-25),可以清楚地看到,在欧洲,除了意大利和法国以外,波兰、匈牙利、捷克和斯洛伐克是德国最大的贸易关系伙伴。其中,波兰几乎 98%的汽车生产用于对外出口,其中最大的市场是德国。波兰是德国大众汽车的东欧重要基地,拥有德国大众在欧洲最重要的两个发动机厂。此外,波兰制造的汽车配件,如轮胎、汽车电子产品、座椅等广泛用于奔驰、大众等德国车企,以及

---

① 国际货币基金组织. 捷克 2019 年第四条磋商报告[R/OL].[2020-01-15]. https://www.imf.org/en/Publications/CR/Issues/2019/06/12/Czech-Republic-2019-Article-IV-Consultation-Press-Release-and-Staff-Report-46989.

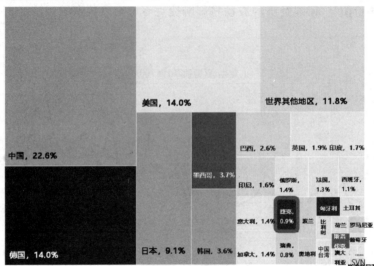

图 2-24 全球汽车行业的重要性

资料来源：国际货币基金组织。

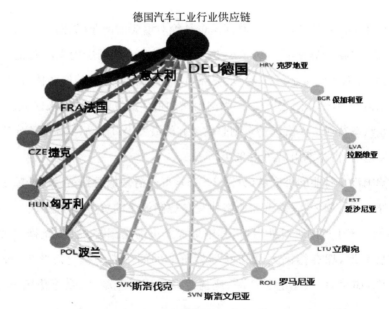

图 2-25 德国汽车工业行业供应链解构图（箭头与国家之间的名义 GVC 贸易流量成正比）

资料来源：国际货币基金组织。

法国、意大利等国的汽车企业。德国博世公司在匈牙利设立的公司是全球最大的汽车电子部件生产中心,匈牙利奥迪公司是匈牙利最大的出口企业。而捷克的汽车出口和国内销量最高的原因是因为捷克拥有斯柯达百年品牌,且其母公司已经为德国大众收购。斯洛伐克是大众集团的高档车制造基地,旗下途锐、奥迪 Q7、保时捷卡宴的车身均在斯洛伐克生产①②。德国汽车工业的区域化生产表明,德国的汽车工业经历了行业竞争的充分整合后,其区域一体化和区域价值链的特征已经完全显现。单就汽车行业本身而言,德国已经不再是传统意义上的全产业链国家。

深入融入以德国为首的区域价值链中,并且以汽车等工业制成品为主要出口商品,使得波兰、匈牙利、捷克和斯洛伐克四国的经济易受外部需求下降的影响。而从汽车行业价值链的特点来看,其投入资金量大、技术复杂程度高且需要较长的产品研发周期,因此,波兰、匈牙利、捷克和斯洛伐克这些相对较小规模的开放经济体只能作为增值较低的装配中心而存在。中东欧国家如果要在未来提升其在区域价值链中的位置,就必须改变依赖外部因素的装配中心的角色,并提升其在区域价值链和全球价值链中的能力。而这除了政府的政策支持外,高素质的劳动力和劳动力市场基础、强大的研发和创新能力改造将显得无比重要。

(六) 中东欧四国劳动力市场与研发创新潜力

分析比较波兰、匈牙利、捷克和斯洛伐克的劳动力参与率可以发现,四国的劳动力参与率自 2013 年起都稳步上升,若要由高到低排列,则为捷克、斯洛伐克、匈牙利和波兰。虽然目前四国的平均水平依然低于欧洲表现最好的国家德国,但四国中表现最好的捷克已经接近奥地利并向德国靠近(见图 2-26)。同时,从困扰全欧洲的失业率角度看,中东欧四国的失业率自 2013 年以来逐年下降,除斯洛伐克外,捷克、匈牙利和波兰的失业率在欧盟均位于最低水平,三国平均水平低于 4%,而捷克的失业率甚至达到了令人吃惊的 2% 左右(见图 2-27、图 2-28)。中东欧四国集体出现的劳动参与率

---

① 中东欧国家汽车产业国别研究[R/OL]. [2020-01-12]. https://www.sohu.com/a/287779615_120058056.
② 东欧汽车产业的全球化解读[R/OL]. [2020-01-12]. http://finance.china.com.cn/roll/20150821/3303621.shtml.

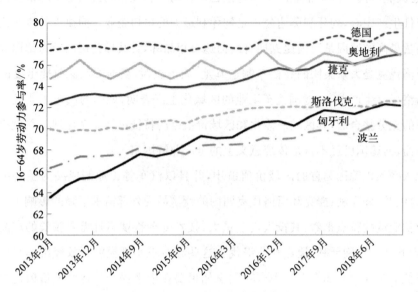

图 2-26　16—64岁劳动力参与率

资料来源：国际货币基金组织。

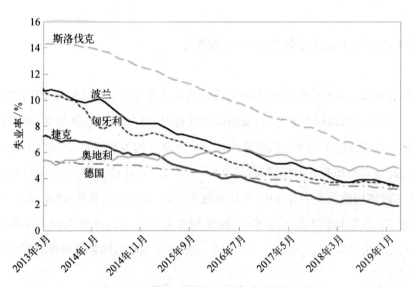

图 2-27　德国、奥地利与中东欧国家失业率

资料来源：国际货币基金组织。

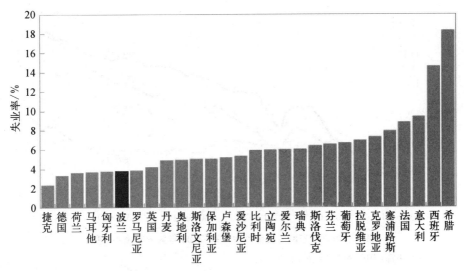

图 2-28 2018 年第三季度欧盟的失业率

资料来源：国际货币基金组织。

提升与低失业率，不仅在经济表现上为传统发达的西欧国家做出劳动力市场"另类样板"的表率，在政治上也必然会提升中东欧国家对于"政治正确"的底气，不会担心国内民众支持率的下降。这在一定程度上也可以解释为什么目前"维谢格拉德"集团国家因为各自不同的诉求，经常在欧盟各种议题上发表自己独立的声音，以显示自身的强大存在。

　　经济学已经反复提示和证明，检验一个国家经济和社会可持续增长或者经济转型是否成功的最重要的指标就是社会劳动生产率。根据这项关键指标，自 2004 年四国加入欧盟以来，其总体劳动生产率是持续提高的。虽然 2008 年的全球金融危机影响使得中东欧四国的劳动生产率出现了"拐点性"回落（其中，波兰由于经济内向，受到影响较小），但令人奇怪的是，自 2010 年以来，在欧洲国家全面受到欧债危机冲击，经济出现下滑，劳动生产率下降的大背景下，身处欧洲的中东欧转型四国的劳动生产率却逆势而上，完全没有受到影响（见图 2-29）。其中的重要原因如同以上解释一样，就是由于中东欧四国在经济转型过程中不断通过德国来融入区域价值链，同时注重产业链的配套，稳定制造业实体经济发展，公共债务控制良好。除了匈牙利由于阶段性的金融、地产泡沫的影响而出现劳动生产率滞后外，另外三国均沿着实体经济优先发展的路径进行经济转型，而这个经验对于后发经济转型国家是具有极大的借鉴价值的。

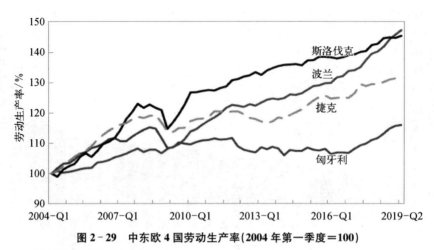

图 2-29 中东欧 4 国劳动生产率（2004 年第一季度＝100）

资料来源：国际货币基金组织。

劳动生产率的提高，其因素非常复杂，或是来自于技术创新进步的驱动，或是来自于管理水平的提升和产业流程的优化。而从全球比较范围而言，虽然波兰、匈牙利、捷克和斯洛伐克四国在区域价值链中参与度很高，但这种参与目前带来的增加值仍然较低。四国在价值链中所从事的工作多为知识密集程度较低、所需技能中等的行业（如汽车行业的大规模装配）。因此，在通过参与区域价值链和全球价值链、体现国外最终需求而维持大量工作岗位的行业中，四国每位工人所创造的增加值目前还是低于欧洲发达国家的水平（见图 2-30）。从这个角度看，中东欧四国目前转型阶段的劳动生

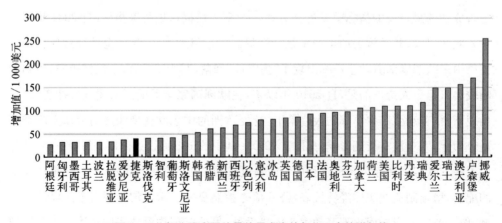

图 2-30 部分国家国外最终需求中的每位工人的增加值

资料来源：经济合作与发展组织。

率提升贡献,更多是来自管理与产业流程的优化,其技术进步创新的影响因素还相对有限。

虽然目前中东欧四国的劳动力市场比较活跃,但从劳动力的结构看,中东欧四国也存在相当的隐忧,主要表现在劳动技能方面。从数据分析上看,波兰的高技能就业人数增幅较大,匈牙利的高、中等技能的就业人数增加较少,捷克仅有小幅的高技能人数增长,而斯洛伐克也表现为中等技能就业人数增长(见图2-31)。这个结构性问题存在的原因其实已经超越了劳动力市场本身,涉及国家的教育与创新体系储备,当然也会更长期地影响中东欧四国在区域价值链与全球价值链中的能力。因此,未来中东欧四国的劳动生产率是否还可以继续保持提升?未来劳动力供给是否适合区域价值链和全球价值链中竞争的需要?这些问题尚需时日进行进一步检验并作出回答。

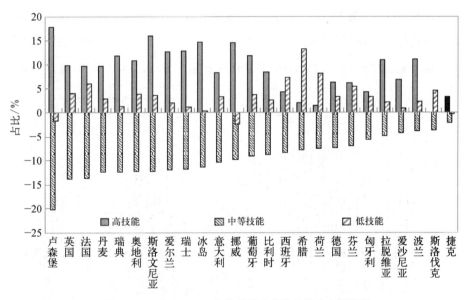

图2-31　1997—2017年按技能分类的总就业人数份额
资料来源:国际货币基金组织。

此外,从欧盟范围内的劳动力市场变化的外部影响来看,德国政府2019年通过了《专业人才移民法》①,将向非欧盟国家的高技能工人开放本国的劳动力市场。这也会

---

① 德国专业人才移民法 2020 年 3 月生效 签证审批将提速[R/OL]. [2020-01-15]. http://www.chinaqw.com/hqhr/2019/12-23/240671.shtml.

对中东欧国家的劳动力市场造成结构性冲击，四国国内的高素质劳动力，包括来自乌克兰等国的技术移民工人，可能会更倾向于选择德国的相对高收入的就业岗位。但这种情况是否会发生规模性效应，目前还有待观察。

教育对劳动力市场供给的影响显然是长期的、隐性的。中东欧四国在计划经济时代一直享有较高水平的公共教育，但从欧洲范围内的教育公共支出占 GDP 比例而言，目前，匈牙利、波兰位于欧盟 28 国的中游水平，而捷克和斯洛伐克则低于欧盟的平均水平(见图 2-32)。其中，捷克对教育的公共投入非常复杂。理论上，捷克有大量的外汇盈余，政府公共债务水平极低，对于人力资本和社会保障投入有大量的财政空间。但捷克目前对于教育的公共投入恰是中东欧四国中最低的。2019 年《欧洲可持续发展报告》(Europe Sustainable Development Report)[注1] 的数据显示，在实现联合国 2030 年可持续发展议程设定的 17 个目标上，捷克排名第七，其在消灭贫困、劳动保障和经济增长等指标上表现得非常抢眼，但是在优质教育供给上却停滞不前。另外，"第三次国际数学和科学研究"(TIMSS)的考试结果数据[注2] 显示，虽然捷克的教育公共投资

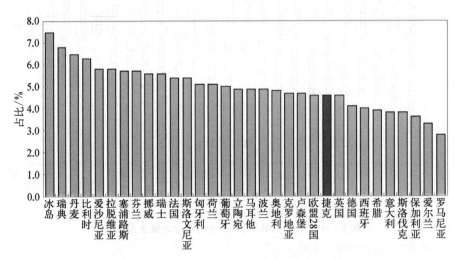

图 2-32 欧洲 2017 年教育公共支出

资料来源：国际货币基金组织。

注1 即哥伦比亚大学经济学家杰弗里·萨克斯(Jeffrey Sachs)领导专家小组发布的《欧洲可持续发展报告》(Europe Sustainable Development Report)。

注2 可见第三次国际数学和科学研究(TIMSS)网站(https://timssandpirls.bc.edu/timss-landing.html)。

低于西欧国家,但捷克学生的考试成绩却胜过大部分西欧学生,而教育投资较大的美国、丹麦的排名却不理想。当然,从教育评估的全面性来看,考试成绩不是唯一的衡量指标。捷克共和国是目前欧洲校际分化程度最高的国家之一,教育存在极大的不平等和差异化①。捷克教育、青年和体育部制定的战略计划是《2011—2015年高等教育学校的学术、科研、发展、创新、艺术和其他创造性活动的战略计划》[注1],其根据捷克目前的国内产业人才需求,重视职业教育,推行"职业技术鸟巢计划"。因此,捷克的高等教育目标已经不再是研究型教育和培养社会精英、科学家,而是转向教导可以普遍适用于各种工作和劳动的动手技巧②。而这教育目标和模式的转变在很大程度上也是受到德国"二元制"教育模式的影响。但遗憾的是,捷克没有德国如此众多的高水平研究性大学以及历史悠久的科研机构,这可能为其未来的技术领域高端研发埋下投入不足的隐忧。

有关研究表明,产品出口质量与研发支出具有一定的相关性。而从国际比较的角度看,目前,波兰、匈牙利、捷克和斯洛伐克四国的出口质量和研发支出均低于德国、瑞典、日本和韩国等制造业发达国家。虽然从产品出口质量看,目前中东欧四国与全球先进制造业国家的差距不算太大,但研发与创新支出占GDP比重却明显落后于德国、瑞典、日本和韩国(见图2-33)。这不仅对于国内本土技术的可持续提升具有长期负面影响,同时也显示中东欧四国本身目前并不是区域与全球的技术驱动国,其相对质量高的制造是建立在德国技术体系上的,或者更直接地说,中东欧四国目前是作为德国"离岸工厂"而存在的典型[注2]。

从创新驱动的总体比较上看,根据"2019年度彭博创新指数"(2019 Bloomberg Innovation Index)[注3]依据研发强度、制造业附加值、劳动生产率、高科技密度、高等教

---

① STRAKOVÁ J, TOMASEK V, WILLMS J D. Educational Inequalities in the Czech Republic [J]. Prospects: Quarterly Review of Comparative Education, 2006, 36(4): 517-527.
② PAVELKA. Trends Emerging on the Czech Higher-education Market and their Influence on the Employability of Graduates in Practice since 1989 [J]. Procedia-Social and Behavioral Sciences, 2014, 139: 87-92.

注1 可见捷克教育、青年和体育部网站(http://pdc.ceu.hu/view/source/Ministry_of_Education,Youth_and_Sports,_Czech_Republic.html)。
注2 学者们已经注意到德国"离岸工厂"在全球和中东欧的先发优势,具体研究可见 BEISSINGER T, CHUSSEAU N, HELLIER J. Offshoring and labour market reforms in Germany: Assessment and policy implications[J]. Economic Modelling, 2016, 53: 314-333.
注3 相关信息可见《德国几乎抓住韩国作为创新冠军的篮板球》(https://www.bloomberg.com/news/articles/2019-01-22/germany-nearly-catches-korea-as-innovation-champ-u-s-rebounds)。

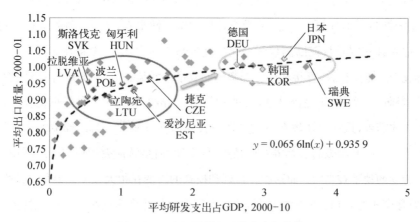

图 2-33 出口质量和研发支出相关性

资料来源：国际货币基金组织。

育率、研发人员密集度和专利活动这 7 个指标对全球 60 个国家或地区进行的排名，中东欧四国的创新指数排名依次为波兰（第 22 名）、捷克（第 25 名）、匈牙利（第 32 名）、斯洛伐克（第 39 名）。而全球的创新指数排名中，韩国排第 1 名，德国排第 2 名，中国排第 16 名。由于看到自身的发展短板，波兰政府近年来积极调整产业发展导向，大力支持高科技产业，如航空航天、电动汽车等，高科技产业集群已经初现端倪，并为中东欧国家的创新转型树立了典范。

在全球激烈的新一轮科技创新中，除了已经积极行动的波兰外，捷克也显然感到了创新不足带来的压力，于 2019 年 2 月批准通过《捷克共和国创新战略 2019—2030》（Czech Republic Innovation Strategy 2019—2030），开始高度重视研发和创新。该战略包含 9 个战略发展支柱，政府保证在 2020 年将研发（R&D）投入占 GDP 比例提升到 2%，直至 2030 年提升到 3%。同时，捷克也注意到自身市场开放、中小企业竞争力充沛的优势，强调通过研发整合、公私机构互动补充的方式，力争将捷克打造为研发之国、技术之国、创业之国和数字之国[注1]。同样，匈牙利在 2018 年新政府成立后也建立了新的创新和技术部，积极推动匈牙利科学院的内部改革，并确定了健康医疗、汽车与机械工业、清洁能源、环境、健康食品和农业六个领域的创新驱动，努力提升国内目前

注 1 具体报告内容可见捷克共和国政府办公室发布的《捷克共和国创新战略 2019—2030》（https://www.vyzkum.cz/FrontAktualita.aspx?aktualita=867990）。

不到1.4%的研发投入向高水平提升。同时，匈牙利注意到自身劳动力市场的特点和经济转型需要，参照德国和奥地利职业教育标准，积极贯彻职业教育4.0战略，并在2019年初启动超高速互联网2.0建设计划，力求为匈牙利的数字化和智能化发展做好准备[注1]。而斯洛伐克由于先天的研发积累和资金缺陷，其在研发和创新方面一直处于弱势地位。根据斯洛伐克研究与开发活动组织（SOVVA）的分析，斯洛伐克的创新一直取决于欧盟的资金支持，高达89.1%的外国资源来自于欧盟，占所有国内研发资源的39.4%，其创新体系、研发投资都不如其他三国。运营计划研究与创新项目（OPRI）是斯洛伐克研发部门的主要资金来源，在共计39.88亿欧元的研发经费中，欧盟研发基金（ERDF）就资助了22.26亿欧元[注2]。因此，战略认知缺乏、科技积累不够、可持续的投入资金不足、研发环境有待优化这些问题的存在，目前已经构成中东欧国家创新发展以及提升经济层级和全球价值链中收益的普遍难题。

自加入欧盟15年以来的经济转型过程中，中东欧波兰、匈牙利、捷克和斯洛伐克四国受益于靠近西欧市场的地理位置、低成本的劳动力市场、发达的供应链基础和周围经济体的产业聚集效应，深度参与和高度整合了全球价值链与区域价值链。在以德国为核心的产业链切入基础上，中东欧四国的产业链和欧洲区域中的意大利、法国、英国等紧密联系，产生了区域价值链紧密合作共同体，同时形成了以技术吸收为导向、劳动生产率提升为基础、低失业率为支撑的良性"经济转型"。分析中东欧四国入盟后的经济转型和经济结构转变，可以从如下几个方面认真思考和探究。

首先，区域价值链作为全球价值链的有效组成，其产生和发挥产业协同效应是需要前提条件的，其中，技术、资本、制造配套、劳动力和全球价值链能力的有机组合是核心要素。而就中东欧四国与德国产业整合形成的区域价值链特点角度看，德国这一以技术与资本为依托的主导国和驱动国的作用是明显的。德国强大的产业基础和全球价值链能力的存在是区域价值链形成的必要前提。同时，作为区域价值链的重要参与者，中东欧四国既有的产业配套基础、开放的市场与适度的劳动力技能是其可以融入以德国为核心的区域价值链的充分条件，而两者融合共同发生作用的充分必要条件满

注1 具体报告可见《匈牙利创新行业投资者概况》（https://hipa.hu/images/HIP/Innovation%20sector%20overview.pdf）。

注2 欧盟"地平线2020"研发和创新资助计划网站（https://esrc.ukri.org/research/international-research/horizon-2020/）。

足才是实现区域价值链效应放大的原因。因此,就区域价值链的建设,特别是对于中国目前推动的"一带一路"高质量建设而言,欧洲区域价值链的形成要素和内在条件约束分析具有典型意义。中国应该在"一带一路"建设中更注重区域价值链的建设和生产性基础要素条件的改善。作为与德国并列的全球三大价值链中心之一的中国,有机会利用自身的全球价值链的产业能力,带动"一带一路"区域价值链的建设与发展。但这个区域价值链的良性发展更需要有来自产业链间的有机结合而产生溢出、共赢效应。

其次,中东欧四国的长期经济转型与所取得的成就,特别是其以实体制造业为切入点、融入德国产业链和区域价值链的经验证明了经济转型本身没有教科书上的经验可以借鉴。优先发展制造业、抑制金融和虚拟经济服务业曾被认为是不符合经济增长内在长期逻辑的。但中东欧四国的经济转型历史如今突出地向世界证明了实体经济与中高端制造业的极端重要性。它们是一个国家经济发展的"压舱石"和"稳定剂"。特别是在当下技术革命变革和全球贸易保护主义氛围中,制造业不仅因为进一步受到专业化和细分化的影响而在提升自身的附加值,同时也在更广泛的意义上增加民族国家自身的"政治话语权"[注1]。此外,中高端制造业所负载的全球与区域价值链能力也作为国家对抗各种内外危机的"硬核工具",其对经济社会稳定能够提供超越经济价值的溢出功能。而这一点在中东欧国家经历2008年全球金融危机、2010年欧债危机,包括今天的中美贸易战中,都再次凸显了制造业对于国家经济的核心战略价值。

最后,虽然目前中东欧四国的经济社会发展表现优异,经常被誉为"转型优等生",但是,应该客观地看到,波兰、匈牙利、捷克和斯洛伐克在区域价值链中后向参与度更高,多为加工制成品再转出口的产业配套,使其无法减少对西欧的贸易、市场、资本、技术的高度依赖。四国的优势产业,也可称为国民经济的命脉——汽车行业也完全依赖于德国的知名车企提供的订单。而这种劳动密集型增长模式在新技术革命的背景下将变得越来越难以持续和维护,极易受到来自新技术本身变革(如智能制造、无人工

注1 制造业受专业化影响而逐步提高其中全球价值链中的收益,使得"微笑曲线"开始向"武藏曲线"进行变化,不仅已经被德国、日本的产业实践所证明,同时一个国家因制造业能力的全球存在,其对外部冲击有明显抗压能力,进而获得更多的"政治话语权"也在中美贸易摩擦中得到验证。有关制造业因专业化影响而提升收益进而修正"微笑曲线"的进一步研究与讨论,可见世界贸易组织《2019全球价值链发展报告》(https://www.wto.org/english/res_e/booksp_e/gvc_dev_report_2019_e.pdf)。

厂、机器人技术进步等)的深刻影响。此外,从长期可持续发展的角度看,中东欧四国目前的教育、研发和创新的投入依然薄弱,优质劳动力供给长期保障不足。而在这个背景下,中东欧国家如何面对以5G、云计算、物联网、人工智能等新技术为发展方向的全球新一轮技术革命,并在新一轮的竞争中维护和提升自身在全球价值链与区域价值链中的地位,显然是一个极具挑战性的问题,值得进一步探究。

因此,就中东欧四国入盟15年的阶段性进步而言,其取得的长足进步,无论是基于其融入欧盟市场与德国产业链所取得的成功,还是其准确把握全球化历史机遇和自身产业定位,并在全球价值链与区域价值链中积极努力地寻求嵌入和融入,显然都是值得赞扬和称道的。但从经济转型到可持续成长,再到引领创新驱动,显然是没有终点的国家发展持续竞争力的竞赛。而就走向繁荣这个终极目标而言,中东欧国家经济社会的转型显然还是"未完成的革命"。

(七) 结论

长三角一体化建设与中东欧区域价值链相类似,均呈现出区域联动的发展特征,并在此基础上形成一个主导经济体与多个经济体的协调互动,充分发挥各方面的比较优势和要素禀赋,构建区域联动发展的新格局。

首先,提升上海的服务功能,发挥上海的中心城市辐射作用,引领长三角一体化发展。要围绕国际经济、金融、贸易、航运和科技创新"五个中心"建设,着力提升上海作为大都市的综合经济实力、金融资源配置功能、贸易枢纽功能、航运高端服务功能和科技创新策源能力,有序疏解一般制造等非大都市核心功能,形成有影响力的上海服务、上海制造、上海购物、上海文化"四大品牌",推动上海品牌和管理模式全面输出,为长三角高质量发展和参与国际竞争提供服务。

其次,发挥苏浙皖地区的比较优势,强化分工合作、错位发展,提升区域发展整体水平和效率。发挥江苏制造业发达、科教资源丰富、开放程度高等优势,推进沿沪宁产业创新带发展,加快苏南自主创新示范区、南京江北新区建设,打造具有全球影响力的科技产业创新中心和具有国际竞争力的先进制造业基地。发挥浙江数字经济领先、生态环境优美、民营经济发达等特色优势,大力推进大湾区大花园大通道大都市区建设,整合提升一批集聚发展平台,打造全国数字经济创新高地、对外开放重要枢纽和绿色发展新标杆。发挥安徽创新活跃强劲、制造特色鲜明、生态资源良好、内陆腹地广阔等优势,推进皖江城市带联动发展,加快合芜蚌自主创新示范区建设,打造具有重要影响力的科技创新策源地、新兴产业聚集地和绿色发展样板区。

最后,加强区域合作联动。推动长三角中心区一体化发展,带动长三角其他地区加快发展,引领长江经济带开放发展。加强长三角中心区城市间的合作联动,建立城市间重大事项重大项目共商共建机制。引导长三角市场联动发展,推动跨地域跨行业商品市场互联互通、资源共享,统筹规划商品流通基础设施布局,推动内外贸融合发展,畅通长三角市场网络。加强长三角中心区与苏北、浙西南、皖北等地区的深层合作,加强徐州、衢州、安庆、阜阳等区域重点城市建设,辐射带动周边地区协同发展。探索共建合作园区等合作模式,共同拓展发展空间。依托交通大通道,以市场化、法治化方式加强合作,持续有序推进科创走廊建设,打造科技和制度创新双轮驱动、产业和城市一体化发展的先行先试走廊。深化长三角与长江中上游区域的合作交流,加强沿江港口、高铁和高速公路联动建设,推动长江上下游区域一体化发展。

第三章 全球价值链结构性调整与上海对策研究

冷战结束以后,全球价值链在经济全球化的浪潮下逐渐形成。全球价值链由世界范围内的企业网络共同构成,国际贸易和生产分工是这个网络的主要表现形式,从而形成全球价值链的基本模型。对于世界各国而言,能够有效嵌入全球价值链,参与国际分工,并从国际贸易中获得收益,是实现经济发展的重要条件。然而,近年来,在"逆全球化"和"国家保护主义"思潮影响下,国际贸易长期萎靡不振,国家间贸易摩擦越来越频繁,进入后金融危机时代的全球价值链面临着结构性调整的境况。在这一背景下,上海如何谋求在全球价值链中地位的升级,推动经济向高质量方向发展,是当前形势背景下的本质任务与必然要求。

一、全球价值链与全球贸易变革

全球价值链反映了与各个业务环节相关的千百万项决策,包括在哪里采购、哪里生产、哪里销售。这些决策决定了全球商品、服务、金融、人员和数据的流向和流量。即使是基础金属等最简单的行业价值链,也包含多种复杂的生产步骤,涉及到全球各国的生产要素。电子产品、汽车、飞机等复杂性极高的行业价值链则涉及来自数十个国家的生产要素,某些复杂元件还需要一系列的生产步骤。此外,服务贸易同样经由价值链交付。全球 2/3 的贸易只涉及中间品,而与产成品和服务无关,跨境生产网络的规模、复杂和精妙由此可见。

目前,关于全球价值链的讨论多集中在其是否停滞或倒退,但更为深远且远未引起关注的是全球贸易正在经历深刻变革。通过对全球主要国家的相关产业价值链进行梳理,就能够理解 1995—2017 年全球贸易与生产格局的变迁以及各国在全球价值链中参与程度的变化。根据贸易强度、进口强度以及国家参与度的变化,可以揭示出几种不同的国家发展路径,但全球化进程在 2005 年前后数年内已达到拐点,随之而来的大衰退(the Great Recession)让这种变化模糊不清。在这轮全球国家互联变革潮流中,国际贸易主要呈现以下表现方式。

第一,从传统的生产——贸易角度来看,商品的贸易强度下降,导致跨境商品贸易占总产出的比重减少,与此同时,商品贸易的区域性属性也在加强。商品产量和贸易量的绝对值都在继续增长,但跨境贸易在全球商品产出中的占比却在下降。2007—2017年,出口总额在商品生产价值链总产出中的占比从28.1%降至22.5%。1995—2007年,全球价值链迎来了普遍的贸易增长。近年来,几乎所有商品生产价值链的贸易强度(即总出口在总产出中的占比)都有所下降。2007—2017年,虽然贸易的绝对值仍在增长,但跨境转移的产出占比已从28.1%降低到22.5%。贸易额的增速也已放缓。1990—2007年,全球贸易额年增速比实际GDP的年增速平均高出2.1倍,但2011年以来,贸易额增速只是GDP增速的1.1倍。在最复杂、贸易属性最强的价值链中,贸易强度的下滑尤其明显。跨境商品贸易占比下降的原因有:一方面,过去10年间,新兴市场的全球消费占比增长了近50%。在中国和其他发展中国家中,本国商品的国内消费占比升高,出口占比下降。另一方面,新兴经济体纷纷完善本土供应链,以降低对进口中间投入品的依赖性。也就是说,随着新兴经济体国内产业体系的完善,国内供应链和销售链逐渐代替了国际供应链和销售链,从而导致其进出口需求的下降。因此,这一趋势并不意味着全球化的进程已经结束,相反,它表明中国等新兴经济体获得了长足发展,自产自销的程度提高了。与此同时,商品贸易的区域化属性正在增强,其中以亚欧地区最为明显。企业越来越倾向于在邻近消费市场的地方开展生产。近年来,随着运输和沟通成本下降,加上全球价值链向中国等发展中国家扩张,长距离海洋贸易往来愈发普遍。2000—2012年,同一地区内的国际商品贸易(非远距离贸易)占全球总贸易的比例已从51%下降到45%。但这一趋势正在逆转。区域内贸易占全球商品贸易总量的比例自2013年以来增长了2.7个百分点,这在一定程度上反映出新兴市场的消费增长,其中,亚洲地区和欧盟28国的增长势头尤为迅猛。该趋势在全球创新价值链中表现得最明显,因为这一类价值链需要密切整合许多供应商,才能展开JIT(准时生产)排序。随着自动化技术的持续发展,企业选择生产基地之时将更重视上市速度,而非劳动成本,所以其他价值链上也会加速体现这一趋势。企业面临的竞争局势愈加复杂,弹性和灵活度就变得至关重要。由于全球业务转移的成本不菲而且蕴含风险,所以企业需要做出诸多决策,例如在价值链的哪个环节展开竞争、推出哪些新服务,以及重新评估自己的选址决策。其中,产品上市速度至关重要。为实现更好的合作,很多企业都在积极推动供应链本地化转型。它们不再与供应商保持距离,而是择取核心供应商加强协作,以期创造更多价值。

第二,跨境服务增速比商品贸易增速高60%,由此产生的经济价值远超过传统贸易统计所能涵盖的范围。根据各国官方统计数据计算,服务业在所有类别的贸易总量中占比仅为23%,但是,如果对3个尚未纳入统计的方面进行评估(出口商品的附加值、企业输送给境外子公司的无形资产、面向全球用户的免费数字服务),那么,服务业在贸易总量中所占的比例就会升高到50%以上。2017年,全球服务贸易的总规模为5.1万亿美元,商品贸易总额为17.3万亿美元。但过去十年间的服务贸易增速却比商品贸易快60%,其中一些领域的增速甚至是商品贸易增速的2~3倍,例如电信和IT服务、商业服务和知识产权使用费等。但传统贸易统计数据不能完全反映服务贸易的规模。首先,产成品贸易中有大约1/3的价值应归功于服务业。研发、工程、销售和营销、金融和人力资源等服务行业对商品上市起到了重要的推动作用。此外,研究还发现,以进口服务替代国内服务的趋势几乎出现在所有价值链上。随着制造商逐渐推出新型租赁、订阅以及其他"即服务"(As a service)等商业模式,未来商品和服务之间的差别将进一步消弭。其次,跨国企业向麾下遍及全球的子公司提供的各项资产也蕴含着巨大价值。这些资产主要包括五大类:软件、品牌、设计、运营流程以及总部开发的各种知识产权。但这些资产往往没有标价,也无法追踪,除非作为知识产权使用费纳入统计。药品和智能手机研发需要历时多年,而设计和品牌营销能力也让耐克、阿迪达斯等品牌获得产品溢价,但贸易统计却无法涵盖世界各地的企业在生产和销售过程中使用的无形资产。最后,免费数字服务的跨境流动迅猛增长,同样无法通过贸易统计来追踪。这些服务包括电子邮件、实时导航、视频会议和社交媒体等。举例而言,维基百科拥有以300余种语言撰写的约4 000万篇免费文章;每一天世界各地的YouTube用户观看免费视频的时长都超过10亿小时;每个月都有数十亿人使用Facebook和微信。这些服务无疑为用户创造了价值,但却无法以货币衡量。据麦肯锡估计,仅上述三个渠道每年就将产生高达8.3万亿美元的价值,这意味着贸易流动总额将增加4万亿美元(增长20%);同时,目前归入商品贸易领域的另外4.3万亿美元的价值也应重新归入服务贸易领域。这样看来,服务贸易总额已经明显超过了商品贸易总额。

第三,仅有不足20%的商品贸易属于劳动成本套利型贸易,而且在过去十年里,这一比例在很多价值链中逐年降低。由此引发了另一种趋势：全球价值链的知识密集度越来越高，越来越依赖高技能劳动力。2000年以来，各价值链中的无形资产投资（例如研发、品牌和知识产权投资）在总营收中的占比翻了一番，从5.5%增长到13.1%。由于全球价值链从20世纪90年代到21世纪初逐步扩张，劳动力成本开始成为企业选择生产所在地的重要决策因素，尤其是那些提供劳动密集型商品和服务的行业。但与人们的普遍认识相悖的是，仅有18%的商品贸易属于劳动成本套利型贸易（此处的"劳动成本套利"指出口国人均GDP不高于进口国的1/5）。换言之，如今超过80%的全球商品贸易并不是从低工资国家流向高工资国家。除了工资成本之外，决策者选择生产所在地时还要考虑其他因素，包括能否在当地获取熟练劳动力或自然资源、是否邻近消费市场以及基础设施质量如何。此外，在一些价值链当中，基于劳动成本套利的贸易份额一直在下滑，尤其是劳动密集型商品的生产（从2005年的55%下滑到2017年的43%）。这一现象主要反映了发展中国家工资上涨的趋势。未来的自动化和人工智能技术很可能会加剧这一趋势，将劳动密集型制造变为资本密集型制造。这一转变或将对低收入国家参与全球价值链产生重大影响。在劳动成本套利型贸易缩减的同时，无形资产对全球价值链的贡献越来越大。在所有价值链中，研发和无形资产（例如品牌、软件和知识产权）领域的资本化支出在营收中的占比与日俱增。整体而言，2000—2016年无形资产在全球总营收中的占比从5.4%增加到了13.1%，这一趋势在全球创新价值链中表现得最为突出。机械和设备制造企业36%的营收都投入到研发和无形资产中，而医药和医疗设备企业对无形资产的平均投入比例更高达80%。随着知识和无形资产越来越受到重视，那些拥有大量高技能劳动力、具备强大的创新研发能力和知识产权保护到位的国家将获益良多。价值创造正在向上下游转移（上游活动包括研发和设计等，下游活动包括分销、营销和售后服务等）。真正的商品活动产生的价值占比却在降低（部分原因在于离岸外包拉低了价格）。这一趋势在制药和消费电子行业尤为明显，还出现了一批"虚拟制造"企业，将生产制造外包给代工厂，自己则集中精力研发产品。

总体来看，全球价值链变革对于发达经济体来说，它们在创新、服务、高技能劳动力方面的优势可能将有利于其在全球化变革中的发展。对于发展中国家来说，某些邻近大型消费市场的发展中国家也可能由于生产地与消费市场毗邻而从中受益，具有服务贸易优势的发展中国家也有望获益。但对于错过上一轮全球化浪潮的国家或地区而言,挑战将越发严峻。随着生产自动化技术的不断发展,劳动力成本的差异将逐渐消失,那些将劳动密集型出口作为发展战略的低收入国家正逐渐丧失机会。区域融合是一种可能的解决方案,而数字技术的更新换代也为新的发展路径创造了可能。

当前,中国等发展中经济体正在逐步完善国内供应链和销售链。再加上新一代技术相继上线和扩大应用,给全球价值链带来了深刻变化,从而影响到全球企业的竞争地点和竞争方式。这一转型期也为很多国家创造了机会,使它们能够开拓新的专业能力,在价值链中扮演新的角色。不过,在看到全球政治层面依然在口头拥护全球化之际,清醒的政策制定者也应该务必关注全球化可能已经引发的失调与错位,而这些失调和不平衡正在以另外一种政治思维,包括底层的社会抵触情绪,显著地抵制着既有的全球化模式。

二、变化中的全球生产活动模式和全球价值链参与

全球价值链的生产活动可大致分为四种:第一种是国内生产的附加值产品,由国内最终需求吸收,不涉及对外贸易,在整个生产和消费过程中,没有要素含量跨越国界。第二种是体现在最终产品出口上的国内附加值,即传统贸易:产品完全是由国内材料制造,仅出口一次,其目的在于最终消费。第三种是简单的全球价值链,体现在一个国家部门的中间贸易中,它被伙伴国用于生产本地消费的国内产品,或者是直接从伙伴国进口用于国内消费产品的国外增加值。要素含量用于在国外生产,并一次跨国界生产。第四种是复杂的全球价值链活动,体现在中间产品的进出口附加值,伙伴国家使用它为其他国家生产出口产品(中间产品或最终产品),在这种情况下,要素内容至少两次跨越国界。

从 2011 年到 2016 年,亚洲开发银行新发布的 ICIO 表格更新的 2017 年全球价值链发展报告显示,全球价值链活动占全球 GDP 的份额下降,而纯国内生产活动的份额上升(见图 3-1)。但 2017 年全球贸易增速近 6 年来首次超过全球 GDP 增速,全球价值链活动出现复苏迹象。

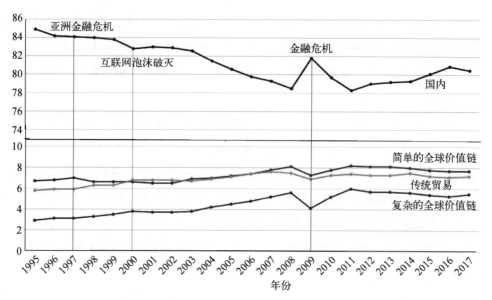

图 3-1 1995—2017 年按增加值创造活动类型划分的生产活动占全球 GDP 的份额趋势(单位：%)

资料来源：UIBE GVC 指数，1885 年至 2009 年数据基于 2016 版世界投入—产出数据库(WIOD)计算而得，2010 年至 2017 年数据基于亚洲开发银行(ADB)2018 版投入—产出 ICIO 表计算而得。

2012—2016 年，四种类型的生产活动的名义增长率大幅下降，跨国、生产共享的全球价值链活动大幅放缓。复杂的全球价值链活动的下降幅度最大，其次是简单的全球价值链活动、传统贸易活动和国内生产活动；这四类活动在 2012—2016 年的年平均变化分别为 -1.65%、-1.00%、-0.28% 和 1.49%(见图 3-2)。因此，从 2012 年到 2016 年，全球 GDP 增长的动力几乎全部来自纯国内生产的增长；在这一缓慢复苏时期，国际贸易的贡献微乎其微。2017 年，由于复杂的全球价值链活动有 10% 的增长，全球贸易增速超过全球 GDP 增速。然而，美国与其主要贸易伙伴之间日益加剧的贸易紧张关系给全球经济复苏进程带来了巨大的不确定性。影响上述生产活动的名义增长率的是商品价格的急剧变化。自 2000 年以来，全球原油和其他大宗商品价格经历了一个"超级周期"。例如，2000 年至 2018 年，布伦特原油的每桶价格波动剧烈，2000 年时不到 30 美元，2011 年时竟超过了 110 美元，到 2016 年又下降到不到 50 美元，2018 年初则反弹到大约 70 美元。由于原油和其他大宗商品是全球生产的重要中间投入，其价格波动可能会影响以当前美元衡量的不同类型的增值创造活动的相对名义增长的模式。

然而，2011 年至 2016 年，全球价值链的名义价值在 GDP 中所占的比例比其他活动下降得更快，这似乎不仅仅是因为价格变化。图 3-3 显示了 1995—2017 年世界商

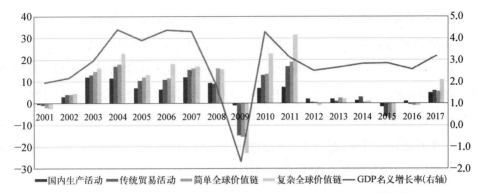

图 3-2　2000—2017 年不同类型的增加值创造活动的名义增长率（全球层面）（单位：%）

资料来源：UIBE GVC 指数，2001 年至 2010 年数据基于 2016 版 WIOD 计算而得，2011 年至 2017 年数据基于 2018 版 ADB-ICIO 表计算而得。

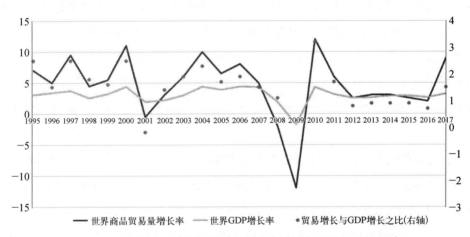

图 3-3　1995—2017 年商品贸易量和实际 GDP 的增长率（单位：%）

资料来源：世界 GDP 增长率来自世界银行《世界发展指标》和国际货币基金组织《世界经济展望》；商品贸易量增长率来自联合国贸易和发展会议。2009 年贸易下降与 GDP 的比率为 7.4，超出了本图所示的刻度范围。

品贸易量增长率、世界实际 GDP 增长率以及贸易额在 GDP 总量中的占比。在全球实际贸易增速高于全球实际 GDP 增速（即所占比例大于 1）的年份里，如图 3-2 所示，复杂的全球价值链活动的名义增长率最高。当世界贸易增速低于世界 GDP 增速（即所占比例小于 1）时，复杂的全球价值链活动增速低于其他活动。这可以直观地理解为，因为复杂的全球价值链是这四类活动中唯一一个嵌入产品的要素内容至少两次跨越国界的活动，所以，当复杂的全球价值链活动增速低于纯粹的国内生产活动时，就像 2012—2016 年发生的那样，世界贸易增速低于 GDP 增速。

全球金融危机过去十年后,全球价值链的参与度仍未恢复到危机前的水平：2017年各国平均全球价值链参与率(占GDP的比重)为0.1289,而2007年的这一数据为0.1343。高收入国家的全球价值链活动比中等收入国家恢复得更快。特定全球价值链活动的恢复(反向参与与正向参与)也因收入群体而异。正向全球价值链的参与增加速度远高于反向全球价值链的参与增加速度,高收入国家,尤其是高收入的东欧国家最为明显：捷克共和国的前向参与率从2007年的0.2355上升到2017年的0.2812,爱沙尼亚从0.2536到0.3151,匈牙利从0.2298到0.2777,拉脱维亚从0.1818到0.2712。制造业和服务业的参与增长率越高,往往意味着全球价值链生产活动升级的速度越快,跨国生产共享活动的复苏带来的产品内专业化程度越深。与此同时,墨西哥、罗马尼亚和越南等一些中等收入经济体的参与率上升更快,这反映了新兴经济体在全球制造业生产分工中的所占份额增加。最后,一些亚洲发展中经济体的全球价值链参与率经历了向前和向后的下降,但尚未恢复到危机前的水平。例如,印度的正向参与率和反向参与率分别从2007年的0.1006和0.1382下降到2017年的0.0655和0.0991。中国、印尼和菲律宾也经历了类似的下滑。

比较不同收入群体在较长时期内不同全球价值链活动的发展,只有高收入国家的全球价值链参与显著增长。特别是,它们的全球价值链参与率从2000年的9.5上升到2017年的12.4,简单活动和复杂活动的参与率大致相等(见表3-1A、表3-1B)。2007年以后,全球价值链参与率在中低收入国家实际上下降了,这是因为参与跨境生产共享只是有助于工业化的一种劳动分工。发达的发展中经济体,如中国,其产业升级后,以国内生产的中间投入替代进口的中间投入,也可能由于国内分工的深化和国内价值链的延长而降低全球价值链参与的强度。

表3-1A 不同类型国家的前向全球价值链参与指数(占GDP的百分比)

收入水平	全球价值链参与			简单全球价值链			复杂全球价值链		
	2000年	2007年	2017年	2000年	2007年	2017年	2000年	2007年	2017年
高收入	9.5	11.8	12.4	5.6	6.8	7.1	3.8	5	5.3
中高收入	11.4	14.1	10.5	7.2	8.4	6.4	4.2	5.6	4.2
中低收入	10.8	12.4	9.1	6.9	7.6	5.7	3.9	4.8	3.4

表 3-1B 不同类型国家的后向全球价值链参与指数(占 GDP 的百分比)

收入水平	全球价值链参与			简单全球价值链			复杂全球价值链		
	2000 年	2007 年	2017 年	2000 年	2007 年	2017 年	2000 年	2007 年	2017 年
高收入	9.3	11.7	11.8	5.8	6.8	6.5	3.5	4.9	5.3
中高收入	12.5	74.1	10.5	7.3	7.7	6.3	5.2	6.4	4.2
中低收入	11.7	14.2	11.8	7.9	9.3	7.6	3.8	4.8	4.2

注：根据 2018 版 ADB-ICIO 表得出的 UIBE GVC 指数。

2008—2009 年全球金融危机对全球价值链的参与产生了巨大的负面影响(见图 3-4)。在危机前的全球价值链扩张时期(2000—2008 年)，全球价值链参与率每年增

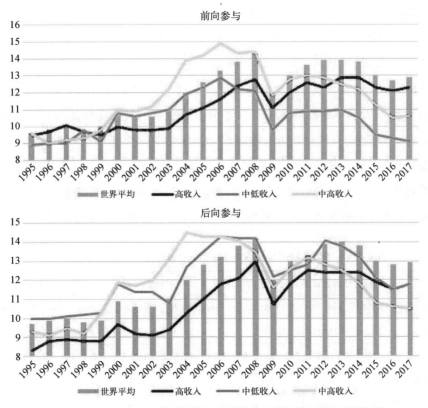

图 3-4 1995—2017 年不同收入水平国家全球价值链参与强度变化

注：1995 年至 2011 年数据基于 2014 版 WIOD，2012 年至 2017 年数据基于 ADB-ICIO 数据库。由于亚洲开发银行和 WIOD 的数据并未涵盖所有国家，世界平均全球价值链参与率在某些年份可能超过所有三个国家组。亚洲开发银行 ICIO 表仅涵盖 62 个国家，WIOD 的 ICIO 表仅涵盖 43 个国家，余下的国家在两个数据库中都被列为世界其他国家。因此，当那些没有被单独计算的国家的全球价值链参与率增加时，全球平均水平将高于此处所报告的三个国家组，这在图 3-4 的分析中可以得到验证。

资料来源：UIBE GVC 指数，1995 年至 2011 年的数据来自 2014 版 WIOD，2012 年至 2017 年的数据来自 2018 版 ADB-ICIO 数据库。

长 4.3%。在 2009 年危机期间,这一比率下降了 14.9%,但在 2010—2011 年恢复了 9.0%。然而,自 2012 年起,全球贸易急剧放缓,各国平均全球价值链参与率每年下降 1.6%,主要受中等收入国家的推动(高收入国家复杂的全球价值链参与率在 2017 年高于 2007 年)。特别是 2017 年中、低收入群体的全球价值链参与率仍比 2007 年低 2.6 个百分点和 3.7 个百分点。

具体到产业层面,从表 3-2A 和表 3-2B 可以看出,大多数行业的参与率仍然低于危机前的水平,尤其是所有的商品生产行业。从表中还可以看出,在大多数行业中,复杂的全球价值链活动率比简单的全球价值链活动率增加更多(或下降更多),表明复杂的全球价值链活动对外部经济冲击更敏感。较长时期的分析表明,2000 年至 2017 年,所有行业的全球价值链活动都有所增加。部门的技术(知识)强度越高,复杂的全球价值链活动的增长就越大。例如,2000 年至 2017 年,高、中、低技术密集型制造业的全球价值链远期参与率分别增长了 4.2 个百分点、3.8 个百分点和 3.2 个百分点。在这些增长中,复杂的全球价值链活动平均贡献了 58.1%,其中高科技部门全球价值链参与率的 4.2 个百分点的增长贡献特别大(76.4%)。商业和金融服务业的正向全球价值链参与率和反向全球价值链参与率也分别从 10.7 个百分点、5.8 个百分点上升到 15.2 个百分点、9.4 个百分点。高技术、知识密集型行业的全球价值链强度较高,在一定程度上反映了全球价值链在主要企业向其供应商传播技术方面的作用。

表 3-2A 不同类型产业的前向全球价值链参与指数(增加值的百分比)

收入水平	全球价值链参与			简单全球价值链			复杂全球价值链		
	2000 年	2007 年	2017 年	2000 年	2007 年	2017 年	2000 年	2007 年	2017 年
高技术	25.3	20.7	28.8	13.8	16.1	15.6	11.5	14.6	13.2
中等技术	22.5	21.6	23.7	14.5	16.4	14.7	8	9.7	9.1
低技术	12.4	15.8	15.3	7.9	9.9	9.5	4.5	5.9	5.8
商业与金融	10.7	14.9	15.2	6.6	9.1	9	4	5.8	6.2
贸易与运输	10.2	13.4	13.4	6.2	7.9	8	4	5.5	5.4
其他服务	2.3	3.5	3.3	1.4	2.1	2	0.9	1.4	1.3
农业	8.3	11.4	10.6	5.8	7.8	7.2	2.4	3.6	3.5
采掘业	39.9	54.3	48.3	25.6	34.5	29.6	14.3	19.8	18.8

表 3-2B 不同类型产业的后向全球价值链参与指数(增加值的百分比)

收入水平	全球价值链参与			简单全球价值链			复杂全球价值链		
	2000 年	2007 年	2017 年	2000 年	2007 年	2017 年	2000 年	2007 年	2017 年
高技术	22.3	28.8	26.8	8.4	9.8	9.6	13.9	19	17.3
中等技术	19.1	26.9	25.9	10	14.4	13.2	9.1	12.5	12.7
低技术	16.6	21.8	20.5	9.9	11.7	10.5	6.7	10.1	10
商业与金融	5.8	8.7	9.4	4.2	5.7	5.9	1.7	2.9	3.6
贸易与运输	7.1	10.3	10.4	4.9	6.8	6.7	2.2	3.4	3.7
其他服务	6.9	10.2	10	5.3	7.6	7.3	1.6	2.5	2.6
农 业	8.4	11.3	9.6	5.7	7.5	6.2	2.7	3.8	3.4
采掘业	10.2	12.1	11.4	6.5	6.1	7.6	3.7	5.9	3.8

注：根据 2018 版 ADB-ICIO 表得出的 UIBE GVC 指数。

高技术部门复杂的全球价值链活动的高度密集表明,研发和其他技术投入促进了产品内的专业化和全球生产网络的扩展。将生产过程分割成不同的任务,极大地扩展了国际交换和分工的深度和范围,从产品之间扩展到单个产品的生产阶段之间,从而为国际交换创造了新的比较优势来源。生产基于任务的组织(如跨国企业)、零部件的特殊产品(如电脑、汽车和飞机)多次跨越国境的根本动力是推动全球贸易增长速度比全球国内生产总值高于全球金融危机前的水平,它还为发展中国家参与全球经济提供了新的机会,使它们能够专门从事一些具有比较优势的简单任务,从而使发展中国家能够通过加入全球价值链实现快速工业化。

一般来说,制造业的工业集团比采矿业和服务业的工业集团具有更高的平均全球价值链参与强度。在采矿业,原料的主要来源的早期投入生产,其正向参与比率通常高于反向参与比率。对大多数国家来说,其他服务,如公用事业、教育、医疗保健和国内服务,是更接近最终的消费者的,会被放置在生产链的最后阶段。在制造业,更高的研发和知识密集度与更高的全球价值链参与率相关。在服务领域,全球价值链的参与也是跨行业的。通信、金融和商业服务以及贸易和运输服务的全球价值链参与率远远高于其他国内服务,如教育、保健和个人服务,因为前者是现代生产过程的关键投入。

不同地理区域的全球价值链参与率也存在显著差异。图 3-5 报告了在三个主要的供应链区块(北美、欧洲和亚洲)中,正向和反向的全球价值链参与强度及其在区域间和区域内的份额。在每幅图中,最后一列是各级的全球价值链参与率,前面的是跨

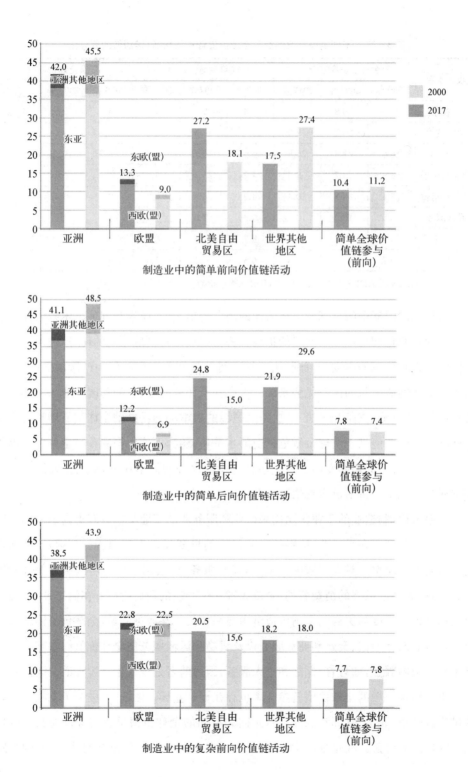

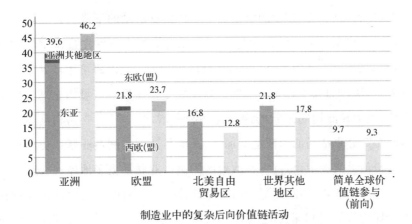

图 3-5 亚洲、欧洲、北美对全球价值链参与概况

注：最后一组条柱代表 2000 年及 2017 亚洲整体全球价值链参与率。基于 2018 版 ADB-ICIO 表核算的 UIBE GVC 指数。

区域的分解。亚洲显示栏是表示在亚洲区域内，亚洲作为供应商后向参与或亚洲以购买者身份前向参与全球价值链比例。条形图中浅色和深色部分表示区域内不同群体的份额（浅色部分表示东亚和西欧，深色部分表示亚洲其他地区和东欧）。

一般而言，区域生产网络的经济一体化程度越高，区域内的全球价值链活动就越高。2000 年，"欧洲工厂"的经济一体化程度最高，因此，其区域内全球价值链活动的份额在三个区域生产网络中最高；北美排名第二，亚洲排名第三。然而，金融危机十年后，随着区域经济规模的不断扩大，区域内的全球价值链活动在"亚洲工厂"中所占的份额超过了"北美工厂"，尤其是在复杂的全球价值链参与中。相比之下，"欧洲工厂"和"北美工厂"区域内全球价值链活动的份额均有所下降，而它们在区域间生产共享活动中的份额有所增加，特别是它们与"亚洲工厂"的全球价值链联系。

在"亚洲工厂"，过去十年来跨国生产共享活动的增长是由区域内复杂的全球价值链活动带动的。这一比例从 2000 年的 38.5%、39.6% 上升到 2017 年的 43.9%、46.2%。另一个值得注意的发展是，市场驱动的"亚洲工厂"的扩大使更多的亚洲中低收入国家在这一时期融入了亚洲的生产网络。在亚洲其他地区，正向和反向的全球价值链活动份额分别从 10.2% 和 16.6% 上升到 11.8% 和 19.4%。然而，北美和欧洲作为亚洲全球价值链出口目的地（见图 3-5 前向全球价值链活动）和亚洲全球价值链进口来源地（见图 3-5 后向全球价值链活动）的重要性已经下降。

在欧洲,代表区域生产广度的复杂的全球价值链活动的下降远远超过简单的全球价值链活动。特别是区域内远期复杂的全球价值链参与率在过去十年中下降了6.7个百分点,从47.6%下降到40.9%,区域内落后的复杂的跨境生产共享活动下降了8个百分点,从41.1%下降到33.0%。这主要是由于西欧区域内全球价值链联系的相对下降,因为在此期间东欧的这一比例有所增加。欧洲、亚洲和世界其他地区之间区域间生产分享活动的份额也增加了;欧洲与亚洲的制造业联系更多地体现在复杂的全球价值链活动中,与世界其他地区的制造业联系更多地体现在简单的全球价值链活动中。例如,作为欧洲复杂的全球价值链出口目的地的亚洲份额和作为欧洲复杂的全球价值链进口来源地的亚洲份额分别增长了4个百分点以上,前者从12.9%增长到17.3%,后者从12.3%增长到16.6%。东亚对上述变化的贡献率分别为79.9%和81.4%。在此期间,作为欧洲简单的全球价值链出口目的地和欧洲简单的全球价值链进口来源地的世界其他地区的份额分别从12.1%、15.0%增至20.8%、25.0%。

在北美,正向和反向的区域内复杂的全球价值链活动的份额从2000年到2017年分别下降了6.7%和8.1%,尽管简单的全球价值链活动的份额略有变化。跨区域复杂的活动的比例的上升,反映了更多的全球化供应链在北美今天(回想一下,17年前,复杂的全球价值链活动涉及至少两次跨越国境的产品)是最重要的驱动力。而且,这种发展不仅反映在制造业,也反映在服务业。例如,在电信、金融和商业服务方面,2017年北美地区向亚洲和欧洲的全球价值链出口份额和从亚洲和欧洲的全球价值链进口份额都超过了区域内的全球价值链活动份额,尤其是复杂的全球价值链活动。这反映了美国向亚洲国家(如印度和菲律宾)大量外包服务以及北美和欧洲之间紧密相连的金融和商业服务供应链活动。

三、 全球价值链结构性调整下上海未来的发展对策

在全球价值链结构性调整的视角下,通过梳理上海乃至长三角典型行业的全球价值链现状,并对上海进一步融入全球价值链进行能力评估与路径分析,能够为上海融

入全球价值链并向价值链高端位置发展提供必要的对策选择。具体而言,通过对全球价值链结构性调整的研究,能够为政府的产业发展部门和涉外经贸部门找到以上海乃至中国为核心的释放全球生产力和构建全球生产关系的具体对策。政府可依据本研究得出的相关结论,出台具体的政策法规并予以实施,为企业找到以技术革新为抓手的创造性解决方案,为上海本土企业与其他中国企业参与全球价值链提供有效办法,包括在此基础上为我国新型国际关系的构建提供"以企业带产业,以产业带地区,以地区带国家,以国家带世界"的"轴链式"基础驱动力量。

目前,上海的产业布局总体表现为"一心、一环、两带、多区"的特征。其中,"一心"指都市高端服务核心区,涵盖黄浦、静安、徐汇、长宁、普陀、虹口、杨浦等区,重点发展以金融服务、现代商贸、文化创意为代表的高端服务业;"一环"指中外环融合性数字产业发展环,即中外环附近地区,重点发展以人工智能、大数据、工业互联网为代表的融合性数字产业;"两带"包括嘉青松闵(嘉定、青浦、松江、闵行)、沿江临海(崇明、宝山、浦东、奉贤、金山)高端产业集群发展带,重点打造以战略性新兴产业、先进制造业为代表的高端产业集群;"多区"指产业重点区域,力图打造一批特色产业集聚区。在总体布局以下,上海市还布局了四大重点区域和"3+5+X区域"(见表3-3),前瞻布局高端高新产业,提高集群显示度,力争建设成为高经济密度的"产业新区"。这些产业布局是上海能够参与全球价值链的核心力量。未来,上海对全球价值链的参与目标将不再是低端嵌入和中端分工,而是要向全球价值链的高端位置发展,力争对全球价值链和世界经济的发展起到引领作用。这需要上海抓住新科技革命的机遇期,平衡产业研发与实践的联动结构,改革传统的外资利用模式,并着力培养本土的"隐形冠军"企业。

表3-3 上海四大重点区域和"3+5+X区域"布局

重点区域			
	序号	名称	定位
四大产业园区	1	融合型数字产业园	重点布局人工智能、大数据、工业互联网等混合型产业
	2	战略性新兴产业园	重点布局集成电路、机器人、航空、生物医药、北斗导航、军民融合等国家战略产业
	3	现代服务业园区	重点布局金融、航运、商贸、旅游等现代服务业
	4	现代农业园区	重点布局现代绿色农业

(续表)

		3＋5＋X 区域	
	序号	名称	定位
三大功能区域	1	临港地区	高端智能装备、新能源汽车
	2	世博地区	商务服务、新兴金融、文化博览
	3	虹桥地区	商务服务、会展服务、航空服务
	序号	名称	定位
五大转型区域	1	吴泾地区	人工智能、科技时尚
	2	桃浦地区	智能科技、健康服务
	3	南大地区	车联网、智能服务机器人
	4	吴淞地区	智能硬件、新材料
	5	高桥地区	生物医药、健康服务

首先，抓住新科技革命的契机，引领中国科技创新、产业升级，为国家创造新的经济增长动力。2016 年 12 月 7 日，工信部发布了《智能制造发展规划 2016—2020》，明确了"十三五"期间我国智能制造"两步走"战略及十大重点任务。近年来，数字经济越来越成为驱动经济增长的强劲动力与新趋势，进入 2018 年后，全球各大经济体之间在 5G 网络领域展开了激烈的竞争。中国在 5G 全球发展趋势下积极跟进、加强布局。《"十三五"规划纲要》指出，"要加快构建高速、移动、安全、泛在的新一代信息基础设施，积极推进 5G 发展，于 2020 年启动 5G 商用"。目前，上海具有一定规模的信息服务产业基地逾 50 个，规划用地面积 47 平方公里，建筑面积 1 270 万平方米，在全国居领先地位，在 5G 发展背景下具有向工业互联网升级、实现智能制造体系构建的先发优势，但同时也面临着缺乏数字经济市场活力、研发端和应用端投入不足以及持续融资需求敞口较大的三个短板。因此，上海需要在三个发展途径上着力布局：第一，立足本地优势，打造自主产业。上海作为长三角一体化的龙头城市，其本身具有金融、科技、交通等方面的先天优势，这就有利于上海培育以集成电路、新能源汽车、新材料、机器人等为代表的战略性新兴产业。这些新兴产业均具有增加值水平高、研发能力强等特征，基本处于全球价值链、区域产业链的主导地位，在一定程度上引领着国家新技术革命的未来走向。第二，主体间合作基础上的产业融合。产业融合是指在时间上先后产生、结构上处于不同层次的相关产业在同一个价值链网络中相互渗透、相互包含、融

合发展的产业形态与经济增长方式,是用无形渗透有形、高端统御低端、先进提升落后、纵向带动横向,使低端产业成为高端产业的组成部分,实现产业升级的知识运营增长方式、发展模式与企业经营模式。在上海的产业发展格局中,将以新技术革命为主导方向,以现代农业为基础,第二产业工业为中介,第三产业服务业为核心,第四产业信息业为配套,在产业层面通过资源优化配置实现资源优化再生、推动产业升级的系统工程。第三,充分利用本地规模优势,引领国内产业立法,对接国际产业标准制定。在新技术革命尚处于萌芽之际,有关人工智能、数字经济、智慧城市等应用标准的竞争已经悄然出现在全球价值链中。上海作为中国对外开放的窗口,一方面将在新技术的国际规则、应用标准等方面与世界接轨,以共同的话语权迎接全球性的技术革命,另一方面也要积极探索国内的标准制定和相关的规则确立,引领国内相关行业向统一化和标准化方向看齐。这可以说是上海软实力水平的表现。

其次,兼顾外向型经济和内向型经济,树立"飞地经济"的思维,打造对内产业链,在长三角一体化进程中与周边地区建立稳定的研发—供应—销售关系,通过对内对外的双重价值链,实现经济的健康稳定发展。上海作为"一带一路"建设的重要桥头堡,其核心功能在于联通与辐射内陆市场与产业链。当前,先进国家在产业升级中都开展了"飞地经济"模式,以美国和日本为例:纽约湾区以纽约市为中心,在新泽西、康涅狄格、宾夕法尼亚等州建立与纽约配套的卫星城,在疏解人口的同时,在卫星城飞地形成以制造业、金融配套、商贸服务为主导的"一极多点"的分工格局,实现湾区内城市的产业协调,大幅提升纽约湾区的全球竞争力;旧金山湾区以知名高校、科技创新园为载体,吸引全球高层次人才向硅谷集聚,形成"人才飞地",利用全球尖端科技人才的创新成果,为湾区发展提供持续动力;东京湾区鼓励企业建设海外"子母工厂",将企业的生产基地遍布全球,充分利用东京湾区有限的土地空间布局总部和研发中心,强化东京湾区对全球资源和市场的利用水平,大幅提升全球影响力。上海可以以青浦区位模板进行"飞地经济"规划,联动与激活长三角先进产业并向内陆地区辐射放大,通过建立产业链高端的研发平台,带动区域内部产业链,实现立体的长三角产业集群。打造青浦发展示范区模板的具体措施与实施方式包括三个方面:第一,搭建学术平台,打造青浦区科研中心。从全球价值链角度来看,科研中心就是搭建产业的研发窗口,把研发作为全球价值链发展的主导力。上海有着较强水平的高等教育能力,以高校、研究机构共同构成上海的研发体系,而青浦科研中心的构建则有利于上海研发力量的集中,有利于共享研发平台,从而可规避科研分散、交流不畅等传统痼疾。第二,承接自贸区功能延伸,叠加张江高科技园区。科研的本质是为经济发展服务,这就决定了研发一定要与实践相结合。自贸区的功能在于直接与销售市场相连接,而张江高科则以生产性研发为主,因此,青浦研发中心与自贸区和张江高科的勾连,有利于研发成果的即时落地,更便捷地向实践转化。第三,以高科技龙头企业为核心,发展高端制造研发基地。龙头企业能够带动相关产业链的发展,而高科技龙头企业则是高端制造产业链的核心。目前,青浦区已经形成以信息技术、北斗导航、现代物流等为核心的高技术产业链,未来也将积极引入华为等顶尖高科技企业,这就为研发中心与现实的技术应用创造了融合环境。

再次,改革传统外资合作模式,把利润分红式的传统外资模式转变为价值链合作模式,力争打造上海自身的高新技术产业链或产业生态系统,实现关键技术自主可控,以对冲近年来频发的国际贸易摩擦。以往,上海利用开放的环境,与外资企业之间的合作具有制度上的便利性,而贸易战背景下,特别是以美国为首发起的对中兴、晋华、华为等中国高科技企业的技术与贸易制裁以来,中外技术合作正面临越来越大的阻力和交易成本。况且,传统上与外企之间的合作模式主要以相互参股、并购、成立子公司等形式为主,这种模式下,中方企业虽然在多数情况下作为控股方,但由于产业链、供应链体系并不掌握在自己手中,所以即使是在中国本土市场上开展业务,也无法形成自主的核心技术能力,只能获得资本层面的分红权益。在未来的先进制造业升级进程中,上海亟须增强本土产业及企业的自主性,以融合性数字产业与战略性新兴产业为主导方向,大力培养本土企业,如芯片设计行业中主要从事MCU设计制造的中颖电子、从事IC设计生产的华大半导体以及复旦微电子,芯片制造行业中主要从事晶圆代工业务的中芯国际以及在芯片制造设备供应方面具有领先优势的中国电科,集成电路设备行业的盛美半导体,半导体材料行业中主要从事大尺寸硅片的上海新阳半导体材料股份有限公司。这些企业作为上海本土的生力军,当前均处于国内同行业的领先地位。珠三角地区的经验是,以华为、中兴等国产通信企业虽然因成为美国贸易战针对的主要对象而倍受掣肘,但由于在上一阶段的发展中着力构架了相对较为完整的自主产业链地区生态体系,并及时开启关键核心技术的自主可控研发,在技术封锁的背景下进行自主替代从而对贸易战的冲击加以对冲,所以在进出口增速上呈现了稳定上升的趋势。在外部贸易摩擦引发的冲击下,这一模式对于上一阶段以外部出口导向为主、大规模依赖外资和技术引进的上海发展模式具有十分重要的启示及借鉴意义。

最后,加强培养上海本地的"隐形冠军"。"隐形冠军"企业最早由德国管理学家赫尔曼·西蒙提出,是指那些不为公众所熟知的,却在某个细分行业或市场占据领先地位,拥有核心竞争力和明确战略,其产品、服务难以被超越和模仿的企业。发展"隐形冠军"战略具有以下诸多方面的重要意义:第一,在贸易保守主义回归的背景下,有利于关键技术与市场需求产业的本土自主培育,从而形成自主的产能、产业链,乃至产业体系。上海本身有着很强的研发实力,也有着成熟的产业基础,具有天然的"隐形冠军"培育土壤。第二,推动产业的精细化分工。"隐形冠军"企业是产业细分领域的龙头企业,这类企业以专业性、特殊性占据着相关行业的主导地位,而全球价值链的分工体系近年来正在由传统的流水线模式向精细化模式改变,尤其对新兴产业的专业化程度有着更高的要求。可以说,未来的初创公司更加强调"小而精",并非"大而全"。第三,"隐形冠军"企业的高研发、高专利保有率有利于培养知识经济氛围下的市场经济主体的基本存量,加速促进知识产权保护体系的构建与巩固。这是未来国家经济的发展方向之一,上海可率先在这些方面做试点尝试,以"隐形冠军"企业构筑相关的技术产权保护体系,完善市场经济的法制法规。第四,全球价值链的基本组成部分在于人力,而随着上海向价值链的高层甚至是顶层位置升级,上海对知识型劳动力的需求也越发显著。"隐形冠军"企业组织管理高效,注重员工培训,有利于培养面向未来经济竞争的高素质、熟练技能的劳动力群体,形成人力资本存量,这是上海实现产业升级的基础动力所在。

在上述四大战略性路径方向与原则之下,还需要在四个具体路径上探索上海深度融入全球价值链与位势提升:第一,战略原则上以制造业为主要突破方向,制造业作为全球价值链参与程度最深的产业,其本身具有产业集群效应、辐射效应,也能够有效地解决城市就业问题,这也是把制造业作为战略突破方向的原因所在;第二,以传统制造业规模、产能的提升来强化全球价值链的横向融入,对于上海而言,传统制造业的转型升级始终是上海发展的核心基础,在国内也始终走在最前沿,并且基本符合产业升级路径的基本逻辑;第三,以产业专业化程度的进一步细分来强化对"模块型""关系型""俘获型"全球价值链的深度融入;第四,以科技变革与生产率提升来加快巩固先进制造业布局,从而提升上海在全球价值链中的位势,抢占细分行业领域领先地位。

四、总　结

在后金融危机时代,全球价值链的结构性变革成为今天世界经济发展的一大主题。这一变革不仅表现在传统的生产分工和国际贸易领域,更与产业升级、生产关系变迁以及国家间政治经济关系密切相关。在全球价值链变革的背景下,各经济体的发展面临着机遇和挑战并存的局面,特别是后疫情时代全球供应链的本土化和区域化部署可能会引发全球价值链非经济因素的变革。而就全球价值链前期的变化而言,既有越南在贸易摩擦大背景下扩展自身的海外市场,为制造业寻找更为广阔的供应链和销售链,又有印度"莫迪经济改革"主动改革制造业寻找机会以融入美国"印太战略",这些举动都将引发全球价值链进行进一步的结构性调整。而对于身处中国改革开放最前沿的上海来说,全球价值链变革既会带来更多的机遇,也会带来严峻的挑战。上海可把握新技术革命的契机,完善城市功能布局,合理利用外资力量,打造研发—产业—应用协同发展的创新模式,推动上海向全球价值链的高端位置升级,把上海作为中国未来经济发展方向的主导力量,迎接全球价值链的结构性变革。

第四章　新技术革命与大国科技竞争下的上海科创动力机制研究

世界各国不同的发展方式决定了国家间经济竞争形态的结构性变化,同时也会引发各种理论思潮的兴起和回归。从目前的发展情况来看,由于新技术革命带来的颠覆性影响日益显现,并与全球政治保守主义相混合,技术民族主义可能将超越世界经济学的传统范式,在未来一个阶段影响全球政治经济格局。技术发展的本身就是一个融合市场和政府因素的复合议题。目前世界范围内的技术竞争愈发受到国家间政治的驱动,并且随着国际政治因素向复杂化演变,技术竞争已经成为一个超越了行业的、融合了政治经济等多重因素的复合性的国家间议题。与此同时,新技术与市场发展融为一体,产生经济先发红利,技术保护主义将进一步催生市场保护主义的滋长。随着以人工智能为代表的新技术革命的到来,世界各主要国家都将创新作为重要的国家战略来推进,全球正进入新一轮技术革命时代的共识已经基本形成,同时,一场围绕新技术革命的国家技术创新竞争也由此拉开帷幕,其结果将不仅会深刻影响我们的生产方式和生活方式,还将进一步重塑世界竞争格局和国家力量对比,进而重塑国际经济与政治秩序。作为前两次技术革命的旁观者和第三次技术革命的追随者、模仿者,中国在历史上多次错过了发展的重大机遇。站在新一轮技术革命的历史关键节点,中国要想真正走出"中等收入陷阱"并实现中华民族的伟大复兴,就必须在这场新技术革命中成为重要的引领者之一,而这也正是上海建设具有全球影响力的科技创新中心的国家战略的使命所在。

一、技术民族主义与国际政治经济发展

从学科的角度而言,经济学的发展经历了漫长的历史演化。受资产阶级自由主义导向的古典经济学理念广泛传播的影响,经济学的概念在一定程度上被狭义化了。实际上,在古典经济学流行之前,经济学存在门类适用领域的划分差异问题。卢梭在其著作《政治经济学》中提出,经济学本意具有"家庭经济学"或"个人经济学"特征,是全

家人以共同幸福为目的,依据一定规则对家庭进行的管理。后来,这个理念被扩大到国家层面,因此也被称为"公共经济学"或"政治经济学"[①]。而德国的李斯特则认为,这种观点掩盖了重大理论错误,即国家政治的分割性与世界主义之间存在天然的利益背离,除非全球统一体能够实现,否则,新古典经济学引入效用和边际问题,将使现代经济学愈发脱离真实世界,同时也更加具有世界主义。

(一) 对于民族主义经济学和世界主义经济学的再认识

古典经济学以来的西方主流经济学范式强调自由主义导向,这种理论传播具有西方普世价值观导向,很大程度上影响了世界范围内的各国发展政策实施,认为开放市场和自由主义的经济政策必然会带来各国经济的增长,只在市场出现失序时才强调政府的补充作用。这种判断在德国经济学家李斯特看来具有先天的缺陷。以自由贸易为例,如果两个国家要实现完全对等的自由贸易,就必须建立在相类似的生产能力基础之上,否则必然出现一个国家的经济发展对另一个国家的生产进行剥夺。而现实世界中的经济发展也愈发显示出这一迹象。一些长期依靠出口具有本国比较优势的资源型初级产品的国家,往往更易受到"荷兰病"的困扰,工业化进程和产业结构升级困难重重。2008年全球金融危机后,相当一部分基于初级产品出口而发展起来的新兴经济体目前就面临着如此困境。

所谓世界主义经济学,是指把局限于某特定地域或国别的经济学理念泛用于世界其他地区,突出特殊适用场景的普世性。这一思想最初起源于欧洲国家。由于相对于世界其他国家来说更为发达,欧洲国家的思想理念具有先入为主的优越性,一旦挤占了一个国家或社会的主流意识形态,除非社会进行集体性反思,否则难以撼动其统治地位。集体性反思和批判具有社会思潮的性质,其发生需要基于特定的时空环境。正如西方文艺复兴对于传统教权观念的集体性反思和颠覆,社会主义在世界范围内传播过程本身对应着相应社会群体对既有制度的集体性反思,这也是社会主义革命中群众本源性力量的源起。换言之,由于全球化红利溢出时代缺乏对于西方普世性价值观的集体性反思和批判,世界主义经济学始终占据经济思想的核心主导地位。

[①] 卢梭. 政治经济学[M]. 北京:商务印书馆,2013:1.

带有世界主义倾向的经济学理念一开始就贯穿于西方经济学理论体系形成的过程中。自由贸易理论创始人、法国重农主义奠基人魁奈以全人类发展为视角,在其著作《重农主义,或最有利于人类的支配力量》中首次提出世界主义经济学的发展理念。英国的亚当·斯密更是极力倡导在全球范围内进行自由贸易的世界主义经济思想。围绕"理性人"经济假设所做的经济学理论分析架构在一定程度上主导了世界经济学研究的主流范式。古典经济学关于自由的理念被广为接受以后,经济学分析愈发表现出功利主义("边沁主义")。尤其是帕累托以后的微观经济学发展,更凸显出一种显著的功利主义倾向[1]。除斯密外,其他诸多经济学家亦陷入了世界主义的陷阱。比如,西斯蒙蒂(Sismondi)和萨伊(Say)即便使用了"政治经济学"一词,但对经济学认识依然具有世界主义色彩,并认为经济学是"以造福全人类为使命的科学"。

在世界主义经济学面前,任何带有国家主义或者民族主义经济学特征的理论都被认为是有政治色彩或偏见的非纯粹经济学。尽管世界主义经济学在刻意回避国家和国家理论主题,但现实世界中的国家理论体系实际上要比世界经济学的影响更大。公共物品作为国家理论的重要构成,也是自由经济学不可回避的重要因素。因为私人企业有序发展的前提需要建立在保障生命和财产不受侵犯的基础之上,民族国家的私利性决定了国家间的利益纠葛不可避免,国家内部的单一行为体则需要借助国家这个集体组织提供安全和其他机制层面的公共物品。世界主义经济学者,包括亚当·斯密在内的英国古典主义经济学家,大多忽略了公共物品理论,尽管大多数英国古典经济学家同时也认识到国家所提供国防、警察以及法律和秩序领域的作用[2],但他们从未视国家为全球经济的基本单元和运作主体。

世界主义强调世界范围内生产要素的自由流动,并推动资本主义制度本身在全球发展和传播的过程,突出强调自由贸易和投资对所有国家有利。世界主义所基于的价值判断通常以欧美历史进程中的大国为主导。这种以偏概全的学术理念扩散受到多方面因素的影响:第一,受到工业化进程发展差异的影响。现代西方经济学的发展建立在现代工业生产基础之上,而欧洲国家建立现代工业文明时,世界其他地区尚处于落后的农业发展阶段。第二,受到霸权国家的影响。在大英帝国时代,英国依靠强大

---

[1] 吴红宇.经济学的哲学分歧:世界主义与国家主义[J].昆明:云南财贸学院学报,2003(04):64-66.
[2] 奥尔森.集体行动的逻辑[M].上海:格致出版社,2014:96-104.

的工业生产能力、发达的海外殖民贸易网络和自由导向的贸易获得了最大化的国家利益。二战后建立的世界经济秩序很大程度上体现了美国国家利益导向的经济政策设计。"华盛顿共识"之所以成为世界大多数国家的发展理念参照,其背后实质是一种强大的美国国家利益的支撑和影响,而这种影响却被理论"通用性"而掩盖。第三,当经济学发展引入现代科学主义方法论之后,尤其是数学等研究工具后,世界主义经济学发展进一步具备了具有迷惑性的外表。自由主义导向的主流经济学通过科学主义方法论的包装变得比其他理论架构更具有"组织逻辑"和"权威性"。

经济数学化使得经济学研究过度脱离现实世界,世界主义经济学也因此备受各种质疑。实际上,世界主义经济学在其萌芽发展阶段始终受到来自各方面的责难。因为国家主义和世界主义之间始终存在一种复杂的辩证对立关系,这种关系首先在古典哲学层面引发讨论。黑格尔的绝对主义国家观就深刻地反驳了个人自由的有限性,强调通过国家的整体性来调和个人主义与整体主义的关系。他认为,国家是站在自然生命之上的神物,拥有明确的伦理追求,因此,人类必须虔诚地服从[①]。沿袭黑格尔的论证逻辑,相关的经济学家也开始对世界主义经济学发起挑战。穆勒(Adam Heinrich Muller)作为国家主义者,首先开始对世界主义经济学进行责难。他本人崇尚国家利益,否认功利主义和物欲主义的个人利益。而德国的李斯特则明确提出亚当·斯密的经济学理论只不过是代表英国利益的国家经济学而已[②]。

在李斯特看来,斯密所倡导的自由经济实质上是一种私人经济,其论证逻辑存在先天缺陷。他认为,斯密忽视了国家财富与国家生产能力之间的本质性差异。通过商业手段带来的财富,如果没有最终和国家生产能力建设有机地结合起来,那么这种财富繁荣是脆弱的。正如德国汉莎商人的兴起与没落一样,国家需要依靠制造业为支撑的硬实力以维系经济和政治领域的安全,并出台相关贸易和产业政策来保障国家的安全。李斯特认为,亚当·斯密对于英国政府之前的保护主义视而不见,英国的发展首先是建立在民族主义经济学基础之上的,在竞争力得到提升的基础上才能够实现世界范围内的实力拓展。英国的发展经验表明,保护制度是能够促成那些文明程度相对落后的国家在短期内获得与先进国家同等的工业文明的唯一手段,也是推动贸易自由的

---

① 闫伟杰.黑格尔的国家观探视[J].理论探索,2008(4):28-31.
② 朱锡庆.经济学霸权:泛功利主义及世界主义[J].长沙:长沙交通学院学报,1998(12):68-71.

最有效手段①。而从战后全球经济发展来看,自20世纪70年代以来,凯恩斯主义经济政策受到质疑后,自由主义导向的世界主义也同样使得相当多的国家错失发展良机。不少国家的经济发展过度依靠能源资源,而失去了产业化转型和竞争力培育的有利机遇。西方发达国家倡导世界主义的基础是它们所拥有的国际竞争力,而当自身的国际竞争力下降时,李斯特所推崇的带有保护主义色彩的民族主义经济学概念又会得到西方国家的再次自我反思性的重视,包括由政治人物来付诸政策实践。目前全球技术民族主义的兴起就是民族主义经济学与技术混织的产物,它的出现受到复杂的国际关系变化的影响,包括过去主导世界经济学的西方国家自身行动和支配能力下降的影响。

(二) 国家间政治与技术民族主义问题

技术"脱钩"及因此形成的市场割裂受到国家间政治和市场主体行为等多重机制的影响。核心技术作为国家竞争力的重要构成因素,是国家行为主体参与国际政治经济博弈的重要工具。国家需要从竞争力维系和国家利益出发,培育、维系和保护其相应的技术竞争力。此外,包括跨国公司在内的市场行为主体是世界产业链布局的主要贡献者,跨国公司需要考虑到既有产业链布局持续性的影响,也要尽可能地推动产业链布局完整可控和内部化,避免国家间政治因素导致的"断供"风险及因此对产业体系的破坏。

1. 技术民族主义与美国对外经济关系

从人类进入大航海时代开始,技术在国家竞争力因素构成中占据着越来越重要的分量。几乎每一个大国的崛起与没落都与技术变革密切相关,技术是产业竞争力的强大支撑。迈克尔·波特在其《国家竞争优势》一书中提出,国家需要对不利的生产要素进行升级以实现其竞争力的提升,技术是改变不利生产要素的重要因素。波特同时认为,知识和人力资本具有典型的技术属性。世界发展的历史进程表明,技术因素是国家竞争力维系的核心因素。在军事和生产贸易领域的技术发达程度直接影响一个国家的全球竞争力。

---

① 李斯特.政治经济学的国民体系[M].北京:华夏出版社,2013:96-97.

在重商主义盛行时期,发达国家通过先进技术的产业化来挤占国际市场份额。荷兰、英国、法国、德国、美国和日本的崛起都体现了技术产业化的发展过程。技术产业化过程需要国家层面的政策保护以维护幼稚产业的成长。早在德国民族主义经济学诞生之前,美国就提出保护其本国产业发展的政策举措。建国初期,受到来自欧洲贸易品的竞争压力,在重商主义肆行的背景下,美国第一任财政部长汉密尔顿亲自撰写了《关于制造业的报告》以保护美国幼稚产业,美国的产业政策做法甚至直接影响了德国民族主义经济学的诞生。

历史经验表明,美国在历史的绝大多数时期,一旦受到外界竞争的强大压力,就会采用更加具有民族主义导向的产业保护政策。除美国建国初期保护制造业的政策实践外,即便二战后美国经济和科技实力遥遥领先于世界其他国家的情况下,一旦美国在贸易领域受到来自欧洲或日本的显性冲击,美国政策的自我保护机制便会随即开启,并且这种政策变化与其民主政治紧密相连,总统竞选需要回应民众对于美国国家利益的关切,尤其是与经济生产有关的就业等问题。技术民族主义和国家导向的产业保护政策的本质具有类似性。美国具有政府干预导向的保护主义传统,而技术民族主义本质上是一种具有产业保护主义特征的国家战略,其在贸易领域推动战略性贸易政策培育和保护竞争性技术,在半导体和信息化领域尤为突出①。

二战后,冷战等国际政治因素使得东西方技术竞争和割裂成为常态。以美国为首的西方国家通过成立"巴黎统筹委员会",对苏联及其他社会主义国家进行技术和贸易禁运,使得以苏联为代表的社会主义国家在技术发展上长期割裂于西方国家。在美国对东方国家进行政治、经济、贸易和技术全面冷战的同时,美国对欧洲和日本的贸易政策很大程度上也承袭了本国产业和核心技术保护的理论。为保持其技术竞争优势,美国通过各种政策手段来围剿竞争国相关产业,这都具有先验可循。美国《1974 年贸易法案》的通过使得对产业领域的关注拓展至技术领域,美国的政策实践从产业保护转向技术保护,通过技术来维系自身产业竞争力并打击竞争对象国产业。与知识产权相关的"301 条款"是美国技术民族主义的直接体现。20 世纪六七十年代以来,美国与日本、欧洲的贸易战经验表明,运用技术民族主义打压对手的经济战略是美国惯用的手

---

① 尹小平,崔岩. 日美半导体产业竞争中的国家干预:以战略性贸易政策为视角的分析[J]. 现代日本经济,2010(1):17-19.

段。美国曾采用与对付华为等中国企业相类似的手段来打压日本的半导体企业，比如松下、东芝、日立、三菱、夏普和索尼等，甚至不惜低价出售显存（DRAM）领域的相关技术，通过培养三星、LG、大宇、现代和台积电等企业来打压日本产业集群。

2. 国家间政治与技术民族主义之源

现实主义大师汉斯·J.摩根索（Hans J. Morgenthau）认为，国家间政治的本质在于通过谋求权力获取相关利益。在权力斗争中，国家需要通过权力的维持、增加或显示来实现不同时期特定的利益。① 这一判断可以引申并应用至中美之间的经济竞赛方面。改革开放四十年来，中美两个大国的发展关系经历了质的变化。中国作为发展中国家，在对外开放过程中与美国之间的经济关系从依附到并立，再到竞争。这种关系转变最终诱发美国对中国政策和战略的调整。背后的核心因素在于国家间利益的竞争。2017年12月，特朗普政府发布其任内首份《国家安全战略报告》，将经济安全置于国家安全的突出位置，明确将中国视为"竞争者"，这意味着中美经济关系进入一个不可避免的竞争时代。

技术民族主义具有现实主义国际政治特征。中美贸易战表面上是贸易竞争问题，但在当前背景下，贸易战逐步演化为两个国家产业和科技竞争的核心问题。基于技术竞争的产业竞争是两个国家的重要竞争领域。大国间经济竞争将不可避免地牵涉到更为复杂的国际政治因素。中美两个经济体竞争的最初领域聚焦于制度层面，以美国对中国市场经济地位的质疑为重要标志，美国指责中国通过补贴等产业政策来侵蚀公平竞争的空间，对美国产业发展不利。后续则逐步涉及到知识产权保护及美国科技竞争力等问题。随着中国在诸多产业领域的"后来居上"，中美之间的经济竞争愈发白热化。2008年金融危机后，奥巴马政府开始重新反思美国经济竞争力问题，提出美国"再工业化"发展战略。美国"再工业化"的本质意义在于重新调整自身与世界经济的关系，重新塑造以实体产业发展为核心的美国竞争力体系。对此，美国对于中国的竞争策略主要为以制度和规则门槛为标准，重构全球贸易网络，旨在向中国产业政策和"非市场化"制度施压，同时为美国"再工业化"创造发展空间。

特朗普上台后，在经济竞赛方面采取更具有对抗性的政策举措。美国在贸易政策

---

① 摩根索.国家间政治：权力斗争与和平[M].徐昕，郝望，李保平，译.北京：北京大学出版社，2012：13.

上抛弃了奥巴马政府任内推动的更高标准规则等制度壁垒的做法,而是通过增加关税的做法,直接限制来自中国市场的商品进口。特朗普的这一做法能够在短期内对中国产业的发展形成打压,同时也使得部分对华投资的外资企业开始转移生产基地,通过第三方市场对美出口,对全球价值链产生了一定程度的影响。与中国产业发展承压相对应的是,美国经济受减税等因素影响,进入复苏状态,美国制造业相比金融危机前有很大的发展。尽管当前诸多对美国制造业分析存在分歧,且2019年美国的制造业数据也开始出现波动,但整个2018年间,美国制造业实现月均新增就业2.2万[①],这一增长势头可以说明美国的保护主义政策再次对美国制造业产生了影响。

与美国重振制造业相对应的是美国将贸易战逐步引入技术竞赛领域,通过政策手段不断打压中国科技公司。受上一轮跨国公司全球产业布局的影响,美国在制造业产业竞争力方面已受到显著削弱。维系美国既有技术领域的垄断性竞争优势关乎美国国运发展。相比在制造业产业领域竞争优势之式微,技术领域竞争优势是美国国家竞争力的核心体现,美国需要技术领域的优势来维系其国家竞争力。为此,华为和中兴等通信企业受到美国政府格外关注,这充分体现了美国技术竞争的政治战略思维。美国商务部工业和安全局(BIS)于2019年5月10日将37家中国大陆企业和科研机构列入"实体名单",名单内的中国机构涉及汽车技术、电子、精密光学、液晶材料、机床等行业,充分暴露了美国的"技术竞争"战略目的。

除了制定实体清单外,特朗普政府甚至尝试使用1977年《国际紧急经济权力法案》(*International Emergency Economic Powers Act of 1977*)以阻止美国技术公司对华资本投资[②]。此外,美国还计划拟定各种法案,以收紧中国企业赴美上市,包括运用财务审计手段严格审查中国在美上市企业。因此,中美第一阶段贸易协议的达成并不会缓解中美之间的竞争,相反,先进技术的竞争将成为中美经济竞争的最重要领域。

技术民族主义必将引发市场民族主义,并且,技术民族主义将进一步强化市场民族主义发生的程度和范围。目前的全球市场保护主义已充分体现出这一国际博弈关

---

① U.S. manufacturing is in a recession. What does that mean for the rest of the country?[N]. CBS NEWS, 2019-09-06.
② US tech backlash forces China to be more self-sufficient[EB/OL]. [2009-07-09]. https://www.ft.com/content/c6993200-1ff3-11ea-b8a1-584213ee7b2b.

系特点。技术的研发和产业化需要以市场为支撑,鉴于中美巨大的贸易体量,贸易保护将最终驱动世界市场的重大结构性重组,市场的割裂将进一步催生技术研发本身的割裂,并将最终推动形成两个相对割裂的技术市场。此外,对技术领域的过度保护和封锁会推动中美之间技术发展"脱钩",同时也会产生市场自身的结构性调整并产生缓慢的"脱嵌"结果。因此,美国主导的中美技术"脱钩"在现实中会引发市场"脱钩",技术与市场是内嵌性相互作用与影响的。

3. 国际产业链体系与国家经济安全之现实反思

20世纪70年代以来,随着跨国公司对外投资的迅速发展,国际分工从产品分工转向产业链分工,尤其是互联网技术的进步和中间品的标准化使得产业链分工成为世界生产的主流范式。产业链分工具有链条状特征:位于上游的高端技术产品和技术通常掌握在发达国家的企业手中,由于技术的垄断性,使得其在产业分工体系中具有不可替代性;位于下游的组装企业,或者依赖上游技术产品发展企业的企业,具有较强的可替代性,需要依赖上游技术和顶端产品的供给。很强的替代性意味着上游高端技术产品供给与下游若干家企业之间会形成具有金字塔形状的供应关系(1→N),一旦受到国际政治及其他因素影响,上游企业会对下游相关企业进行技术和关键产品"断供",并转向其他下游企业。2018年中美贸易摩擦初始,美国政府对中国中兴公司的制裁和惩罚最为典型,由于后者在相关核心技术产品领域需要完全依赖于前者,一旦上游"断供"或进行技术封锁,将直接关乎企业存亡。

尽管西方古典经济学以来的市场经济理论都强调分工带来生产效率的提升,产业链分工是市场收益和分工效率驱动的结果①,但世界市场与民族国家之间向来是一组辩证关系。李斯特当年在评价亚当·斯密关于自由市场的相关观点时,指出英国在强调自由市场时显然带有国家利益考虑,且只在英国具有强大的工业生产和贸易能力时才提出。因此,产业链间的贸易作为自由市场产物,在促进世界增长效率的同时并未能解决国家间政治因素可能带来的负面冲击问题。跨国企业在参与产业链分工时不可避免地需要分散其投资风险,并降低国家间政治因素可能带来的不确定性冲击。国家间政治因素对于企业参与全球产业链的影响是显性存在的,它不是一个单纯的市场

---

① 杨蕙馨,纪玉俊,吕萍.产业链纵向关系与分工制度安排的选择及整合[J].中国工业经济,2017(09):16-24.

问题,国家对于产业链安全的考虑在很大程度上是基于国家战略利益和战略能力的维护,其中夹杂着复杂的非市场因素。

通过增强研发投入来提升技术和产品自主供给能力已成为市场主体的重要共识。实现技术和相应环节中间品的自给的最直接动力在于解决企业的生产成本问题,企业推动研发的直接动力在于中长期发展战略下的市场收益因素[①]。因此,就企业的自身行为而言,无论是要在国际市场竞争中赢得优势还是能够应对外部市场技术垄断的威胁,通过自主研发解决"卡脖子"技术的努力一直就是企业建立自主可控产业链的追求,特别是超大型企业,一旦受到国际政治因素干扰,复杂产业链中关键中间品或零部件"断供",就会引发企业的生产危机和生存问题。而目前在中美经济和技术博弈日益加剧的背景下,产业链安全是更为长久的考量因素,除国家政策层面引导外,企业技术研发自主性日益增强,越来越多具有科技和资本实力的大企业越发注重研发投入,这些企业通常具有较好的财力和技术储备,能够通过持续研发投入来解决相应的技术瓶颈。

因此,从国家经济安全角度考虑,中国作为全球唯一的全产业链国家,既要把中国的产业链能力视为国际产业链体系的重要组成部分,也要考虑国家经济安全保护问题。而随着中国传统产业的转型升级,越来越多的过剩社会资本开始涌入技术研发端。即便不存在"断供"的风险,中国企业也开始寻求自主产品替代方案,比如国产操作系统、国产芯片和一些关键设备的自我供给,这种研发行为本身受到国内市场规模和收益前景的激励,而外部恶化的技术封锁环境则会加速推动这一进程的转化。

(三) 新技术革命与大国权力转移

全世界如今都在热烈讨论新一轮技术革命的挑战,并争相运用高科技来加速本国的经济发展、社会进步、文明提高和安全防卫。伴随着社会生产力的不断提升,技术使许多国家的政治、经济、社会、安全结构产生巨大变化,相应地从工业社会陆续

[①] WILSON M. 2019 and the Rise of Technology-Enabled Nationalism[N]. 2019 - 01 - 16. [2019 - 01 - 16]. https://emergentrisksinternational.com/2019-and-the-rise-of-technology-enabled-nationalism/.

转为信息社会、智能社会、知识社会,因而也给国际关系带来了历史上许多不曾有过的特征与现象。科技和经济虽然仍在为一定的国家经济服务,但是,前者对后者的反作用影响却在持续加强,并日益成为不可阻挡的时代潮流。科技的国际化和经济的全球性势必会从客观上冲淡传统国家机器的单一政治职能,但反过来也会触动国家对经济和技术管理的强化,并对技术影响国际权力的问题予以前所未有的重视。

1. 科技革命带来的巨大变革

现代社会发展的技术进步促进了各个学科之间实现除自身深度以外的高度融合发展,也加速促进科技成果的不断的产业化应用。尤其是最近几十年中科技创新速度加快,已经使各学科之间不再存有绝对分界,学科与学科之间开始相互接触、相互渗透,在达到学科之间的共鸣和共享的同时扩大了科技创新产生的经济与社会影响力,进而使科技从实验室向社会领域进行广泛扩散,并对生活方式产生了实质性的改变。科技创新速度的提升与产业化能力的加强势必会导致一定程度上的技术群的出现。虽然不断创新引发的新科技革命中多领域内的科学技术都有相对的关键性发展,但其中有两种技术群尤为突出:一是信息技术,主要以半导体以及计算机为主要发展基础;二是生物技术,主要以生物遗传学为核心,以细胞培养以及细胞研发手段为关键技术。这两种技术群的扩张效果已经为人类生活中的各个领域开辟了新时代发展空间,使社会生产和人类社会活动的活力大为改善和进步。

相关的统计显示,在整个19世纪,全球所拥有的专利总共有546项,而20世纪前半世纪已经拥有了961项,到20世纪60年代全球专利已经超过了已有专利的总和。到20世纪末期,人类在科技发明专利等方面的成果又再一次突破了以往的总和。与此相对应,现代化知识更新的周期也在大大缩短。原本知识的积累与更新的周期在100年,而科技创新使知识的更新时间越来越短。到目前为止,知识更新的周期已经达到了1~2年就会翻一番的情况,而且,据推测将来会更短。在知识更新加快和信息爆炸的时代,特别是互联网技术的普及已经导致知识本身价值"缩水",又出现了集成和专业化的加深与提高,以及由公司引导研发而使科技成果应用路径简化,可应用型高科技成果每年都大量涌现。科技创新改变了以往科学与技术平行发展和各为系统相互不干扰的特点,逐步实现了各个要素之间相互融合、相互交流的综合性发展,实现了技术化与科学化相互作用和合成,进而通过市场作用,形成了巨大的科技生产力,带来了社会与经济形态的巨大变革。

2. 科技革命呈现出新的发展趋势

科技创新作为科技革命有效的作用手段,从现阶段的发展趋势来看已经成为社会经济快速发展的必要前提以及关键性要素,其在为整体社会的生产与消费方式提供改变的同时,对于社会劳动技能和知识结构的提升也在形成新的影响。现阶段科技创新推动生产力发展的主要表现是:首先,科技创新和科技革命使生产力的各个要素构成发生质的变化,科技创新的社会生产力已经不再是以往单一的要素形成的生产力,生产力要素之间相互促进,产生了放大的效果,由科技创新赋能的生产体系与知识技能型劳动者结合,较以往能够创造更多的经济使用价值与市场效应,并相应地减少劳动时间。其次,科技创新引起生产力内在结构的变革,在云计算和大数据产业科技创新的过程中,数据本身已经作为一种新的生产要素出现,改变了原有二次和三次产业革命中生产力要素的组合方式,数据可以定义生产、消费并深度介入管理,使整体社会的整合能力快速增加,并影响产业业态的结构性调整。

就产业结构调整而言,自20世纪70年代以来,首先是发达国家的产业结构出现了极大的变化,在全球化过程中重塑了产业结构形态。而其中重要的变化就是发达国家的第一产业、第二产业的产值逐渐下降,全产业链模式在发达国家出现解构,并产生了产业链的全球部署与分工,第三产业中以信息产业为代表的领先技术在部分发达国家得到快速发展,服务性行业成为社会经济发展的主要依赖。同时,在全球范围内,由于产业链和技术链的组合,科技创新成果在全球价值链中获取了更多的收益,高科技制造的价值显著提升。特别是进入新世纪以来,由于科技创新速度加快,全球价值链控制与分配明显向科技要素集中,使传统的"微笑曲线"向"武藏曲线"发生转移。

科技创新不断推动现代化科技产业的发展,各产业之间相互渗透与推进,催生了许多新兴的"边缘产业",使得现代社会单一产业模式消失,产业之间的科技要素相互结合发展已经成为产业发展的一种新趋势,其中既有纯数字经济原生态的数字经济产业链,也包括传统产业自身的数字化改造,这两种产业路径相互交织,使得科技革命的产业空间被有效放大,进而触发产业链中科技元素的新嵌入。

3. 大国成长过程的主导要素

当今世界,对于大国含义和概念的界定,一般都是从战争能力、利益和权力范围、综合实力、软实力四个角度出发来做出判定的。自19世纪开始直到20世纪末叶,先后就有德国、英国、法国、美国等国的一批学者和政治家先后提出过针对大国认识的不同角度的观点、理论与说法。随着时代的发展和社会的进步,人们对大国的概念认识也在明显加深。先不谈前人的观点和理论,而只站在21世纪历史新时期和国际社会新现实的角度对"大国"的论述加以综合、补充和深化提炼的话,那么,关于"大国"的定义就应从三个角度来界定:第一,需从构成大国的力量要素方面进行系统分析;第二,需从在国家间博弈(或称"较量")中产生的国际影响与占取的国际位势进行全面评估;第三,需从大国的历史演变及其发展全过程来动态地分析和检测某一国家的历史作用与实际地位状况以进行新判断和界定。

  所谓大国,即是指那些不仅在国际体系中拥有权力资源上的显著优势,而且在国际体系中占据举足轻重的地位、对自身所处的文明体系乃至全球都富有巨大影响力、综合国力能在其自身区域甚至全球都居于主导位置、在全球范围内都具有广泛国家利益的国家。而在这里,所谓权力资源,又称"综合国力",往往指一国对他国施加影响并在国际社会发挥作用所必备的物质性权力及非物质性权力的总和。物质性权力一般包括军事能力、经济实力、资源储备力;非物质性权力亦称"软实力",指包括诸如文化、意识形态、价值观、管理、制度、社会信仰、道德以及生活方式等的吸引力、凝聚力、感召力。而在现今时代,假若一个国家能在上述所有领域都对国际体系内其他国家拥有明显优势,并且在军事力量与经济力量的投射上能够体现出全球性特征,那该类国家便毫无疑问应归属超级大国。

  15世纪至17世纪的葡萄牙、西班牙和荷兰曾一度强大,但其力量投放却都局限于在海外掠夺土地、海上货物贸易,导致科技创新能力下降,难以维持长期繁荣和大国地位。18世纪至19世纪的英国率先抓住了第一次科技革命及随之而来的产业革命的机遇,不但发展了国内经济,建立了工业化社会,还向海外扩张商品市场、提供金融贸易、进行文化传播,因此才有了世界上首个最成功大国的崛起。从19世纪70年代至20世纪80年代,美国、德国、日本、英国、法国、俄国(后为苏联)等国在不同的阶段,通过不同的途径,在不同的领域分别抓住了第二次和第三次科技革命及其对应的产业革命机遇,在经济、军事、社会、管理等各方面加强了科技持续创新与应用,同样都纷纷成为了世界科技大国。20世纪90年代至今,尽管世界局势变动纷杂,但国际格局依然是美国"一超独霸",欧洲老牌大国各国兴衰更迭,继承了苏联解体遗产后的俄罗斯也虽艰难地努力,但已经很难恢复往日的辉煌。从各个大国兴衰的历史共同点来看,一个国家的发展归宿既与自身固有的各种力量组成强弱相关,又与该国科技的创新程度高低以及国家治理水平的优劣高度相关。

一般而言,大国的形成必须具备的条件和所享有的地位往往会集中地显示在:第一,在体量特征上,大国之"大"表现为规模大,包括国土面积、地理资源、人口、军事、经济产值总量巨大;第二,在功能调配上,大国之"大"表现为影响大,包括政治、经济、军事、外交、科技、文化对内对外主导性牵动作用;第三,在形象展现上,大国之"大"表现为国际地位高,包括在国际社会活动能力、国际组织号召能力、受国内外民众认可与信赖程度很高。只有具备了上述条件,享有了足够的国际地位,一个国家方能进一步跻身大国行列。

虽然历史过程中世界大国的崛起和发展路径各不相同,其对世界发展和文明进程推动的贡献也不尽相同,但是从大国成长的主导要素来看,显然经济增长是最基本的要素支撑,而与经济增长高度关联,或者说能够持续维持大国经济增长更内在核心驱动力的是科技创新。历史上,任何一个大国在其崛起和鼎盛阶段均是当时代相较于其他国家的"科技领先者和科技创新者"。因此,科技创新带来的超越性,包括其对应产出的经济生产力在很大程度上决定了大国的兴衰,而这一点在当今科技革命浪潮的冲击下将会体现得更为明显与清晰。

4. 世界科技大国的创新能力体现与创新驱动特点

科技创新能力的驱动需要层级组合与协同效应。如果将科技创新能力置入到具体的特定环境进行考察,那么便可分门别类地划分为企业技术创新能力、国家创新能力、区域创新能力和产业创新能力等。在这里,所谓创新,通常都是指人类为了满足自身需要而不断拓展对客观世界、自身认知与行为过程及结果的活动,即人为了一定的目的,本着遵循事物发展规律,对事物的整体或其中某些部分进行变革,以便使其得以更新与发展的活动。创新的本质是进取向上,是推动人类文明进步的激情驱使,既能淘汰旧观念、旧技术、旧体制,又能培育新观念、新技术、新体制,其对社会发展的推动力是巨大的。创新能力的培育,首先是要具有综合独特性和结构优化性的特征;其次,遗传素质是形成人类创新能力的生理基础和极为必要的物质前提;再次,环境又是人类创新能力赖以提高的重要条件;最后,实践是人的创新能力形成的唯一途径。而从科技创新能力的形成层级来看,除了微观层面的企业、学校、科研机构或自然人等在某一科技领域所具备的发明和发现创新的综合实力外,在宏观层面还包含着一个国家在科技各方面,诸如创新投入、创新产出、创新基础、创新环境(如内外部环境、管理和体制)等要素的系列性能力。微观的科技创新能力必须与国家创新能力进行充分的协同,或者说,国家科技创新要素组合需要良好的制度空间,并在层级和行业的各个系统中通过联合组织与共同促进,才能达到驱动国家科技创新的一致目标。

从全球科技创新的大环境来看,20世纪90年代至今,一方面是世界经济在信息、生物、新能源、新材料的科技革命带动下不断向纵深发展,新产业与新商业模式不断涌现,另一方面,世界经济却又出现了增长普遍放缓、经济增长乏力、环境恶化的危机。观察近250年来人类经历的三次科技革命和经济发展周期可以看到,全球经济上行期的长度往往都取决于特定历史阶段中最重要的科技进步(亦可称作"科技革命")所释放的推动力能够维持多久,科技进步越具有革命性质,其所推动的上行期就越长;同样,经济下行衰退期的长度也取决于新的具有革命性的科技进步酝酿时间的长短。根据以往的历史规律,凡遇见因生产力不足而导致的经济衰退期,大都是孕育和诞生重大科技突破的黄金时期。从这个角度而言,目前世界大国大都处在新科技革命到来的准备期。任何一个国家要想在新一轮科技革命中占据有利地位和主动地位,就必须扎实地提高科技创新能力。

一些国际机构会对不同国家的科技创新能力体现,包括其如何驱动经济社会发展,进行量化角度的测度,然后依据量化测度和各类舆情调查结果,把那些把科技创新作为基本战略并借此形成日益强大的竞争优势的国家定性为"创新型国家"。目前,世界上公认的创新型国家共有20个左右,世界科技强国中的美国和日本分别居于第一、第二,中小国家中的芬兰和韩国则居于第三、第四。如果总结创新型国家的特点,其共同特征基本表现在:第一,创新综合指数明显高于其他国家;第二,科技进步贡献率在70%以上;第三,研发投入占GDP的比例一般为3%以上;第四,对外技术依存度指标一般在30%以下;第五,所获得的专利数位居全球前列。一般而言,创新型国家的特征当然主要为自主创新,即包括原始创新、引进消化吸收再创新和集成创新三种。而唯有通过自主创新,才能形成强大的跟进驱动作用,使得国家各个层级间相互有效组合,各个行业间相互协同共促。因此,科技大国和创新型国家并不等同于传统意义上的大国,除了美国等少数国家外,当今世界各个领域的创新均出现中等国家和小国化特征,这些国家只要满足创新能力要素要求,依然可以在科技创新领域作出与大国相当的贡献。

二、新技术革命背景下大国科技竞争

当前,从全球经济发展的历程和格局来看,中美之间的战略竞争和贸易冲突已经成为加剧全球经济发展不确定性和全球经济下行压力的最主要因素。一个引人注目的重大变化是,作为全球最大经济体的美国正在逐步将维持自身经济竞争优势、保持经济规模"第一"地位、强化美国对全球经济治理规则的制定权和掌控权这三个目标作为美国保持自身霸权主义和宣扬传播自身价值观体系的基础性条件。美国对外战略的关键转变就是将全面实施和推行美国优先战略作为今后一段时期内的美国对全球的主要战略目标。在过去的 100 年间,自美国超越英国成为经济规模第一的国家后,美国就已经非常习惯和擅长对经济规模接近自身的"老二"国家或者在未来可能会超越美国经济规模的追赶型国家实施多维度的打压策略和遏制战略,以此作为维持美国霸权主义的核心手段。在这种美国式的霸权逻辑和遏制思维下,当中国 GDP 规模逐步接近美国 GDP 的三分之二时,中美之间传统的以经济联系互为支撑的国家关系正在发生根本性的调整和变化。而且,以美国为首的发达国家主导和制定的 WTO 规则体系,由于无法满足美国的战略利益,目前也正面临难以逆转的重构挑战,甚至有解体风险。自从 2015 年以来,美国的精英阶层、政策制定者们和学者们逐步达成了对中美之间战略竞争关系的共识,就是"中国威胁论"和"对中国强硬论"。美国白宫在 2020 年 5 月 20 日发布的《美国对华战略报告》中明确提出,美国在过去 40 年对华政策所奉行的"接触战略"已经失败,美国需要在"原则现实主义"的指导下,对中国采取战略竞争。因此,中美关系在今后一段时期内必然会处于直面碰撞的环境之中。目前,中美建交之后的几十年来,在日益加深的经济相互依赖关系基础之上所构建的善意和合作基础正被快速削弱,甚至濒临崩溃的局面。针对美国对中国战略竞争关系的核心特征和具体表现,可以清楚地看到两个脉络:一方面,美国以双方贸易不平衡为借口,试图单方面强迫中国对美国打开国内各类需求市场,以获得经济上的利益来保障"美国优先";另一方面,美国不仅针对到美国市场投资的中国企业实施更加严格的审查和禁止政策,还对中国领先的技术公司(如华为等)加大了"技术切割"力度,并凭借"不对称市场开放和技术遏制"策略,既占领中国国内的高端需求市场,又防止中国对美国的技术追随,并从根本上彻底遏制中国本土企业和跨国公司的自主创新能力提升和全球竞争力强化。

(一)中美科技竞争产生的战略背景

20世纪发生的"传统冷战"是以对抗式的意识形态,以地缘政治为核心,以政治控制势力范围为边界进行的,美苏双方之间主动塑造了长达半个世纪的对抗型国际政治形态。而本次中美之间的大国科技竞争则是在苏联1991年解体、全球进入迅猛全球化和经济一体化近30年后,由于全球最大的两个经济体的经济规模拉近,技术前沿竞争重叠,领先大国美国出于担忧和焦虑而单方面主动发起的一场以关键技术控制和新技术提升加速竞争为手段和目的的新形态"科技竞争战"。

冷战结束后,美国拥有几乎无与伦比的超级大国地位,关键因素是它无与伦比的经济和技术优势。但是,由于全球化和技术转移,包括跨国资本基于全球价值链的生产体系重构,特别是发展中国家主动参与全球化后的生产和技术能力提升,美国的竞争对手在全球化过程中发展了自己的能力,这对美国的全球绝对领先优势提出了越来越大的挑战。根据中国科学院文献情报中心和科睿唯安联合发布的《G20国家科技竞争格局之辩》[注1]显示,中国近五年在科研能力和技术研发能力方面进步飞速,在人工智能前沿领域的技术实力仅次于美国。虽然从基础研究的人才和创新能力来看,美国依然遥遥领先,但是中国在人工智能等前沿技术上的积极态度和成就,特别是中国特有的"工程师规模红利",让美国越来越担心未来中国将对美国的技术优势造成威胁,而当这种担心转化为有目的的集体行动时,有组织的活动就开始以战略主题进行展开。如美国一些前政府官员于2019年3月25日在华盛顿聚会,恢复了一个曾于冷战时期成立的委员会并取名为"应对中国当前危险委员会"。这是一个由美国跨党派成员组成的机构,委员会成员囊括了克莱蒙特研究所前主席布赖恩·肯尼迪(Brain Kennedy)、美国安全政策中心首席执行官弗兰克·加夫尼(Frank Gaffney)、特朗普前

注1 中国科学院文献情报中心和科睿唯安联合发布的《G20科技竞争格局之辩》可见中国科学院文献情报中心网(http://www.las.cas.cn/xwzx/zyxw/201806/t20180626_5031037.html)。

首席战略师斯蒂芬·班农(Steve Bannon)、国防情报部前副部长约瑟夫·卡德纳斯(José Cardenas)等 43 名美国前政府官员、各大情报机构专家、商界领袖和人权倡导者。委员会的第一步行动是对即将谈判完成的中美贸易协定发出警告。该委员会副主席弗兰克·加夫尼认为,即使达成贸易协议,中国履行其承诺,美国仍然面临着中国信息化带来的伤害。该委员会成员、白宫前首席战略师斯蒂芬·班农也认为美国必须警觉起来,美国各界必须就战胜中国威胁所需的政策和优先事项尽快达成共识,不然中国的崛起会让美国在军事、信息和技术领域的优势荡然无存①。

(二)"科技竞争"与"美国优先"的战略叠加

如果说"科技竞争"作为美国国家战略的组成部分,目前还仅零散地见于各种学术型表述中,包括"多做少说"的战略落实,那么,隐藏在"美国优先"战略下的逆全球化则更为清晰明了。"美国优先"战略则见诸执政的特朗普总统的竞选口号,同时也是特朗普执政以来不变的政策方向。分析"科技竞争"与"美国优先"战略之间的叠加关系,我们可以看到"美国优先"战略产生的宏观背景:1945 年,美国经济总量占世界经济的比重高达 45%,2017 年却已下降到 23%左右;1995 年,美国制造业在全球产业价值链中所占的比重为 19.9%,2008 年却已下降到 15.8%;与此同时,新兴市场国家和发展中国家的经济总量占世界经济的比重日益提高,2017 年达到 41%,特别是中国的经济总量占世界经济的比重由 1978 年的 1.8%上升到 2017 年的 16%,仅次于美国②。而在这个重大的变化中,美国过去依赖于控制高端技术价值链和制造集群,在中低端产业充分发挥全球化的产业分工和融合优势的模式,在国家竞争层面上受到了后发技术追赶国家的挑战,同时产业空心化也在威胁着美国原以为的"供应链安全"。因此,美国自然会在战略上寻找过去三十年全球化的最大受益者,并以"逆全球化"的策略进行扭转。所以,"美国优先"战略本身就是逆全球化的,同时也是遏制其他竞争对手的。而

---

① Cold War is back:Bannon helps revive U.S. committee to target 'aggressive totalitarian foe' China[R/OL]. (2019-03-26)[2018-06-13]. https://www.ianhogarth.com/blog/2018/6/13/ai-nationalism.
② 杜大伟,若泽·吉勒尔梅,王直. 全球价值链发展报告 2017[M]. 北京:社会科学文献出版社,2018:37.

这个战略与"科技竞争"战略的叠加自然会出现相互加强的效果,即要实现"美国优先"战略就必须控制美国掌握的先进技术转移与共享,拖延和压制竞争对手获得机遇,包括学习机遇。同时,"科技竞争"战略所涉及的产业领域和技术群,本身就代表着未来下一代的生产模式和消费模式的变革方向,意味着对未来的国家全球领导能力和战略制高点掌握。因此,"美国优先"的战略口号与"科技竞争"思维本身就是相互嵌套的,只不过在新技术革命群体性突破爆发的"奇点"(singularity)来临的前夜,"科技竞争"战略的目标更明确,覆盖领域更清晰,遏制手段更直接。

回顾传统冷战的起源,就是1946年美国驻苏联大使馆的官员乔治·凯南(X先生)在其"八千字电报"中提出了针对苏联的"遏制战略"。同年,丘吉尔访美,发表了著名的"铁幕演说",从而拉开了冷战的序幕。其实,并不用特别纠结究竟是美国著名记者沃尔特·李普曼(Walter Lippmann)还是赫伯特·斯沃普(Herbert Swope)将"冷战"变成公共政治术语而形成朝野共识,学界甚至推测正是苏联领导人日丹诺夫的强烈回应导致了美苏正式进入冷战。但是,总结回溯上世纪的冷战历史可以看到,"遏制"与"反遏制",包括阶段性的"和平竞赛"与规模性的"军备竞赛"反复交织在昔日的美苏关系之中。以美国"新冷战史"代表人物约翰·刘易斯·加迪斯的观点来看,"遏制"贯穿整个美国二战后的战略决策思想和基本国策。美国采取出口管制和控制高新技术转移为主要技术遏制手段,苏联进行了积极的反遏制行动,但是总体上反遏制效果不明显。不同的是,传统的冷战是以集团政治和意识形态为基础的,而"科技竞争"战略的目标对象明确,它是技术领先大国针对技术追赶大国围绕新技术制高点的主动抑制型博弈,较少体现为地缘政治集团性博弈,也不直接体现为意识形态对抗。"科技竞争"领域聚焦清晰,嵌入全球产业链,甚至在某种程度上由于博弈会人为制造全球产业链阻断。这种博弈与竞争本身的影响是双面的、复杂的。美国作为领先技术大国,主动放慢了新技术扩散的速度,抑制了全球共享技术的机会,但反过来也加快了参与竞争大国自主技术进步的速度。就这个意义来看,大国科技竞争究竟会发生什么效果,对竞争大国各自能够产生什么影响,完全可以拭目以待。

(三) 美国对于"中美科技竞争"的战略举措

从战略与政策推动的角度看,正如哈佛大学教授戴维·兰德斯所看到的,在国际竞争的环境下,世界上处于领导国的一方面临挑战国的威胁,出于国家安全的考虑,对技术价格的敏感度会降低,因此技术投资也将大幅度提高①。在围绕人工智能、量子计算和5G等前沿领域的新一轮技术竞争中,美国自2018年5月白宫"人工智能"峰会后,开始以前所未有的政策力度对本国的新技术领先发展给予明确的政府规划和资金支持,例如,2018年10月5日美国发布"先进制造业美国领导力战略",其中涉及联邦各个主要部门的联合行动,在政策支持、产品供应链的安全保障、研发投入上给予美国先进制造业的能力扩大以明确的支持②。进入2019年,美国明确支持和发展未来新兴战略产业的步伐明显加快。2019年2月7日,美国白宫发布"美国未来工业发展计划",强调更大胆地放松对创新手段的监管,加强与提升美国在人工智能、先进制造技术、量子信息科学与5G技术的发展与运用四个方面的能力建设③。在此后的四天,美国总统特朗普以总统行政令的方式签署了《美国人工智能倡议》,明确美国要主导人工智能的国际标准制定,并以研发优先投入、释放数据资源、劳动力再培训等工作推动,确保美国在人工智能方面的战略领先地位。进入2019年4月,美国政府更是直接启动了以5G新基础设施网络建设为核心的新战略。2019年4月12日,美国总统特朗普针对美国联邦通信委员会(FCC)的"5G FAST计划"在白宫发表了电视讲话,宣布了多项加速5G在美国部署的计划,以期在5G领域获得世界领导地位。同时,FCC也加速启动了"5G FAST计划",通过将更多频谱推向市场、更新现有的基础设施以及采取大胆的放松管制措施,来保证美国在5G技术方面的优势④。

在战略遏制上,美国总统特朗普在2018年发布总统命令,以国家安全为由,阻止了博通对美国高通公司的恶意收购。特朗普采取此项行动并不是因为竞购者是中国公司,而是因为这项交易可能会削弱美国高通公司的实力,并使中国的华为公司有更

---

① 兰德斯.解除束缚的普罗米修斯[M].谢怀筑译.北京:华夏出版社,2007:254-258.
② Subcommittee On Advanced Manufacturing Committee On Technology of the National Science and Technology Council. Strategy for American Leadership in Advanced Manufacturing[R/OL].(2020-09-29)[2018-10-05]. https://www.whitehouse.gov/wp-content/uploads/2018/10/Advanced-Manufacturing-Strategic-Plan-2018.pdf.
③ Office of Science and Technology. America will Dominate the Industries of the Future [R/OL].(2020-09-29)[2019-02-07]. https://www.whitehouse.gov/briefings-statements/america-will-dominate-industries-future/.
④ The FCC's 5G FAST Plan[R/OL].[2019-10-18]. https://www.fcc.gov/5G?from=singlemessage&isappinstalled=0.

多的机会来塑造5G技术领先优势①。从中兴禁令事件到福建晋华事件,美国商务部都以"违反国家安全利益"为由,而2019年4月11日美国商务部在一份"实体清单"的企业名单中增加了37家中国公司和研究机构,其中包括中国最大的LED制造商三安光电(San An Optoelectronics)、西安交通大学和中国科学院。美国商务部要求供应商申请新的许可证,否则不可向"实体清单"中的机构出售任何服务[注1]。紧随其后,美国高通公司宣布与中国贵州省政府共建的华芯通半导体技术有限公司(HXT)将于2019年4月底关闭。这家公司是高通公司于2016年在贵州成立的专门生产服务器芯片的合资企业,专注于设计、开发和销售先进的服务器芯片,而高通公司则为该合资公司提供先进的技术支持②。2019年4月17日,美国联邦通信委员会同样以"安保"为由,限制中国移动通信集团向美国提供电信服务,这一否决将加剧美国对中国在科技和电信行业扩大影响力的斗争。除了美国采取较多的主动性行动外,中国在应对方面也采取了相应的技术保护性动作,如基于安全问题对于政府采购外国TMT设备的选择,包括阻止美国高通公司(Qualcomm)对荷兰恩智浦半导体公司(NXP)的收购计划,这笔交易的结束对美国高通公司来说可能是一个巨大的挫折,美国高通公司曾希望NXP的交易能够减少其对智能手机芯片设计许可的依赖。因此,从操作层面上,无论是基于战略的主动还是出于被动应对,中美双方都在剔除对对方支撑自己网络空间的硬件和软件的路径依赖,传统的科技共享开始瓦解。从这个角度看,事实上已经进入"大国科技竞争"状态。

(四) 中美科技竞争的典型特征

当前中美之间科技竞争呈现显著的多维度特征,有必要从深入认知和理解创新链

---

① Foreign Policy. Presidential Order Regarding the Proposed Takeover of Qualcomm Incorporated by Broadcom Limited[R/OL]. (2018-03-12)[2018-03-12]. https://www.whitehouse.gov/presidential-actions/presidential-order-regarding-proposed-takeover-qualcomm-incorporated-broadcom-limited/.
② Qualcomm said to end chip partnership with local government in China's rural Guizhou province[N/OL]. (2019-04-19)[2019-04-19]. https://sg.news.yahoo.com/qualcomm-said-end-chip-partnership-081712064.html.
注1 美国商务部"Red Flags"参见 A Resource on Strategic Trade Management and Export Controls. Red Flags and Watch List[R/OL]. [2019-7-18]. https://www.state.gov/strategictrade/redflags/index.htm.

中的相互嵌套、相互关联、延续性等关键环节阶段,来加以综合分析。具体来看:第一个阶段是基础研究或原始创新环节,核心特征表现为政府资金支持或资助的专业化科研机构、高等院校,包括少数特定企业依靠自己筹集的资金以及各种要素资源,进行新原理、新思想、新技术、新产业的内在原理与科学规律的前瞻性探索研究活动;第二个阶段是应用基础研究环节,核心特征表现为政府资金支持或资助的专业化科研机构、高等院校,甚至少数特定企业依靠自己筹集的资金以及各种要素资源,针对特定的传统制造业或战略性新兴产业的产业集群、产业链或产品链体系中的关键共性技术、前沿引领技术、现代工程技术、颠覆性技术创新等环节,进行新原理、新技术形态的内在原理与科学规律的前沿探索研究活动;第三个阶段是应用开发环节,核心特征是通过反反复复的科学实验和多轮次修正,主要是要在实验室生产出满足产品设计的功能、性能和质量参数要求的样品或样机;第四个阶段是中间试验环节,简称"中试环节",核心任务是按照大规模工业化生产的要求,系统性地集中解决生产工艺、生产流程、关键零配件、关键原材料、关键生产设备以及产品质量的系统化、标准化制定等问题;第五个阶段是实现商品化环节,主要是指企业通过对技术、资本、人力资源等各种关键生产要素的整合和集合,针对潜在的市场需求和高端消费者群体进行市场销售以及产品反馈机制,同时进一步开展小规模市场销售、产品市场反馈以及大规模市场推广等核心活动;第六个阶段是大规模产业化环节,主要是指企业开展生产流水线式的制造业体系和大规模的市场销售活动,进而通过市场获取创新投入补偿和回报的最后阶段。基于以上的创新链分析逻辑框架,当前中美之间科技竞争的典型特征可概括如下。

第一,在众多战略性新兴产业和高技术产业体系的创新链中,美国在基础研究、原始创新、颠覆性技术创新环节和领域在全球拥有全面领先的前沿优势以及"绝对性"的博弈占优地位,是决定中美之间科技创新战略竞争中"不对称"博弈格局产生的核心源泉。客观事实是:一方面,美国利用自身在全球拥有的众多世界一流的高等院校科研体系以及对全球高端科技创新人才的吸引力,成为全球众多科学研究领域中基础研究、原始创新、颠覆性技术创新的策源地;另一方面,美国的 R&D 经费投入中基础研究经费比重一直稳定在 15% 以上,而在 2017 年之前,中国的 R&D 经费投入中基础研究经费比重始终未超过 5.5%,所以,即使是 2017 年中国 R&D 经费投入规模接近美国规模 60% 的前提下,中美在基础研究投入方面目前依然存在着巨大的差距。

第二,美国在众多战略性新兴产业和高科技产业体系的应用基础研究环节,特别是在从基础研究到应用基础研究的衔接和转化体系方面拥有的以企业作为主要承担者的有效激励体系和产学研转化机制体制,这是导致中美之间科技创新战略竞争中"不对称"博弈格局得以延续和固化的主导因素。美国的众多跨国公司和全球化企业既是基础研究、原始创新和颠覆性技术创新的主要承担者,也是实施应用基础研究为导向的科技创新活动的主要承担者,而中国多数企业既不是基础研究的承担者,也不是应用基础研究的主导者。就中国目前的特点来看,一方面,作为基础研究和应用基础研究主导推动者的高等院校和专业化科研机构,始终面临着研究偏离企业产业发展现实需求的困局,导致创新链和产业链、产品链体系的严重隔离;另一方面,科技创新成果从高等院校和科研机构转化到企业层面的产学研一体化激励机制体制,也始终面临诸多机制体制障碍和转化效率低下的痼疾,阻碍了中国战略性新兴产业和高科技产业体系的建设,并制约了中国企业自主创新能力体系全球竞争优势的提升。

第三,美国以及其他的发达国家在众多战略性新兴产业拥有完善的工程化环节体系,包括高端生产设备、关键零配件、关键材料、关键生产工艺积累能力。美国所拥有的全球协同创新垄断体系和技术主导领先能力也是决定中美之间"科技创新战略竞争中'不对称'博弈格局产生的重要因素。需要高度注意的一个基本事实是,发达国家在全球创新链的协同体系建立以及在技术创新链和产业链的融合体系方面已经形成一个层次分明的分工协作体系和既得利益的垄断势力体系。比如,在众多战略性新兴产业和高科技产业体系中,美国在基础研究、原始创新、颠覆性技术创新以及应用基础研究和新产品研发领域方面占据了绝对性的前沿优势和领先地位,德国、日本等发达国家则在产业链和产品链体系中的高端生产设备、关键零配件、关键材料的自主研发和生产能力,包括部分新产品研究开发能力方面取得了显著的领先地位,而类似韩国、中国台湾等国家和地区则在以代工为主要形式的高质量"一致性"大规模生产能力方面以及部分高端生产设备、关键零配件、关键材料的自主研发和生产能力方面积累了全球生产制造能力竞争优势。事实是,这些国家和地区基本上已经被美国以所谓的"共同价值观"名义纳入了美国的盟国体系,而这些所谓的"共同价值观"体系实质上体现出的是这些发达国家面临来自中国等发展中大国的创新追赶型竞争压力,为保护自身的创新垄断优势、维护自身的产业产品全球竞争优势所采取的既得利益共同体体系联盟。

第四,中国利用自身快速扩张和升级的国内需求市场,在创新链的大规模产业化、商业化环节领域拥有的独特竞争优势,也在一定程度上影响,甚至决定了中美之间科技创新战略竞争中"不对称性"格局改变的主要因素。美国在众多战略性新兴产业中拥有的国际前沿和领先地位在很大程度上是与美国自身所拥有的世界第一规模的国内市场,特别是庞大的高端需求市场规模密切相关的。然而,一个重要的对比性因素变化是,中国作为拥有4倍于美国的人口规模,随着中国人均GDP和人均可支配收入的逐年快速增长,中国的国内需求市场规模快速接近美国,并且将很快超过美国成为拥有世界第一大市场规模的发展中国家。中国国内快速扩张且迅速升级换代的本土需求市场,一方面可以给中国本土企业自主创新能力体系的培育和构建提供市场需求,包括在高质量产品的"一致性"大规模生产能力体系的培育方面提供独特的发展机会和空间。同时,巨大的人口规模带来的"市场红利"使得前沿数字经济发展所需要的数据总量异常充沛,可以保障中国本土公司在研发、市场和商业模式构造上充分利用数据资源进行迭代创新,而中国所具有的这个特异优势是其他许多科技发达国家所不具备的,也是无法进行模仿的。

三、上海科创动力机制的内涵与实现路径

在第三次技术革命之后的短短几十年时间里,人类所获得的科技进步和创新成就超越了以往历史总和,进入了一个技术集成进步活跃的阶段。而随着科技的进一步发展和人类创造力的产业应用与商业变现,尤其是信息网络、快速交通和高度的工业化基础为当前科技力量的突破提供了基础动力和硬件支撑,促使全球的科技版图和经济结构不断升级和重组。回顾东西方社会的发展历程,不难发现科技的发展是国家和地区经济发展、国家综合实力建设的核心动力。而在科技进步日新月异的今天,技术创新已成为经济发展的灵魂,也是一个国家和地区核心竞争力的根本所在。在这样的背景下,党的十九大提出了"科技兴国"和"产业兴国"的理念,而创新作为提升科技和创造力的核心动力,也是实现产业升级、打造现代科技经济体系的内源基础。面对快速的技术迭代和技术竞争加剧,如何通过增强和提升科技力量打造高质量和高效率的科技供给,从而实现上海社会经济和综合实力的全面提升,是当前迫切需要研究和解决

的问题。

(一) 高质量科技供给的提出与内涵

第二次技术革命在19世纪完成后,世界范围内建立了现代经济所要求的工业化基础。而20世纪60年代开始,电子计算机、空间技术以及生物工程等技术的进步标志着第三次科技革命开启,迅速在全球掀起了信息社会普及浪潮。在第三次技术革命的时代浪潮中,部分国家和地区以敏锐的嗅觉和长远的眼光抓住了这一时机,实现了从科学技术到经济实力的全方位提升,并奠定了当下这些国家科技竞争力领先的基础,正以积极的努力推动第四次产业革命的形成。在对待科技力量及其作用的态度上,我国政府向来是高度重视并且立场清晰的。早在2006年党的十八大报告中就已经肯定科技创新在国家发展总局势中的重要地位,并强调科技创新是社会综合实力发展的主干力量。2016年的《国家创新驱动发展战略纲要》提出了我国在本世纪中叶实现科技强国的宏伟目标;2017年党的十九大再一次强调我国走"科技创新、科技兴国"的高科技综合实力强国路线,要完善创新驱动发展理论,落实创新发展战略,认识到科技发展是现代国家发展的第一动力,以科技发展带动国家全面发展;习近平总书记在2018年5月28日的两院院士会议上明确提出了创新是发展的第一动力,要打造高质量科技供给,促进科技发展,从而推动国家综合实力的发展。因此,如何提升高质量科技供给,促进科技创新,实现上海的高质量发展应该是当下最应重视的问题。

习近平总书记在2008年召开的全国两院院士会议上首次明确提出了"高质量科技供给"这一概念。深入理解这一概念内涵并与科技创新实践相结合,则可以看到,科技创新也跟人类其他劳动一样,是一项基于投入—产出过程的生产性活动,只是这个活动的难度更高并且复杂程度汇聚的要素不同。与其他普通生产的供给方式相比,高质量科技供给的不同点主要在于以下几个方面:(1)投入高、周期长,科技供给对于人力、物力、财力等因素的要求更高,其成果具有突破性,最终能够探索更多未知领域,获得新的知识、技术和产品,并且形成新的市场竞争力;(2)从组织形成看,科技供给的生产既有创新人才的个人天才型发明的重要贡献,也离不开团队的合作,特别是在应用领域的转化更是涉及多学科的高度合作,包括工艺技术的集成改善,其劳动方式以脑力知识集成和创新为主,并且具有鲜明的领军人物重要性特征;(3)从科技供给能力来看,要达到高质量的供给能力,需要一定技术条件的支持,并且科技供给能力的发展要遵循社会需求主导,通过技术环境的优化和资源配置为技术进步提供支持,同时将技术应用于现实社会,最终达到提高社会经济水平的目的;(4)从评价指标的特点上看,一个地区或国家的科技供给能力实际上反映了这个国家或地区的整体经济、教育和科技实力,它既包括了新产品与新技术的即期市场效应,还包含长期基础性、原创性的研发成果积累,其反应过程是缓慢并需要通过时间来验证的。

研究全球范围内各个主要国家科技进步的历史可以发现,任何一个发达国家的领先行业都与其国内优异的科技创新能力和技术密不可分,产业对科技创新起到了基于竞争而产生的需求导向作用,同时也为高质量科技供给提供现实的产业背景。目前美国的信息产业,德国的汽车业工业体系,以日本、韩国为核心的电子零部件和材料体系,其行业发展到全球领先地位都是依托于高质量的科技供给来实现的。因此,借鉴发达国家的科技创新实践经验,要实现上海产业升级和快速发展,也需要高质量科技供给的支持,而越来越多的高新技术产业落户上海,则又为后续的高质量科技供给提供了产业基础保障。我们必须认识到,由于科技进步所带来的进步,当今产业领先企业的自主研发能力在快速上升,许多研发已经开始接近科技供给的源头——基础研究端,更多的创新性研究和高质量供给是由企业而不是传统的大学和传统的科研机构所提供的,企业作为科技供给新角色的确立是传统科技研发体系所忽视和缺乏的,而上海应该对这一变化有足够的重视。

(二)高质量科技供给的影响因素和驱动机制

科技创新活动最终的结果是作用于现实社会,提高社会生产力和国家综合实力,而科技创新转化为生产力前的一个主要表现就是,创新能够为产业提供高质量的科技支持并形成高质量的科技供给。由于科技创新活动直接影响到最终的供给质量及供给效率,所以要在影响的源头上提升科技创新能力,改善和优化科技创环境,在外部给予充分和持续的政策支持,才能够达到提高高质量科技供给的目的。对此问题,世界各国的研究人员都有所认识并对其展开了研究。

从整体来看,科技创新活动的能力和效率受到多方面因素的影响和制约。"区域创新系统"这一理论被库克(Cooke)提出并用于分析科技创新能力的特点。在库克的理论中,实现创新主要依靠具有高知识文化水平的高端企业、大学或者科研机构,并且,这些机构在同一个空间区域当中积极交流,从而使整个区域的创新能力得到提升①。而在弗里奇(Fritsch)的研究中,通过综合多个国家的创新效率数据,发现区域产业集群在一定程度上能够提高创新活动效率。另外还有学者发现,政策方面的保障和支持对创新效率提升的效果十分明显,包括还有学者对中国的创新能力进行深入研究后,认为政治制度和教育是影响中国整体创新能力的主要因素。

世界经济论坛(WEF)也对创新能力的影响因素进行了深入探讨,并且指出创新能力的孕育需要一个成熟的外部环境,这个环境包括经济环境、政策环境、教育水平和各个研究团体的合作程度等。而从具体局部细节的研究创新来看,个人性格对于创新能力也有一定影响,尤其对处于行业领先地位的企业而言,其领导人的性格直接决定了企业的创新能力,而具有创新能力的企业家往往是有冒险和挑战精神的。在戴尔(Dyer)和格雷格森(Gregersen)所领导的团队的研究中发现,通过对创新型企业领导人以及公司高管进行调查,发现他们的思维方式具有共性,都有创新型的思维方式,擅于联想,敢于尝试,乐于实践,而这种创新思维能为企业发展甚至行业发展都带来巨大动力。比如,国际知名品牌苹果、特斯拉的创始人都是创新型人才,他们不仅个人具有创新特质,还能激发团队的合作创新能力,在企业管理上持续注重打造研发导向的企业文化。其中,除了强大的个人魅力与意志坚定的执行力外,激烈的外部市场竞争也是推动企业进行持续创新的驱动力。

科技创新活动直接影响到高质量科技供给能力,而政治、经济、文化、教育和人的创造力及个人性格特征等又影响了创新活动,从而影响高质量科技供给能力的产生。要实现高质量的科技供给,就要开展科技创新活动。而科技创新活动的展开,需要具有创新精神的个体结合行业发展和自身教育水平,综合政策、人力、科研机构等多方面的力量,实现资源整合才能够完成。综合科技创新活动推动实现高质量科技供给,其主要的推动力量可以分为以下几个部分。

其一,需求的推动力。经济学家阿曼和库珀的研究显示,需求变化是迫使人加紧创新步伐的原因之一,尤其在工业生产中,某一个环节或者工艺的改进或者升级是促

---

① 张超,张志明.高质量党建引领高精尖发展:中关村门头沟科技园区党建工作实践探索[J].前线,2019(04):79-81.

进其创新的根本动力。他们的研究结果还显示,西方发达国家近代的科技创新中有很大一部分都是行业或产业需求拉动的。在 20 世纪末,美国管理学者波特提出了竞争优势理论,并且指出需求性大但不可替代性高的产品会促使企业展开创新活动①。而在目前这个全社会信息流量猛增,高频率更新产品与服务的时代,个人对于产品的功能性需求、个性化需求、体验感需求等更高了,高品质需求的增加和企业危机感促使企业主动或被动地提高创新能力,创造出性价比更高、功能性更强的产品。

其二,利益的推动力。最新的关于创新推动力的研究发现,推动创新发展的力量,除了个人和研究机构外,大部分来自企业,而推动企业实现创新发展的主要动力来源是更高的利益收入。相关的数据统计显示,目前我国九成的研发和创新机构都是由企业组建,大部分研发团队和研究人员都是为企业服务,由企业申请的发明专利占到了总发明专利数量的 60%。而在整个科技创新和研发过程中,主要的创新概念和意见的来源是高校和高级研究机构,他们基于职业习惯,往往起到研发引导作用。需要注意的是,虽然政府不是科技创新的主体,但是政府在推动科技创新发展的过程中起到了主导方向的作用,其通过提供政策和外部环境的支持,可以实现社会创新资源整合,从而达到企业、高校和政府三者之间利益平衡,保障利益分配机制优化。

其三,环境的影响力。任何企业和机构包括产业的形成都不是孤立和脱离社会存在发展的,它们的发展总是处于某种特定的环境之中。因此,环境对于组织机构的影响都是巨大的。在国家或者区域的大环境中,教育水平和成果、国家和区域的政策、工作文化、社会资本等多方面的因素都会对环境体系内的各种组织的创新能力和成果产生影响。一方面,外部环境为创新活动的展开提供了平台基础;另一方面创新活动所产生的收益和资源整合结果又反过来影响了环境的塑造。而制度架构调整推动环境改变,无论是营商环境的改变还是科研环境的改变,均能够对科技创新形成内在的驱动力。

其四,综合能力基础。当国家或者地区的综合实力发展到一定水平,内部的创新环境会逐渐发展并且走向成熟。在通常的情况下,由于企业发展利益推动或者新的市场需求的产生,创新的动力就会明显加强。在这样的良性条件下,各方面的综合因素

---

① 邱胜. 蓄源头活水,促开源节流:贵州科技供给侧结构性改革新实践[J]. 当代贵州,2017(22):30-31.

对推动科技创新会产生叠加效应,继而提升科技水平,而良好的科技水平提升又进一步促进了创新能力的发展,从而实现了从主体到个体,从整体到局部的良性循环发展①。在这个循环过程中,科技创新活动的范围不断向外扩张和延伸,创新关注的内容也更加广泛,形成了高品质创新技术实力,进而提高了整个国家和区域的整体竞争力。因此,科技创新迸发需要一定的综合能力为基础。而目前中国,特别是上海,已经完成了科技创新加快的综合能力基础准备。

(三) 提高上海科创动力的机制建设与途径

优化科创环境和完善科创机制,加大鼓励创新精神的政策导向是推动科技创新活动的有效手段。在上海当前的整体创新活动中,进行科技创新活动所占比例最多、实现科技创新成果转化最多的均为企业主体。因此,强化科技创新和创造成果产出,首先要让更多企业投入到科技创新活动中来。在企业科技创新精神的带动下,社会整体的科技创新创造活力也会提升,提高科技水平。要充分挖掘人才潜力和完善人才激励机制,完善和探索优质创新企业培育机制,打造多层次和多领域的科技创新和创业平台,进而实现企业创新带动区域经济创新的效果,从而提升高质量科技供给。上海在实现以建设科创中心为目标的发展中应该做好以下几个方面的机制建设工作。

首先,要完善制度设计和科创管理体系建设工作。从现有发达国家的经验来看,要推动科技创新活动发展,首先需要完善制度设计和管理体系建设。政府应该根据当前社会经济发展的创新需求,结合企业发展带来的对于创新政策需求,建立好科技创新活动的管理和评价制度机制,一方面是为了更好地让政府为企业提供有效政策和资金上的支持,使科技创新的投入过程更加透明,产出结果预期具有更高的准确性和可操作性;另一方面则更应该加强政府与企业之间的有机联系,政府可以通过搭建公共平台和鼓励体制内科研设施对外开放的方式,降低科创活动投入成本,同时,政府各个部门之间政策和计划的沟通更应该产生协同机制,从而在整体架构的整合上给予科技创新企业以实质政策的支持。

其次,通过提高知识产权保护力度进而激发创新行为。科技创新的价值在于其转

---

① 李剑力. 高质量科技供给的驱动机制与路径研究[J]. 学习论坛,2019(05):41-46.

化结果的超前性和一定时段内的不可复制性,而知识产权的法律保护是科创活动结果价值存续的基本保障手段。因此,提高对知识产权的保护,完善知识产权法律保护制度,不仅保护了企业的核心利益,巩固了企业的核心竞争力,同时还能够形成企业进行科技创新的正向激励机制。在目前我国的大环境下,对于知识产权的保护力度尚存在较大的进步空间。知识产权"维权难"作为一个普遍问题,直接阻碍了企业的核心竞争力,降低了企业的科技创新主观动力。根据相关调查显示,美国高创新率的实现是建立在严格的知识产权保护法基础上的。因此,针对我国国内环境而言,要严格进行知识产权管理,增加侵权成本,从而让企业的创新成果有法律层面的保障[1]。上海知识产权保护较全国而言具有明显的优势,知识产权法院的建立为上海知识产权法律保护工作提供了机制保障,但更多的专业的法律人才的培养还需要进一步加强。

再次,要完善科技创新活动成果转化的管理机制。与美、日、德等发达国家高达60%～80%的科技成果转化率相比,上海科技创新的成果转化率较低,目前只有30%左右。最大的问题就在于科技创新活动成果转化为实用技术或产品这一最后关键环节上动力不足,没有实现从科学理论到现实成果的循环转换生态。而出现这一问题的最主要原因还是鼓励政策不够和退出机制不足。就鼓励政策来看,如果在职称评定和成果认定上不能突破既有的体制内标准,并缺乏技术入股、薪酬奖励等必要的物质奖励作为激励,那么很难调动整体社会的创新积极性;再者,从退出机制来看,从科学理论到现实成果的转换需要大量的财力投入,如果缺乏风险资金投入退出通道和机制,仅靠政府行政投入是无法带动社会创新的。而上海科创板的建立虽然已经为创业退出建立了机制,但如何利用好科创板的制度优势来助推上海整体层面的企业创新,还需要更多扎实的努力工作。

而从提高上海科创动力和活力的路径选择来看,首先,要提升和强化市场需求,充分鼓励不同市场主体进行竞争,重视市场的调节性作用。现代科创活动的结果表明,在市场竞争最激烈的领域以及政府保护最不关注的领域,创新动力更强,创新效果更明显。上海传统上是一个强政府管理的社会,要在"放管服"的工作推进中注重"放"的工作,并将服务作为优先工作加以重视。其次,要高度重视上海高等院校和研究机构

---

[1] 朱承亮,穆荣平. 完善科技成果转化政策法规体系,更好服务经济高质量发展[J]. 中国发展观察,2019(09):36-40.

的科技创新和研发能力转化。科技创新能力与教育水平密不可分,而上海又是中国知名高等院校和研究机构云集之地。因此,要充分重视上海的高校研发与上海的产业结合问题。与企业的科技创新不同,高等院校和研究机构的创新方向更发散,范围更广,但成果转化率也更低。针对这样的特点,上海要转换政府角色,要成为企业与高校科研创新的中介,积极扮演纽带和桥梁的角色。再次,要充分重视和加强公共研发平台的建设。科技创新能力的发展并不是某单一能力的发展,而是整体资源整合的结果。因此,要提高科技创新能力,就要搭建多方参与者能够共同参与的平台,并实现资源与技术的分享与整合。上海一方面可以通过建立园区科技孵化器,为区域内企业的创新发展提供技术支持,另一方面要建立沟通交流、技术研讨的公共服务平台。而目前网络技术研讨社区的平台建设为这一类型的平台发展提供了良好的借鉴。最后,要提供可持续投入的资金及渠道保障,促进新型科技金融服务发展。科技创新活动是一项需要大量财力投入的活动,尤其对于企业而言,没有持续资金的保障,科技创新就无从谈起。而强化科研资金支持保障,就要促进科技金融行业服务的新发展。要通过政府的政策支持和引导,促进科技金融全方位地运用新技术手段,识别和帮助企业投入有市场前景的研发,并充分开发新的金融工具与科技研发的政策配套结合,从而对科技创新活动提供持续的金融服务保障和资金支持。

(四) 上海临港新片区科创资本开放和长三角科创一体化新路径

由于新冠疫情的持续发酵,全球金融市场正进入新一轮发展动荡期。美欧等国纷纷开启量化宽松模式,以避免流动性短缺带来的深度危机。随着世界范围内市场保护主义和国家主义政策导向的强化,世界经济正步入国家间政策竞赛和市场加大保护的时代。由于欧日等主要国家纷纷开启负利率时代,美国也徘徊在零利率水平,国际资本流动正在经历结构性调整,理论上国内金融市场收益率正值有助于吸引境外资本流入。同时,中国继续扩大新一轮开放和通过"负面清单"改革管理,加大吸收外资的力度也在疫情中得到了强化。上海在临港新片区建设的改革方案中明确提出,支持境内外投资者在新片区设立联合创新专项资金,就重大科研项目开展合作,允许相关资金在长三角地区自由使用。当前,由于全球产业链的集群所汇聚的"长尾效应",长三角地区已经出现了由"世界工厂"开始向领域性创新集成的方向演化的态势,长三角科创产业在疫情中出现了较为明显的新机遇和新增长点，这为后续的科创资本和一体化协同研发奠定良好的市场基础。

1. 世界性政策竞赛和新片区金融改革空间拓展

随着美国等全球主要大国在新冠病毒疫情中相继推出各种"救市"政策，其他国家也迫于各种压力纷纷仿效，全球政策竞争性特征非常明显。然而，当前世界经济特征仍然处于2008年金融危机后的复苏过程中，一旦出现竞争性政策竞赛，将可能诱发相关国家的经济治理危机。从财政政策领域看，国家间政策竞争最为直接，大规模的短期补贴或降税行为都可能在未来诱发债务危机问题。新冠病毒疫情的突然出现加剧了主权国家债务负担和债务问题解决的延迟性。对于诸多发展中国家而言，财政缺口最终需要货币政策"埋单"。由于这些国家的央行货币政策体系不够健全，缺乏相应的独立性，甚至可能出现政府主导央行货币政策的局面，最终在未来可能诱发持续性货币贬值危机。

大国货币政策具有较强的传染性，将推动目前越来越多的全球中小规模经济体开启量化宽松模式。竞争性货币政策将成为未来世界经济政策实践的主流范式。尽管3月底召开的G20疫情紧急特别会议就国际经济政策协调取得一定共识，但世界各国正受到前所未有的疫情冲击，经济政策表现出较强的民族主义，具有显著的竞争性色彩。这种政策竞争性不仅表现在流动性投放和内部市场保护方面，还表现为欧日等发达经济体负利率时代的长期影响，理论上，负利率会进一步导致汇率下行。一旦这一趋势得以持续，贬值效应将进一步影响全球贸易领域，其他国家将不得不采取竞争性贬值政策以应对不利冲击。

人民币币值稳定有助于吸引外资流入和推动国内资本市场进行深层次改革。以新片区金融市场改革为契机，通过境外市场开放保证国内市场流动性充裕合理是疫情期间宏观货币政策的重要创新。随着世界范围内竞争性货币政策的实施，国内的通胀预期普遍提升，对于我国庞大的中产群体而言，如何实现既有资产保值以抵抗通胀影响是他们的核心关注点。当前背景下，央行货币政策需要充分考虑到稳健的货币政策，要更加注重灵活适度的实施要义，从人民币币值稳定和金融市场改革的角度优化货币政策设计。

2. 科创产业领域资本市场开放是疫情下上海引领长三角一体化发展的新机制

世界疫情蔓延的背景下，受国际产业链供需关系变化的影响，包括上海在内的长三角地区面临诸多复工复产难题。如何通过科创产业发展降低对传统产业链的依赖，是后疫情时代长三角地区创新发展的重要方向。新片区如何服务长三角一体化创新发展是一项重大改革议题，二者机制尚未得到有效梳理。

通过资本市场开放激发技术创新和科创产业发展是上海发挥长三角一体化国家战略创新引领作用的重要抓手。上海作为国际金融与科创中心，通过金融改革和科创产业发展来支持长三角一体化具有较大的改革探索空间。新片区是我国新实体产业发展的试验田，体现创新技术与国际资本、新兴产业与国内市场规模融合发展的未来趋势。诸多产业发展代表了科技创新的前沿领域，是科技成果产业化的重要实践平台。新片区方案提出，支持境内投资者在境外发起的私募基金参与新片区创新型科技企业融资，凡符合条件的可在长三角地区投资。打通境外资本市场，引导境外资本流向长三角地区，是上海在疫情期发挥长三角一体化新引领角色功能的重要抓手。相比货物和人员等要素型流动，推动自贸区新片区与长三角一体化协同发展具有制度合作的特征，在金融市场合作方面更易开展，能够在短期内实现较好的协作效果。

通过国内投资者在境外募集私募基金投资新片区和长三角腹地科创市场，是上海探索金融支持实体产业的重要创新路径之一。面向科创产业创新的资本市场开放有助于推动资本市场分门别类地有序开放，是提升资本市场开放效率的重要机制创新。

首先，有助于境外资本和投资基金的分类管理和有序开放。以科创基金为主要渠道的资本市场开放具有目标针对性，对于基金流向的管理亦有章可循，应成为未来科创基金利用国际资本市场的主要渠道，可参考QFII基金运作经验和模式。其次，国外科创基金的引入有助于率先革新长三角区域内科创产业市场提升区域内创投市场发展质量。境外基金，尤其是来自欧美的市场基金在推动科技成果产业化方面拥有丰富的经验，能够有效引导国内资本市场实现更优的资源配置。再次，有助于形成与现有资本市场制度建设和开放格局的互动发展，推动资本市场深层次改革。国际科创基金的引入能够与既有改革进程形成互动发展，比如，新设立的科创板市场引入境外资本是未来重要的改革领域，推动离岸人民币资本投资科创板市场是重要的创新方向。

3. 引入境外资本服务新片区和长三角科创产业发展的实施路径

境外资本流入新片区和长三角地区需要在优化制度设计、注重风险控制的同时提升制度设计的便利性。注重"以疫情促改革"，建议在如下方面加强改革探索。

第一，以新片区为基点，探索基金在长三角地区的使用渠道，研究管理细则，提升风险防范。短期内对境内投资者募集的境外资本实施限额管理,在额度上给予足够的空间;参考现有基金管理模式,对用途和流向进行监管。待发展成熟,以备案监管为主,审批监管为辅,逐步放开额度。此外,进一步研究境外机构在境外市场募集基金投资国内市场的政策实践。

第二,利用境外资本设立疫情期间特殊目的的资产管理公司(SPAMC),在长三角地区探索混合所有制改革新路径,以服务科创和新兴产业为导向,扶持和整顿经营困难的企业。通过混合所有制形式,以吸引境外科创资本主体,同时吸纳包括政府基金、国内其他私营部门资金共同参股设立长三角地区联合SPAMC。对符合条件的相关经营困难企业提供资金融通,使之尽快恢复运转。SPAMC对所注入资本进行后续债券或股权处置,通过上海股权或债券交易平台实现流动性变现。

第三,创新人民币回流渠道,利用离岸市场人民币资本,设立离岸市场人民币科创基金工具,服务长三角地区科创产业发展。借鉴现有QFII等运作相对成熟的政策工具,进一步放开境外人民币资本投资新片区的科创市场。研究通过离岸人民币基金投资新设立的上海科创板市场的可行性及具体实施方案。通过推动人民币回流渠道创新,使之成为央行流动性管理的重要政策工具补充,体现人民币国际化背景下货币政策工具国际化的重要创新方向。

四、总　　结

综合前文所述,党的十九大提出"科技创新、科技兴国"的强国路线,是对人类科技进步史上科技与产业有机关联的螺旋式发展历史规律的当代总结与超越,同时也是实现中华民族伟大复兴的根本性措施。其核心内涵是从顶层设计的起点、基础研究的源头,乃至产业创新的上游融合联动,形成科技创新生态基础上的高质量科技供给能力体系。这一体系的设计与建设应该与我国当前"中国特色社会主义新时代"伟大建设的改革实践深刻结合,具体体现在两个主要方面:首先,在需求推动力层面,深刻认识到在我国经济进入高质量、中高速发展阶段之后,高质量科技供给应该以国计民生紧密关联的重点领域、关键产业为主要导向,充分发挥"人民对美好生活向往"的有效需求对经济发展本源性驱动作用以及对高质量科技供给的提出的新阶段的必然要求。其次,在利益推动层面,不同于历史上的任何阶段,我国当前市场主体结构中日益深刻的多元化要求高质量科技供给能力的培育必须实现以民营企业为主要生力军,以科研机构、社会团体、政府职能部门有机联动的科创综合体为高质量科技供给的生态及综合能力支撑。对于切实提高上海科创能力的对策与途径而言,消除政企交流中的阻碍、提升政企沟通效率、拓宽政企联动渠道是完善科创环境的有效措施;强化知识产权保护的法律框架与社会体系是形成企业主动创新的正向激励机制的必然选择;而促进基础科研成果与产业应用相结合则是实现高质量科技供给走向规模化收益的迫切突破方向。在这一过程中,政府职能部门要积极转变思维,转换角色,敢于"放"权,充当政企资源与内外资源融动的有效"中介"。

高质量科技供给的实现是建立在科技创新活动的基础上,因此,展开对高质量科技供给的研究其实就是对上海科技创新活动驱动机制的研究。从理论背景出发,结合当前国内外科技创新和高质量科技供给的研究成果,从宏观的研究环境和微观的创新主体出发,要发挥政府的引导作用,强调企业的主体地位,重视市场需求和人才引入,才能够激发科技创新活动,实现高质量科技供给。与此同时,通过科创资本市场开放,用活新片区政策便利,提升新实体经济发展竞争力将是未来上海发挥创新引领的重要政策抓手。

图书在版编目（CIP）数据

前进中的上海："十四五"期间全球价值链重构与新技术革命变动中的上海发展机遇/余南平主编.—上海：华东师范大学出版社，2020
 ISBN 978-7-5760-0836-4

Ⅰ.①前… Ⅱ.①余… Ⅲ.①区域经济发展-研究-上海 Ⅳ.①F127.51

中国版本图书馆 CIP 数据核字（2020）第 168251 号

前进中的上海
——"十四五"期间全球价值链重构与新技术革命变动中的上海发展机遇

主　　编　余南平
策划编辑　张俊玲
责任编辑　黄诗韵
责任校对　时东明
装帧设计　卢晓红

出版发行　华东师范大学出版社
社　　址　上海市中山北路 3663 号　邮编 200062
网　　址　www.ecnupress.com.cn
电　　话　021-60821666　行政传真 021-62572105
客服电话　021-62865537　门市（邮购）电话 021-62869887
地　　址　上海市中山北路 3663 号华东师范大学校内先锋路口
网　　店　http://hdsdcbs.tmall.com/

印　刷　者　上海昌鑫龙印务有限公司
开　　本　787×1092　16 开
印　　张　13.25
字　　数　205 千字
版　　次　2020 年 11 月第 1 版
印　　次　2020 年 11 月第 1 次
书　　号　ISBN 978-7-5760-0836-4
定　　价　58.00 元

出版人　王焰

（如发现本版图书有印订质量问题，请寄回本社客服中心调换或电话 021-62865537 联系）